CONTRIBUTION A L'ÉTUDE

DES

ASSEMBLÉES GÉNÉRALES

DE

COMMUNAUTÉS D'HABITANTS

EN FRANCE

SOUS L'ANCIEN RÉGIME

Extrait des Mémoires de la Société des Antiquaires de l'Ouest,
2e série, tome XXVI.

Tiré à 25 exemplaires

CONTRIBUTION A L'ÉTUDE

DES

ASSEMBLÉES GÉNÉRALES

DE

COMMUNAUTÉS D'HABITANTS

EN FRANCE

SOUS L'ANCIEN RÉGIME

PAR

Le Docteur PROUHET

MEMBRE DE LA SOCIÉTÉ DES ANTIQUAIRES DE L'OUEST

PAROISSE

DE

LA MOTHE-SAINT-HÉRAY

Election de Niort — Généralité de Poitiers

POITIERS

IMPRIMERIE BLAIS ET ROY

7, RUE VICTOR-HUGO, 7

—

1903

CONTRIBUTION A L'ÉTUDE

DES

ASSEMBLÉES GÉNÉRALES

DE COMMUNAUTÉS D'HABITANTS

EN FRANCE

SOUS L'ANCIEN RÉGIME

Par le Dr PROUHET

INTRODUCTION

Dans sa séance du 18 février 1886, la Société des Antiquaires de l'Ouest recevait de l'un de ses membres, M. Alfred Richard, une intéressante communication, provoquée par une circulaire récente du Comité des travaux historiques, désireux d'attirer l'attention des sociétés savantes de la province sur cette question : *Des Assemblées générales de Communautés d'habitants en France sous l'ancien régime*.

Suivant point par point le programme qu'en avait dressé notre éminent confrère, M. Ch. Tranchant, alors vice-président du Comité, M. Alfred Richard, après avoir exposé le résultat sommaire de ses recherches à travers les procès-verbaux d'assemblées qu'il lui avait été donné d'analyser, terminait en invitant les travailleurs poitevins, en quête de sujets d'étude, à diriger leur activité vers le but que leur indiquait le Comité des travaux historiques, en s'appliquant à « rassembler les éléments d'une étude sur une communauté déterminée (1) ».

Ayant entre les mains un nombre relativement considérable d'actes d'assemblées de la paroisse de La Mothe-Saint-Héray au cours des deux derniers siècles de l'ancien régime, je me suis proposé, en les dépouillant, d'en extraire la substance d'un travail qui, modelé sur les grandes lignes de l'enquête, dans sa partie traitant des assemblées générales d'habitants, répondît, dans son ensemble, au vœu exprimé par notre savant confrère.

Avant d'aborder cette étude, est-il encore nécessaire, en face du public averti auquel ce travail est soumis, de dissiper une équivoque, rendue possible par leur expression consonnante, entre ces formes de l'administration municipale aux temps passés, — la commune, la communauté?

Fruit de la révolution qui, du xe au XIIIe siècle, émancipa certaines villes, voire quelques bourgades, de l'exploitation arbitraire dont elles étaient victimes, la commune n'avait pris vie qu'en vertu d'un contrat — la charte de commune — qui lui servit à la fois d'acte de naissance et de texte constitutif. Qu'elle ait été octroyée (Poitiers, 1199 — Niort, 1204) pour s'assurer la sympathie et l'alliance de ces populations urbaines, ou pour reconnaître leur fidélité (Saint-Maixent, 1440), qu'elle résulte d'une abdication obtenue à prix d'argent d'un seigneur besoigneux ou prodigue, qu'elle

(1) Bull. de la Soc. des Antiq. de l'Ouest, 1886, p. 18.

ait été arrachée — tel le legs extorqué *in extremis* à la faiblesse d'un mourant — à la caducité de ce régime chancelant qu'est alors la féodalité, la commune est une exception, le privilège de quelques cités (1). Révocable, elle pourra être supprimée. En vertu de nouvelles conventions, ou simplement par désuétude, ses droits primordiaux seront modifiés, restreints, parfois abolis. Passées enfin sous la tutelle de la royauté, les communes qui auront résisté à la rouille dissolvante de leurs discordes verront bientôt, rongées par la morsure envahissante de l'administration centrale, disparaître à jamais leurs immunités, leur indépendance, leur autonomie.

Il n'en sera pas ainsi des communautés, qu'aucune loi écrite, il est vrai, ne sanctionne à l'origine, mais dont la forme s'imposera fatalement comme représentant l'association naturelle d'hommes qui, nés sur le même coin de terre, fidèles d'une même église, sujets d'un même seigneur, justiciables d'un même tribunal, astreints à de semblables devoirs, jouissant de droits identiques, ont, par la force des choses, à sauvegarder des intérêts communs, à se défendre d'abus menaçant la collectivité. Aussi, tandis que les municipalités urbaines perdaient leurs franchises, la congrégation paroissiale conserva la majeure partie de ses prérogatives. Et, quand le pouvoir royal s'immisce dans son organisation, c'est moins pour réformer une institution qu'il sait nécessaire — et dont il profite — que pour régler une liberté d'action qui, dans la pratique, n'était pas sans

(1) Le nombre en était fort restreint, particulièrement en Poitou, où l'on ne relève, avec Poitiers, Niort et Saint-Maixent, que Fontenay (1471) et Châtellerault (1651). (Alfred Richard, *Recherches sur l'organisation municipale de la ville de Saint-Maixent jusqu'en 1790*. Mém. de la Soc. des Antiq. de l'Ouest, 1re s., t. XXXIV, p. 267.)

inconvénients. Enfin, et pour souligner d'un dernier trait leur caractéristique différentielle, reconnaissons que ce sont les communautés, et non les communes, de l'ancienne France qui ont préparé notre régime municipal actuel dont la base, la commune moderne, est ainsi définie par la Constituante : « Les citoyens, considérés sous le rapport des relations locales qui naissent de leur réunion dans les villes ou dans certains arrondissements du territoire des campagnes, forment les communes. »

Ainsi particularisée la notion de communauté, — c'est-à-dire l'ensemble des habitants de la paroisse agissant en corporation, — présentons, en quelques traits introductifs, la circonscription territoriale — la Paroisse (1) — champ d'action de la communauté mothaise, et fixons par des chiffres l'importance des éléments sociaux — la Population — dont la vie publique s'ordonnait en vertu de cet antique régime, l'assemblée générale des habitants réunis pour l'administration de leurs intérêts communs.

La Paroisse.

Sa configuration, son étendue, ses limites, sa topographie, nous les retrouvons, décalque fidèle, dans l'assiette territoriale de la commune actuelle qui, allongée du nord au sud suivant une ligne de 6 kilom. 500 m. sur 2 kilom. de large, couvre une superficie de 1492 hectares, enclose dans le bassin supérieur de la Sèvre Niortaise.

Orientée du sud-est au nord-ouest, la vallée de La Mothe s'inscrit entre deux collines de faible altitude dont l'une, détachée à angle aigu du massif granitique de la Gâtine, pro-

(1) On sait que, dans l'ancienne nomenclature, l'expression *paroisse* s'entendait dans le sens civil qui s'attache de nos jours au mot *commune*.

file, de Saint-Maixent vers Melle, la ligne de partage des eaux entre notre rivière et le bassin de la Charente, dont l'autre, prolongement du plateau dont Saint-Sauvant est le centre, descend à l'ouest, séparant les vallées de la Sèvre et du Pamproux depuis leur origine jusqu'à la Villedieu-de-Comblé où leurs eaux ne tardent pas à se confondre.

Des champs, quelques vignes, dont nulle arborescence n'égaie la sèche enclôture, se partagent le versant oriental, alors que, sur la crête opposée, les cultures alternent avec de verdoyantes futaies, vestiges de cette antique forêt de Sèvre que des percées, des défrichements ont progressivement tronçonnée depuis l'heure, lointaine, où la hache des fils de saint Maixent en éclaircit les ténébreuses profondeurs. — De ce côté-ci le bocage, de l'autre la plaine.

A travers le couvert ombreux du bocage émergent les villages du Vivier et de la Villedieu-des-Coûts, les hameaux de Tremont, de Barbecane, quelques métairies, la Chapronière, le Pin, le Fontenioux, les deux Payré. — La plaine s'étend, nue et déserte, jusqu'au nord-ouest, où la limite du territoire, le Pamproux, traversant la Villedieu-de-Comblé, rejette dans notre commune la partie du village qui borde sa rive gauche.

Entre plaine et bocage, au fond de la vallée, s'allonge, inégalement réparti sur les bords de la Sèvre, le chef-lieu de la commune, La Mothe-Saint-Héray, cependant qu'en amont et en aval fonctionnent encore « ces fameux moulins qui — ainsi le notait le rédacteur de l'*État sur l'Élection de Niort en 1744* (1) — convertissent en farine les plus excellents bleds du Poitou ».

(1) Léo Desaivre, *l'Élection de Niort au XVIIIe siècle*. Mém. de la Soc. de statist. des Deux-Sèvres, 3e s., t. III, p. 244.

Dire les origines multiples de notre petite ville, rechercher les phases de son développement au moyen âge, serait un hors-d'œuvre en ces pages où il suffit d'établir qu'à la fin du XVIe siècle, époque où remonte notre enquête, La Mothe-Saint-Héray est, depuis longtemps, un centre de paroisse (1) dont le nom et la formation résultent de l'agglomération de deux bourgades primitivement distinctes, La Mothe et Saint-Héray (2).

Lorsque l'Assemblée nationale morcela en départements, districts et cantons les provinces de l'ancienne France, La Mothe, avec la circonscription cantonale dont elle devint le chef-lieu (3), fut annexée au district de Saint-Maixent; puis, les districts supprimés, et quand la loi du 12 frimaire an VIII eut divisé en arrondissements le territoire des Deux-Sèvres, notre canton fut rattaché à l'arrondissement de Melle.

Avant ces temps, sous l'ancien régime, la paroisse de La Mothe, qui, au spirituel, relevait de l'archiprêtré d'Exoudun (4), et, dans l'ordre judiciaire, du siège royal de Saint-Maixent (5), dépendait, en matière fiscale, de l'élec-

(1) «... que la châtellenye de Saint-Heraye et la châtellenye de la Mothe-Saint-Heraye n'est qu'une paroisse, et n'y a les fonts baptismaux qu'à la dicte église de sainct Heraye. » (Aveu de Louis de Saint-Gelais, seigneur de Lansac, baron de La Mothe-Saint-Héray, à l'abbé de Saint-Maixent, 16 août 1578. Arch. du départ. des Deux-Sèvres, H. 98.)

(2) V. sur l'existence individuelle de ces groupes primordiaux, Alfred Richard, *Chartes de l'abbaye de Saint-Maixent*, TABLE, aux mots *Mota*, *La Mothe*, *Saint-Héraye*, *Sensciacus*.

(3) Avon, Bougon, Couarde (La) autrefois Goux, Exoudun, La Mothe-Saint-Héray, Pamproux, Salles, Soudan.

(4) *Pouillé du diocèse de Poitiers*, par H. Beauchet-Filleau, p. 48.

(5) «... et y vont les appellations... des marquisats de Couhé-Vérac et La Mothe-Saint-Héraye... et les appellations du siège vont au parlement et aux chefs de l'édit, au présidial de Poitiers. » (Alfred Richard, *Mémoire statistique sur l'élection de Saint-Maixent*. Mém. de la Soc. de statist. des Deux-Sèvres, 2e s., t. XIII, p. 26.)

tion de Niort, quoique très éloignée de cette ville et bien qu'enclavée dans l'élection de Saint-Maixent (1). Un subdélégué de l'intendant de la province surveillait à la fois le service de l'impôt et les autres branches de l'administration. Vers le milieu du XVIIIe siècle, cette charge, jusqu'alors remplie par le subdélégué de Niort, fut, de 1749 à 1785, en partie confiée à un personnage, choisi parmi les notables de la paroisse, lequel prit le titre et la qualification de « subdélégué de Monseigneur l'intendant du Poitou au département de la Mothe-Saint-Héray (2) ».

Cette mesure, provoquée peut-être par les plaintes que les Mothais adressèrent « en cour et aux ministres » contre le subdélégué de Niort en 1749 (3), s'explique encore par l'importance croissante de notre localité dont, peu d'années avant l'institution à La Mothe de ce fonctionnaire,

(1) Se faisant l'écho des insinuations, pour le moins hasardées, dont Antoine Garran, dans son *Mémoire sur l'élection de Saint-Maixent* (*1729*) (1), commentait le rattachement à Niort de la paroisse de La Mothe, l'auteur de l'*Etat sur l'élection de Niort en 1744* écrivait : « Du nord au levant de Niort, l'élection n'a aucune paroisse ; mais à six lieues de Niort, après avoir traversé l'élection de Saint-Maixent, on trouve, pour celle de Niort, la seule paroisse de La Mothe-Saint-Hérave. MM. de Parabère, autrefois seigneurs de La Mothe, étoient aussy gouverneurs de Niort, ils eurent l'authorité de faire oster cette paroisse de l'élection de Saint-Maixent et de la mettre dans celle de Niort (2). » — N'en déplaise aux auteurs de ces mémoires, bien avant le temps (1604) où la terre de La Mothe vint aux Parabère, antérieurement même à l'année 1542, vers laquelle fut créée l'élection de Saint-Maixent, la collecte de La Mothe rentrait à la recette de Niort, dont notre paroisse ressortissait dès 1434 pour y rester attachée jusqu'en 1790 (3).

(2) V. plus bas, *les Procureurs : Gages*, pour les noms des subdélégués de La Mothe de 1749 à 1785. De cette dernière date à la fin de l'ancien régime, la surveillance administrative de la paroisse fut du ressort du subdélégué de Saint-Maixent.

(3) V. plus bas, *l'Impôt royal*.

(1) *Mémoire statistique sur l'élection de Saint-Maixent*, p. 133

(2) *L'Election de Niort au XVIIIe siècle*, p. 231.

(3) *Ibid.*, p. XVI-XXI. — V. aussi L. de la Boutetière, *Rôle des tailles en Poitou au XVe siècle*, Mém. de la Soc. des Ant. de l'Ouest, 2e s., t. II, pour les paroisses de l'election de Niort de 1434 à 1490.

l'auteur de l'*Etat sur l'élection de Niort en 1744* écrivait :

« C'est là un gros bourg où il y a foires et d'excellents marchés pour les bestiaux, c'est où se vendent les bœufs gras du pays.

« Il y a vingt bonnes métairies et dix-sept moulins sur la rivière de Seivre. Il y a de toutes les espèces d'artisans. Comme c'est une justice (1), il y a un juge, un procureur fiscal, des procureurs. La poste y passe (2), un maître de poste, un distributeur de lettres.

« Trois manufactures, celle des minots ou farines passées est la plus considérable.....

« La manufacture de cuirs est bonne et se soutient la mieux de tout le Poitou.

« La troisième manufacture est de razes, elles valent mieux que celles de Saint-Maixent.

« Le terroir de la Mothe est un des meilleurs du Poitou, tant par rapport à la production du blé que aux foins et pâcages.

« Cette paroisse a beaucoup augmenté à la taille depuis

(1) Extrait de l'aveu rendu au roi, le 21 mars 1621, par Jean de Baudéan, seigneur de Parabère, pour sa baronnie de La Mothe-Saint-Héray : « Item avons et advouhons sur tous les dessusd. vassaulx droict et exercice de haulte, moyenne et basse justice avecq pouvoir de créer notaires au nombre de huit et sergens pareil nombre, comme nous avons, quy peuvent passer tous contracts et faire tous exploicts en et au dedans des susd. choses et où nul autre n'a exercice de justice sy par nous ou nos autheurs n'a esté conceddé au préjudice de la nostre ordinayre, que faisons tenir tous les jours de mardy, en nre parquet et auditoire ediffiyé ond. bourg de La Mothe, par nre senal et procur fiscal y reserva, avecque le droict de greffe que nous faisons exercer. Item advouhons aussy et recongnoissons avoir pouvoir de faire executer malfaicteurs accause de nre d. justice, comme il a cydevant esté faict par nos anciens prédécesseurs, par les fourches patibulayres estans plantées aux extrémités de nostre jurisdiction... »

(2) V. plus bas, *Rapports avec le Seigneur*.

1716, cependant il y en a encore de plus chargées que celle-là, mais le rôle d'industrie y fait une augmentation.

« Il y avait autrefois un temple d'huguenots à la Mothe(1), la plus grande partie des habitants sont encore de cette secte.

« M. d'Artaguet (2) est seigneur de la Mothe, c'est un marquisat qui relève de Saint-Maixent (3). Le château en est fort beau (4).

(1) V. plus bas, *Rapports avec l'Eglise : R. P. R.*

(2) Jean-Baptiste-Martin d'Artaguette d'Iron, fils de Jean-Baptiste, baron d'Aguerre, qui avait acquis le marquisat de La Mothe-Saint-Héray de Gaspard Le Sec, comte de Montault, auquel Jean II de Baudéan-Parabère avait cédé cette terre en 1683.

(3) Il y a lieu de rectifier cette affirmation dont les termes prêtent à quelque confusion.

La terre de La Mothe-Saint-Héray se composait de deux seigneuries distinctes, La Mothe et Saint-Héray, qui, bien que réunies dans une seule main dès le xve siècle, devaient rendre hommage à deux suzerains différents. C'est vers 1260, et lorsque, après la défaite des barons poitevins à Taillebourg, Alphonse, comte de Poitou, eut créé au profit de la couronne « un vaste domaine féodal uniquement composé de biens confisqués sur les Lusignan ou détachés de leur mouvance », qu'avait eu lieu la disjonction définitive des deux châtellenies qui, aux mains des fils de Mélusine, et jusqu'alors vassales de l'abbaye de Saint-Maixent, relevèrent désormais, l'une du roi — La Mothe et son château, — l'autre, — Saint-Héray et l'église — de l'abbé de Saint-Maixent (1).

La terre de La Mothe, érigée en baronnie (1487), puis en marquisat (1633), était tenue « du roy nostre sire, accause de sa tour de Maubergeon size en la ville de Poictiers, à foy à hommage lige et serment de fidellité... au debvoir d'ung franc d'or du poix de trois deniers d'or fin apretié à quatre livres dix sols, à muance d'homme ». (Aveu du 21 mars 1621.) — La châtellenie de Saint-Héray rendait à l'abbé de Saint-Maixent « foy et hommage lige au debvoir d'une peau de cerf pour couvrir les livres de lad. abbaye, à muance de seigneur quand le cas y advient ». (Aveu du 16 août 1578.)

(4) Au décès (1838) du maréchal comte de Lobau, dernier propriétaire de La Mothe dont il jouissait à titre de majorat, le château revint à l'Etat qui en ordonna la vente en 1840. Acquis par des marchands de biens, stigmatisés à l'époque du nom de *bande noire*, ce monument, que le grand courroux de 93 avait respecté, fut, en 1842, livré aux démolisseurs. De la superbe résidence, que nos vieillards ont connue, mais dont ils n'ont gardé

(1) Alfred Richard. *Chartes de l'abbaye de Saint-Maixent*. Introd., p. XLII.

« Il y a un couvent de filles de l'ordre de Saint-Benoist, congrégation de Saint-Antoine (1), dont la prieure s'orne du nom d'abbesse. »

En tête de ce document figure le chiffre des impositions établies sur la paroisse en 1744 — soit la somme totale de 14.816 l. 5 s. — et le nombre de *feux* — 412 — sur lesquels l'impôt royal était assis (2).

La Population.

A défaut du recensement par tête, que ne pratiquait pas l'ancienne administration, le dénombrement des feux pour l'assiette de la taille et autres impositions est le seul élément statistique officiel qui permette de suivre le mouvement de la population aux derniers siècles de l'ancien régime (3). A mon grand regret, les documents de cette nature qu'il m'a été donné de consulter ne remontent pas au delà du XVIIe siècle.

Si, puisant à cette source d'informations, l'on considère que, pour en déduire la mesure de la population, il convient de multiplier la somme des feux par 5 — coefficient arbitraire mais généralement admis comme représentant alors

que le souvenir, impuissants qu'ils furent à la sauver de la destruction, il ne reste que les anciens greniers à blé, l'orangerie et deux pavillons dont la gracieuse ornementation rappelle les plus heureuses productions du XVIIe siècle.

(1) V. plus bas, *Rapports avec l'Eglise : le Couvent.*

(2) *L'Election de Niort au XVIIIe siècle,* p. 302.

(3) Il m'a fallu renoncer à utiliser les registres paroissiaux dont les cahiers, conservés aux archives municipales, ne remontent qu'à 1676, encore les années 1678 et 1680 manquent-elles à la collection; du reste, seuls y étaient inscrits les catholiques, c'est-à-dire la minorité de la population dont les protestants formaient les trois quarts au XVIIe siècle (v., plus bas, *les Procureurs : Conditions d'éligibilité*), de même qu'au siècle suivant, en 1744, « la plus grande partie des habitants sont encore de cette secte. »

le nombre d'habitants par famille (1), — il en résulte ce tableau :

En 1637	472 feux,	soit	2360	habitants	(2).
1698	494	—	2470	—	(3)
1716	412	—	2060	—	(4)
1744	412	—	2060	—	(5)
1759	518	—	2590	—	(6)

Et, faute de documents pour la fin du régime, nous sautons à l'année 1805 où le recensement par tête fixe à 2495 (7) le nombre des habitants de la commune : ce qui permet de constater que, sauf dans la première moitié du XVIIIe siècle où, par le fait de désertions dont la suite de ce travail révélera le mobile, la paroisse fut momentané- « ment abandonnée », sa population est restée sensiblement la même au cours des temps où il nous est donné de rechercher, dans les assemblées générales de sa communauté, les manifestations de la vie publique à La Mothe.

(1) *L'Election de Niort au XVIIIe siècle. — Population depuis 1631*, p. XXXV.

(2) Rôle d'un impôt de 5769 l. 9 s. 8 d., établi sur la paroisse de La Mothe en 1637. (V. *Rapports avec l'Etat : l'impôt royal à La Mothe*).

(3) « Division et dénombrement de la généralité de Poitiers », p. 628 de l'*Etat du Poitou sous Louis XIV*, publié par M. Dugast-Matifeux.

(4) D'après l'*Etat de l'eslection de Nyort en 1716* (*l'Election de Niort au XVIIIe siècle*, p. 88). — A cette date, le rédacteur constate que « cette parroisse quoyque des mieux scituées de la généralité n'a pas laissé de diminuer, despuis quelques années, de cent vingt-trois feux ». Elle aurait donc contenu, vers le commencement du XVIIIe siècle, 535 feux, progression croissante en désaccord avec la prétendue dépopulation de ce pays par suite de l'exode des huguenots au lendemain de la Révocation, opinion dont a fait justice M. L. de la Boutetière dans sa *Note sur l'émigration protestante du Poitou à la suite de la révocation de l'édit de Nantes.* (Bull. de la Soc. des antiq. de l'Ouest, t. XIV, p. 351.)

(5) D'après l'*Etat de l'élection de Niort en 1744* (*l'Election de Niort au XVIIIe siècle*, p. 302).

(6) D'après une *Carte du Poitou*, dressée en 1759, document cité par M. Jules Richard, dans une *Note sur la population de La Mothe-Saint-Hérayede 1676 à 1864*. Mém. de la Soc. de statist. des Deux-Sèvres, 2e sér., t. II, p. 227.

(7) Papiers de feu M. Desquesnes, alors maire de La Mothe.

PREMIÈRE PARTIE

Les Assemblées générales, les Procureurs de la Communauté

A. — LES ASSEMBLÉES GÉNÉRALES

I. Les actes d'assemblées. — II. Le droit de convocation. — III. Le mode de convocation. — IV. Le jour et le lieu des assemblées. — V. La composition des assemblées. — VI. Obligation d'assister aux assemblées. — VII. La tenue des assemblées. — VIII. Les attributions des assemblées : Cycle coutumier de la vie publique.

Ayant limité à la paroisse de La Mothe-Saint-Héray — et, quand la comparaison s'imposera, à quelques paroisses voisines — l'étude des assemblées de communautés au pays mothais, je me propose, après un coup d'œil sur l'ancienneté, la nature, la forme, la valeur documentaire, le classement des matériaux employés, de rechercher dans ces actes le mode et le lieu de convocation, la composition, la tenue de ces réunions, puis d'indiquer sommairement l'objet de leurs délibérations dont la matière, complexe, sera développée dans la seconde partie de ce travail.

I. — Les actes d'assemblées.

Nul doute que l'assemblée générale des habitants n'ait existé aux époques les plus lointaines de ce moyen âge tant décrié où déjà, entre autres prétendues conquêtes de l'esprit moderne, l'association est de droit commun (1)... et combien plus libéralement exercé! A une date que l'on ne peut préciser, les documents faisant défaut, une entente nécessaire et salutaire dut s'imposer lorsque la possession de biens communaux, l'établissement de taxes royales, la mise à la charge des paroissiens de l'entretien d'une partie de l'église eurent créé aux habitants des intérêts généraux.

Dans un vieux titre — daté du 26 février 1448 — découvert par M. Alfred Richard dans les archives de la ville de Saint-Maixent, « il est dit que de toute ancienneté et de tel temps qu'il n'est mémoire du contraire, les bourgeois, manants et habitants de Saint-Maixent étaient dans le droit et usage de s'assembler tous les ans, le mercredi des cendres, dans l'église de Saint-Saturnin, à l'effet d'y traiter, disposer et ordonner de ce qui regardait la fabrique de la dite église et les écoles de la ville (2) ».

A La Mothe, c'est vers cette époque — 1456, 1466 (3) — qu'apparaît, en des actes authentiques où les habitants de la paroisse intervinrent comme partie contractante, la trace de leur groupement et de l'association de leurs intérêts. Mais c'est à partir des dernières années du XVIe siècle que, grâce aux riches archives de nos notaires dont les

(1) « Le moyen âge — proclamait M. Godefroid Kurth au congrès de Fribourg (19 août 1897) — a fait fleurir toutes les formes de l'association, depuis la commune jusqu'à la corporation de métier, et il nous a légué des modèles auxquels, à travers tant de révolutions, nous ne cessons de revenir. » — Dans son *Histoire des institutions politiques et administratives de la France*, t. II (paragraphe intitulé *le Moyen âge au point de vue de nos origines*), M. Paul Viollet dit expressément : « Nous procédons du moyen âge. Il a vu naître la plupart des institutions qui, lentement transformées, nous régissent aujourd'hui. »

(2) Alfred Richard, *Rech. sur l'organisation communale de la ville de Saint-Maixent*, p. 272.

(3) V. plus bas, *Rapports avec le Seigneur*.

minutes, remontant à 1569, nous ont été religieusement conservées, l'on peut suivre la série, interrompue toutefois par de regrettables lacunes, des assemblées de la communauté jusqu'au jour où cet organisme disparut.

Entre ces époques, il m'a été donné de relever et d'analyser 484 « actes d'assemblées de la paroisse de La Mothe Saint-Héray », échelonnés du 13 mai 1588 au 12 novembre 1787, date de la dernière réunion à moi connue; ils figurent, en sommaire ou par extraits, à la fin de ce travail où ils sont numérotés de 1 à 484 (1). Sur ce nombre, 476 existent de toutes pièces; les quelques autres (2) se justifient par la mention qui en est faite au corps de certains actes notariés, ayant trait à l'administration de la paroisse, où leur date et leur objet sont nettement indiqués.

A l'heure actuelle, ces titres sont déposés : dans les études des notaires de La Mothe (3), dans le cabinet de feu le Dr Sauzé (4), dans mes papiers (5).

(1) Au cours de ces pages, pour en faciliter la rédaction et la composition typographique et en alléger la lecture, les renvois aux actes d'assemblées portent leur numéro d'ordre au lieu de leur date, inscrite d'ailleurs en regard du chiffre.

(2) 6, 215, 216, 217, 218, 228, 293, 420.

(3) 2, 6, 8, 9, 12, 118-120, 179, 214, 223, 224, 230, 235, 241, 242, 244, 246-248, 250-255, 257, 268-270, 274-277, 283, 287, 291, 294, 296, 305, 316, 322, 347, 365, 374, 375, 382, 383, 397, 398, 436, 442, 461, 470, 471, 484.

(4) 7, 10, 11, 13-115, 121-178, 180-208, 210, 211, 215-222, 225-229, 231-235, 237-239, 241, 250, 257, 260, 262, 264-266, 272, 273, 282, 285, 288, 290, 292, 295, 297-299, 302, 308, 315, 317-319, 321, 328-346, 348-364, 366-373, 376-381, 384-396, 399-419, 421-435, 437-441, 443-460, 462-469, 472-474, 476, 478-481.

Que M. Charles Sauzé, fils du regretté Dr Sauzé, reçoive ici l'expression de ma gratitude pour la bonne grâce qu'il a mise à me communiquer le volumineux recueil d'actes d'assemblées colligés par mon savant confrère, et dont d'heureuses rencontres m'ont permis de grossir l'intéressante collection.

(5) 1, 116, 117, 209, 212, 213, 244, 246, 259, 261, 263, 267, 268, 274,

Toutes ces pièces — en minutes, hormis 330 (copie sur parchemin) et 7,422 (copies sur papier) — sont authentiquées, et par la signature du notaire rédacteur, sauf de très rares exceptions où cette formalité a été omise (1), et par l'indication de leur contrôle et enregistrement à partir du 13 septembre 1693, date où, pour la première fois, la mention en figure au bas d'un acte d'assemblée.

C'est, en effet, par un notaire qu'étaient rédigés ces procès-verbaux (2) qui, pour être valables, devaient revêtir la forme solennelle des actes publics. Et malgré qu'un édit de 1635 eût créé, dans toutes les paroisses du royaume, des greffiers chargés de recueillir les délibérations des communautés (3), à La Mothe l'usage persista de confier aux notaires de l'endroit le soin de recevoir les actes d'assemblées: en une seule circonstance, les habitants crurent devoir commettre à cet office l'un des notaires de Saint-Maixent (4).

278-281, 284, 286, 289, 293, 300, 301, 303, 304, 306, 307, 320, 323-325, 420, 475, 477, 482, 483.

(1) 126,293 : à ajouter 129, 151, où le dernier feuillet de l'acte n'a pu être retrouvé.

(2) Sauf un seul, 7, où le rédacteur fut le « greffyer ordinaire de la baronnye de la Mothe sainct Heraye, recepvant, *suyvant l'antienne coustume*, les actes publicqs de la dicte parroisse », — l'une des dernières traces de l'ingérence seigneuriale dans les assemblées de la communauté mothaise.

(3) *Recherches sur l'organisation municipale de la ville de Saint-Maixent*, p. 367.

(4) C'était en 1751, le 31 janvier. Il s'agissait de demander l'autorisation d'établir à La Mothe, pour remplacer la taille et autres impositions accessoires, un tarif de droits à percevoir sur les denrées et marchandises entrant en ville, « à l'imitation d'autres lieux du royaume, notamment des villes de Saint-Maixent, Niort et Parthenay » (V. *Rapports avec l'Etat : l'Impôt royal*). Le choix, comme rédacteur, de Mᵉ Pierre Caillon, notaire et « secrétaire de l'hôtel de ville de Saint-Maixent », était motivé par ce fait que, tout récemment, dans une assemblée générale du 10 juillet 1747, cette ville avait pris semblable résolution (V. *Rech. sur l'organisation municipale de la ville de Saint-Maixent*, p. 364). Et, sans doute, il parut aux Mothais que leur demande aurait plus de chance d'être accueillie, étant formulée par un praticien mis au courant des considérations à faire valoir en pareil cas.

Qu'il soit notaire royal ou notaire de la baronnie, qu'il s'intitule, dans certains cas, notaire apostolique, le secrétaire attitré des assemblées générales se qualifie communément « notaire ordinaire de la paroisse ». Voici, par ordre chronologique, les noms de ces officiers publics, avec la mention des actes qui portent leur signature :

François Tastereau : 1-6, 8-10.
Jacques Gaultier : 11.
René Guillon : 12-65, 67-113.
Jérémie Gastineau : 66.
Pierre Groisson : 114.
Jacques Guillon : 115, 121-125, 127, 128, 130-147, 155-180, 182, 183, 185, 208.
Jacques Tastereau : 116-120, 219-224, 227-245.
Pierre Guillon : 148-150, 152-154, 181, 184, 210.
Pierre Tastereau : 209, 212.
Pierre Palate : 211, 214.
Charles Goy : 213, 215-218, 246-249, 258, 259, 261, 263, 267-281, 283, 284, 286, 287, 289, 291, 294, 296, 297, 300, 301, 303-307, 320, 322-325.
J.-B. Palate : 225, 226, 250-257, 262, 264-266, 282, 285, 288, 292, 295, 299, 302, 318, 365, 368.
Emery Guillon : 260, 355.
Jean Tastereau : 290, 298.
Charles Lelièvre : 308-317, 319, 328, 330-333, 343-354, 359, 367, 370, 371, 373-385, 387-389, 392-421.
Jean Sauzé : 321, 326, 327, 329, 334-342, 356, 357, 362, 363, 366, 386, 390, 391, 423-439, 444, 445, 449-456, 462-467.
Charles Guillon : 358, 360, 361, 364, 369, 372.
François Pallardy : 440-443, 446-448, 460, 461, 469-472.
Jacques Morisson : 462, 473, 475.
Ch.-Aug. Guillon : 474, 476, 478-481.
Léon Dubreuil : 477, 482-484 (1).

(1) A l'aide de cette double indication — lieu actuel du dépôt, nom du notaire rédacteur — il sera aisé aux travailleurs de retrouver les actes dont, au cours de cette étude, je n'ai donné que des extraits.

A l'honneur de ces praticiens, je me plais à constater le soin dont ils s'acquittaient de leur ministère, à louer la méthode, la clarté, l'impartialité de la rédaction, le souci des détails précis, qui font, de ces modestes archives, de si précieux témoignages pour l'histoire locale.

Quelle que soit la main qui les ait rédigés, le protocole de ces actes est uniformément le même dans ses dispositions essentielles. Dans l'intitulé sont énoncés la date, le mode et le lieu de la convocation, l'autorité requérante, le nom et, parfois, la qualité ou profession des assistants. Dans le corps de l'acte sont développés l'objet de la délibération, les débats, les résolutions de l'assemblée. En clôture figurent, après la mention de l'octroi de l'acte aux habitants et aux parties intéressées, les signatures des assistants, « fors ceux qui ont déclaré ne savoir signer, de ce enquis suivant l'ordonnance », que souligne le seing du notaire rédacteur.

Examinés isolément, nos procès-verbaux donnent lieu à quelques remarques qu'il me faut présenter.

1° Tout d'abord, j'avoue y avoir fait figurer — à bon escient, d'ailleurs, — les actes de ces assemblées où se traitaient les questions relatives à l'entretien de l'église, à l'administration des biens de la fabrique, à l'exercice de ses droits et de ses prérogatives, où se discutaient, en un mot, ces intérêts religieux qui, dans notre vieille France, ne se séparaient pas des intérêts civils et, au même titre, étaient soumis aux délibérations du général des habitants. Y avait-il lieu de les distraire de cette étude comme étrangères à son objet, ou, tout au moins, convenait-il de les cataloguer à part sous la rubrique spéciale d'assemblées *paroissiales* comme d'aucuns l'ont tenté ? — Alors, sous quel titre, dans quelle catégorie classerions-nous cette réunion du 5 juin 1623, où les habitants eurent à procéder simultanément à la nomination de leurs procureurs et à l'aliénation d'un domaine appartenant à la fabrique ? et celle-ci (74) dont le procès-verbal, mentionnant une réclamation en surtaux, une demande de sauvegarde pour exempter la paroisse du logement des gens de guerre, un emprunt contracté pour la marche des affaires publiques, signale en outre le bail à ferme des revenus de la fabrique ?

Paroisse et communauté, c'était tout un alors : l'église était une part du patrimoine commun, et, si les habitants tiraient de leur poche, dans un cas donné, l'argent nécessaire pour son entretien et ses réparations, c'est à ses ressources qu'ils s'adressaient, faute de fonds communs, pour toutes les dépenses qui leur incombaient. Cette assemblée du 9 novembre 1692 — où, sommés de payer au Trésor l'office de juré-crieur de la paroisse, les assistants décident que les syndics lèveront sur la communauté la finance exigée, « attendu qu'il n'y a aucuns fondz dans la fabrice de l'église, ny deniers entre les mains desd. sindicqs », — ne prouve-t-elle pas qu'il y avait bourse commune, conséquemment solidarité, entre la fabrique et la communauté, puisque leurs ressources étaient indistinctement appelées à subvenir aux charges générales ?

Ainsi, à quelque ordre, civil ou religieux, qu'appartiennent les intérêts mis en jeu, du fait qu'ils touchent aux besoins de la paroisse, c'est à l'assemblée générale des habitants, les confondant dans une égale sollicitude, qu'il incombe d'en délibérer. Seuls différeront — dans quelques cas, pas toujours — le lieu de la réunion, le mode de convocation, les autorités requérantes ; mais les éléments constitutifs de l'assemblée — le général des habitants (1) — resteront invariablement les mêmes (2). Il n'y a donc pas lieu de différencier ces actes où le caractère d'*assemblée générale* est indéniablement attaché : il suffira de les signaler à mesure que nous les rencontrerons.

2° En marge de la plupart de nos procès-verbaux est inscrite cette simple mention : « Acte d'assemblée de la paroisse (ou des habitants) de la Mothe. » Mais parfois on y relève l'objet de la réunion, entre autres :

« Acte de l'eslection des asseeurs collecteurs » (71).

« Assemblée pour le fournissement de la charrette que les habitants de la Mothe et Mougon sont tenus fournir au roy » (82).

« Acte de la paroisse pour nommer gens de guerre » (117).

« Acte d'assemblée de la Mothe sur la garnison » (210).

« Acte de la paroisse de la Mothe touchant les taux perdus et nouvelliers » (240).

« Acte d'assemblée des habitans de la Mothe par laquelle ils mettent les sacristains à cinq sols de taille » (258).

« Assemblée de la Mothe contre le s[r] curé » (427).

« Acte d'assemblée des habitants de la Mothe pour la tenue des foires » (428).

Etc., etc.

3° A ces dates, — 1er février 1596, 29 janvier 1702,

(1) C'est l'expression qui prévaudra longtemps, à La Mothe, pour désigner la congrégation paroissiale : son équivalent — communauté — n'apparaîtra que dans la première moitié du XVIIIe siècle — 8 février 1738, dans mes textes.

(2) Sauf **179**, où l'assemblée, convoquée par les marguilliers devant l'église, réunit les seuls *catholiques* de la paroisse ; c'est à ce titre comparatif que j'ai cru devoir lui donner place dans nos actes.

— figurent, au même jour, deux actes distincts, séparément signés par le notaire et les assistants, attestant que les habitants se réunirent deux fois au cours de la même journée. Dans le premier cas, les convocations eurent pour objet de nommer les collecteurs des tailles pour l'année courante (8), puis, cette opération préliminaire effectuée, de soumettre à l'assemblée l'une de ces questions litigieuses, si fréquentes, que soulevaient l'assiette et le recouvrement de l'impôt (9). Dans le second cas, les habitants répondirent successivement à deux convocations faites, l'une par les marguilliers à la porte de l'église (265), l'autre, sous les halles, par les procureurs de la communauté (266).

Par contre, je constate que certains procès-verbaux (1) portent deux, parfois trois dates subsécutives, généralement espacées de huit en huit jours, indiquant que la délibération n'ayant pas abouti dans une seule séance, les habitants se réunirent à nouveau, et « l'acte d'assemblée fut continué » — ainsi s'expriment nos textes — pour lui permettre d'épuiser son ordre du jour.

4° Dans certains intitulés — une quarantaine — le secrétaire de l'assemblée a négligé d'inscrire les présents, et la formule usuelle — « ... où se sont trouvés et assemblés » tels et tels — est suivie de plusieurs lignes en blanc où devraient figurer les noms des assistants.

Qu'est ce blanc, sinon un espace libre laissé à dessein dans le texte pour y intercaler, en temps et lieu, la liste de présence? Que signifie-t-il, si ce n'est que des procès-verbaux furent, parfois, préparés par avance et arrivèrent, *tout rédigés*, devant l'assemblée... prétendue délibérante ?

(1) **82, 108, 113, 121, 130, 135, 141, 143, 149, 161, 201, 206, 221.**

Que l'on ne se récrie pas ! Les minutes que j'ai sous les yeux, par la disposition du texte, les modifications de l'écriture au cours de la rédaction et autres caractères fournis par l'examen des actes où j'ai relevé cette particularité, trahissent la preuve que nombre d'entre eux, préalablement médités, concertés, rédigés en petit comité, furent tout simplement présentés aux habitants assemblés qui, après lecture, étaient appelés à en approuver le contenu et à signer (1). — Je me suis laissé dire que, de nos jours,

(1) Voici un exemple, typique, d'acte d'assemblée préparé d'avance et qu'il a fallu biffer, les habitants s'étant refusés à délibérer. L'original est barré comme la copie ci-jointe où le texte en *italiques* indique les adjonctions faites après coup.

« Aujourd'huy dimanche vingt-six juillet l'an mil sept cent trente-neuf, en l'assemblée du general des manans et habitans de la Mothe s[t] H[e], convoquée à l'issue de la messe paroissialle apres divers sons de cloches, en la maniere ordinnaire, à la dilligence de Jean Baugier et Pierre Bonneau, sindicqs de lad. paroisse, sous les halles dud. lieu, en laquelle se sont trouvez Me Isaac Girault, senechal dud. lieu, Gille Chevallier, Jacques Piquot, *et comme les autres habitans en grand nombre sous lad. halle n'ont voulla estre présent quoyque interpellé par le son de la cloche, d'abondant par lesd. sindicqs et moy, m'ont requis acte, lesd. sindics, du refus desd. habitans pour leur servir de ce qu'il appartiendra* et autres composans la plus saine partie desd. habitans.

« Ausquels ainsy assemblés lesd. sindicqs ont remonstré qu'ayant pris à titre de rarantemen une maison sittuée en ce lieu, que tenoit Thomas Baron aussy à titre d'arantemen de la dame Joullard du Deffen, pour la somme de 60 l. par chacun an payable au mois de février... et comme lad. rente n'avoit pas été payée aud. Baron au mois de février dernier, il se seroit pourveu par devant monseig[r] l'intendant pour en avoir le payement et estre ordonné qu'il luy seroit permis de contraindre sollid[t] un ou plusieurs desd. habitans sauf leur recours sur le general pour leur remboursement. — Lesquels habitans assemblés, ayant pris communication de lad requeste, ensemble de l'acte par eux consanty le 28 oct. 1731, par lequel il consantent que lad. somme de 60 l. de rente soit imposée annuellement et perpetuellement,... son d'avis et donner pouvoir ausd. sindicq de... déclarer qu'il son prest que lad. somme soyt imposée sur le general desd. habitans, sous l'agremen et ordonnance de mond. seig[r] l'intendant, n'ayant en ce lieu aucun fonds pour acquitté lad. rente... Don de tout ce que dessus... acte.

J. Girault. — G. Chevalier.

« *Sur quoy moy dit nottaire royal à s[t] Maixent résidant à la Mothe, ay donné acte ausd. sindicqs de leur dilligence et dud. refus pour val-*

les choses se passaient encore ainsi au sein de certaines municipalités.

— Une dernière question : à quel prix revenait la confection d'un acte d'assemblée ?

Au compte de gestion rendu, le 19 septembre 1691 (1), par les syndics en fin d'exercice, je relève « neuf sols pour un acte d'assemblée du 11 mars dernier, plus cinq sols pour un autre acte d'assemblée du 18 mars aussy dernier ». — Pourquoi cette différence de prix entre les procès-verbaux des deux assemblées dont la première (224) avait pour but de répondre à une enquête, faite par l'intendant, sur les droits d'usage de la paroisse, dont la seconde (225) se rapportait à la nomination d'un soldat de milice?...

Au compte de l'exercice suivant (2) sont portés « dix sols quatre deniers pour l'acte de nomination de collecteurs du 23 septembre 1691 (229), unze sols huit deniers pour signification d'icelluy, papier et controlle, trois sols pour enregistrement d'icelluy ».

Un demi-siècle plus tard, le notaire C. Lelièvre inscrivait sur son livre de compte :

« Du 29 novembre (1743), assemblée de La Mothe-Saint-Héray (3), minute, grosse, papier et controlle 4 l. 8 s. »

Et, en 1746 :

« Acte d'asssemblée de La Mothe-Saint-Héray du 16 dé-

loir servir ce que de raison, les jour et an cy dessus, aux fins de se pourvoir pour avoir reglement de monseig[r] *l'intendant, contre les habitans, pour assister aux actes de paroisse à l'avenir sous les peines qu'il luy plaira ordonner, et on, lesd. sindicqs, M*[e] *Girault, Chevalier, Piquot, signé avec moy.* » (Suivent ces signatures.)

(1) (2) V. plus bas, *Comptes de gestion.*

(3) Ne la connaissant que par la mention de sa date, cette assemblée ne figure pas dans mes actes.

cembre (409) pour tous droits, y compris l'expédition à faire. 8 l... »

Qui payait ces droits ? — la communauté, puisque nous les voyons figurer dans les comptes de gestion de ses procureurs. Mais il apparaît qu'elle en était remboursée par l'administration, — au moins dans les dernières années de l'ancien régime, — à en juger par une circulaire de l'intendant à ses subdélégués, datée du 27 septembre 1785, dans laquelle, à l'effet de mettre en garde les communautés « afin qu'elles prennent à l'égard des officiers du ministère desquels elles se serviront, des précautions pour qu'il ne leur en coûte pas plus *qu'il ne pourra leur être alloué*, et qu'au contraire les choses se fassent avec le plus d'économie possible », M. Boula de Nanteuil, entre autres dispositions, arrêtait :

« Art. 6 : Pour les actes d'assemblées de paroisses sur la convocation des syndics, il ne sera alloué de remboursement au syndic, si le notaire qui a rédigé l'acte est de la ville, que 4 li., outre la grosse à raison de 25 s. par rôle en petit papier, le contrôle et le papier (1). »

Comme complément à cette vue d'ensemble, me faut-il indiquer en quelle proportion se répartissent, entre les années 1588 et 1788, nos 484 procès-verbaux ?

Certes, l'enquête présenterait quelque intérêt s'il nous était donné de la faire porter sur *tous* les actes d'assemblées de la communauté au cours des deux derniers siècles de l'ancien régime. Leur dénombrement, détaillé par année, eût permis de dresser un précieux recensement général dont

(1) *Lettres de M. Boula de Nanteuil, intendant du Poitou, à M. Blactot, son subdélégué à Bressuire.* Arch. hist. du Poitou, t. XX, p. 154.

les éléments, mis en regard et comparés, eussent conduit à de curieuses remarques sur les périodes d'activité et de décroissance de la vie publique à La Mothe. A l'heure présente, cette satisfaction nous est refusée.

Bien d'autres points obscurs, bien des questions encore surgiront que, soucieux de conserver à cette œuvre le caractère d'un document sincère, je laisserai délibérément sans réponse, plutôt que de risquer des solutions conjecturales. — A d'autres, plus favorisés, à l'avenir, mieux renseigné, la tâche de suppléer à ces défaillances.

II. — Le droit de convocation.

Au temps de l'omnipotence seigneuriale, il était de droit public que les habitants ne pouvaient s'assembler sans la permission du châtelain ou de son juge. Bientôt la coutume, à défaut de charte, élargit, au profit des représentants de la paroisse, le pouvoir d'en réunir les membres, et, à l'heure où il nous est donné de poursuivre dans les textes le fonctionnement de la vie publique à La Mothe, je constate que les assemblées générales, échappées à l'autorité et au contrôle du seigneur (1) — qui n'y assiste jamais ! — sont convoquées « à la diligence » des procureurs de la communauté, parfois par les collecteurs des tailles, en certains cas par les marguilliers. En trois circonstances (2), les habitants se réunirent spontanément, sans la participation et hors la présence de leurs mandataires officiels ; la dernière

(1) Une seule assemblée (315) fut réunie « par la permission expresse et consentement de M. le marquis de ce lieu » ; encore cette mention, inscrite en renvoi, a-t-elle été ajoutée après coup.

(2) 64, 249, 300.

fois, leur initiative eut pour excuse « l'indisposition du s[r] syndic ».

Ce qui n'était qu'usage deviendra le droit des chefs de la communauté (1) lorsque l'édit de 1702 aura créé dans notre ville, comme en toutes les paroisses du royaume, un syndic perpétuel à la nomination du pouvoir, en lieu et place des procureurs qui, jusque-là, n'exerçaient que pour un temps la charge dont le suffrage de leurs concitoyens les avait investis. Mais cette faculté n'était pas laissée au libre arbitre de ces agents, lesquels avaient le devoir de convoquer l'assemblée lorsqu'ils en étaient requis, soit par les représentants de l'autorité tant civile que religieuse — l'intendant ou ses officiers en l'élection, le procureur du roi au siège de Saint-Maixent, le grand-vicaire du diocèse, — soit par les dignitaires de la paroisse — le procureur fiscal, le curé, les marguilliers, — soit par les asséeurs et collecteurs des tailles, soit enfin par le général des habitants : en une circonstance (463), l'assemblée dut être réunie à la requête de deux frères, meuniers aux Moulins-Blancs de La Mothe.

III. — Le mode de convocation.

C'est au prône de la messe paroissiale, parfois « pendant trois dimanches consécutifs », c'est par la clameur du crihuche « au plus fort du marché », « aux cantons et carrefours de ce bourg », et, lorsqu'ils surent lire, c'est « par affiches au poteau public et à la porte de l'église », que les habitants étaient avisés du jour de l'assemblée générale ; ce jour venu, c'est « après divers sons de la cloche faite

(1) *Mémorial alphabétique des choses concernant la justice, la police et les finances de la France*, 1704, p. 646.

tirer et sonner à la manière accoutumée », qu'ils se rendaient à ces réunions (1).

Aux âges d'ignorance, alors qu'était restreint le nombre des lettrés, et — auraient-ils pu les déchiffrer — quand les moyens de publicité que les progrès de l'imprimerie devaient un jour répandre à profusion n'avaient pas encore pénétré au fond de nos campagnes, l'État avait emprunté à l'Église la voix de ses ministres pour porter à la connaissance des foules les actes de l'autorité, pour faire entendre à tous l'écho des grands événements qui s'agitaient au loin... Alors un jour vint où le prêtre, appelant sur les chrétiens — tous frères ! — les effets de la miséricorde divine, dut, à la même heure, proclamer les ordonnances spoliatrices, les décrets restrictifs des libertés acquises, les édits de proscription contre les « malsentants de la foy » ; et — regrettable antilogie — tandis que sur l'autel s'offrait l'auguste sacrifice au Dieu de paix et d'amour,... victoires chèrement gagnées, villes prises d'assaut et saccagées étaient officiellement annoncées, du haut de la chaire évangélique, par les mandements épiscopaux prescrivant, à la gloire du Dieu des armées, un *Te Deum* laudateur ! (239). — En vain je déclame ! N'est-elle pas de tous les temps cette prétention superbe d'associer à nos folles entreprises la divine Sagesse, à nos colères d'un jour l'éternelle Bonté !...

Donc, c'était au prône dominical que les paroissiens entendaient la lecture des lois et des avis qui les intéressaient. Un jour vint — lorsque l'instruction eut pénétré les populations rurales et que les placards ne furent plus lettre

(1) Dans une seule assemblée (427), il est dit que le syndic convoqua les habitants « au son de la cloche et *au bat du tambour* ».

morte pour la multitude — où l'État, cédant aux réclamations des évêques, n'obligea plus les curés à lire les billets de convocation et les ordonnances administratives (1) ; mais, dans tous les temps, la cloche ne cessa de convoquer les habitants aux assemblées générales de la communauté.

L'instrument utilisé à cet effet était la cloche de l'église dont le clocher, communalisé, servait de beffroi à la paroisse. Dans les premiers jours de novembre 1620, la cloche étant « thumbée du clochier et rompue en plusieurs piesses », les habitants furent convoqués, le 22, « à cry publicq, par l'organe de René Groisson, crye et husche de cette paroisse, à deffault du son de la cloche (2) ». Je constate également que, précisant laquelle des deux cloches servait à cet usage, certains actes (262, 264) relatent que la réunion eut lieu « après le son de la *grosse* cloche de l'église de ce lieu, ainsy qu'on a acoustumé faire aux assemblées ». C'était donc, à n'en pas douter, la sonnerie de l'église qui appelait les habitants. Toutefois, il résulte de l'acte d'assemblée du 24 janvier 1649 que les procureurs, préoccupés alors « d'empescher les incursions que les ennemis de l'état pourroyent faire en ce lieu », proposèrent, entre autres mesures,

(1) Edit d'avril 1695, confirmé par une déclaration de décembre 1698. — Toutefois, l'usage persista, à La Mothe, de faire certaines publications au prône du dimanche et d'y donner lecture d'une curieuse ordonnance royale remontant au règne de Henri II. J'en relève la trace dans cette déclaration inscrite, à la date du 10 janvier 1789, sur les registres de la paroisse (Arch. municipales) : « Je soussigné, prêtre curé de la paroisse de L.M.S.H., certifie que l'édit du roi Henri II de 1556 a été publié de 3 mois en 3 mois aux prônes de nos messes paroissiales. » — Cette mesure, prescrite en 1708, avait pour but de donner une large publicité à cet édit royal qui, dans le but de prévenir les infanticides, exposait, en termes d'un naturalisme imagé, les actes et les excuses des filles-mères.

(2) V. plus bas, *Rapports avec l'Eglise : la Fabrique*.

d'avoir une cloche *municipale* « pour advertyr et assembler tous les habitans aux confréries nécessaires,... laquelle non seullement servira dans ces rencontres à tout le publicq, mais aussy en touttes les autres assemblées qu'il conviendra fayre ». Mais cet acte, incomplet, ne nous fait pas connaître l'accueil que firent les Mothais à cette proposition qui, peut-être, n'avait d'autre but que d'assurer aux protestants l'usage d'une cloche, celle de l'église leur étant sans doute refusée, malgré les engagements formels pris en 1620 (1).

IV. — Le jour et le lieu des assemblées.

A moins d'événements imprévus nécessitant une réunion hâtive, ou de questions urgentes réclamant une solution immédiate, les assemblées générales avaient lieu le dimanche ou quelque jour de fête chômée (2), « à l'issue de grand messe », parfois « après vespres ». Seules, les réunions où l'on nommait les procureurs de la communauté se tenaient à dates fixes, déterminées par l'usage ou par les règlements (3).

Sauf de rares circonstances où les habitants, convoqués par les marguilliers, se réunirent « à la porte de l'église » (**179, 264**), « dans l'église » (**368**), « au banc d'œuvre » (**464, 467, 468, 475, 478**), les assistants se groupaient « devant la porte du parquet et auditoyre de ce lieu, où l'on a acoustumé faire les assemblées pour la conservation

(1) V. plus bas, *Rapports avec l'Eglise: la Fabrique.*

(2) 2 février, « jour de Nostre Dame » ; — 15 août, « jour de Nostre Dame » ; — 25 août, « jour de saint Louis » ; — 30 novembre, « feste de saint André » ; — 8 décembre, « jour de la conception Nostre Dame » ; — 27 décembre, « jour de la feste de St Jean Evangeliste ».

(3) V. plus bas, *les Procureurs de la communauté : Epoque de l'élection.*

des droits de la paroisse » (3), lequel parquet était situé sous la halle, qui, au rapport de l'acte d'assemblée du 29 juillet 1742, était « l'endroit accoutumé de faire icelle depuis deux cens ans (1) en ce dit bourg, comme estant située vis-à-vis de l'église et pour éviter de troubler les instructions de catéchisme qui se font en lad. église les jours de feste et dimanche » : cette rédaction avait été adoptée, alors, pour répondre à une décision de l'élection de Niort qui avait déclaré nul l'acte d'assemblée du 2 avril précédent, « faute de nombre d'habitans suffisant et que *l'acte estoit convoqué sous lad. halle* ». — A la veille de la Révolution, les Mothais se réunissaient encore dans ce lieu public, mais on en donnait alors pour raison, — prodrôme du déplacement social qui se prépare, — « la commodité du peuple » (483, 484) et non le respect du culte religieux.

A Pamproux, comme à La Mothe, ce sont les halles « où se tiennent ordinairement les assemblées », tandis qu'à Exoudun et à Bougon c'est « au devant la porte de l'église ». A Salles, les habitants, au sortir de la messe paroissiale, se groupaient, jusqu'en l'année 1734, époque où il fut abattu, sous un gros orme « qu'il y avoit au devant lad. porte de l'église (2), quy sans doute a esté planté autrefois par les habittans pour servir à ce mettre à l'abry

(1) Avant cette époque, c'est-à-dire jusque vers le milieu du XVIe siècle, La Mothe possédait un hôtel-de-ville où se réunissait l'assemblée des habitants. Cette *maison commune* était située « proche les vieilles halles de ce lieu de la Mothe », alors qu'elles occupaient la place actuelle de la Robinière; elle est ainsi confrontée dans un acte d'acquêt (28 juin 1673, R. Guillon, no[re]) par lequel César Birot, s[r] d'Oriamant, devient propriétaire d'une maison à la Robinière, « touchant à la place quy autrefois fust la vielle halle de ce lieu de la Mothe,... d'autre à la rue quy autrefois allait de la *maison de ville* à lad. vielle halle à dextre ».

(2) L'on sait que Sully avait ordonné, en 1608, de planter au moins deux ormes devant chaque église.

des vands et pluyes ainsy qu'à l'ardeur du solleil dans le temps qu'ils fesoient leurs assemblées (1) ». — Tels les ormes sous lesquels se tenaient certains plaids de justice au moyen âge.

V. — Composition des Assemblées.

Tous les habitants de la paroisse étaient indistinctement convoqués aux réunions, qui, tenues dans un lieu public, étaient ouvertes à tous venants, comme en témoigne ce procès-verbal (44) où, à défaut des Mothais qui se dérobent à la délibération, le notaire enregistre la présence de « Mathurin Blancq, faiseur de sercles, et Jacq. Bellet journalier, demeurans au bourg de Souldan », assistant en curieux aux incidents de la séance. Mais si tous peuvent se présenter, seuls les chefs de famille exerçant un métier, une fonction, ou possédant quelque bien, prennent part aux délibérations. Seuls aussi, à La Mothe du moins, les hommes sont admis à donner leur avis. Si, parfois, nous notons la présence d'une femme, veuve ou fille, mineure même, chef de feu en tout cas, prenant la parole pour réclamer sa radiation du rôle des tailles (2), son intervention aux débats se borne

(1) Acte d'assemblée de la paroisse de Salles (30 nov. 1734, C. Goy nore), (*mes papiers*).

(2) **298, 469, 472**. — Dans l'assemblée (**298**), le syndic ayant donné connaissance d'une requête d'Elizabeth Violette, veuve de Jean Poignand, me chirurgien, tendant à ce que cette dame fût exonérée d'impôt à La Mothe, « vu qu'après la mort de sond. mary elle a quitté et abandonné cette paroisse,... à l'instant s'est comparue en sa personne lad. Elizabeth Violette, laquelle a presentement remontré à lad. paroisse que, quoyqu'elle soyt bien fondée dans ses concluzions, neanmoins, pour ne s'attirer point de procez, elle offre de payer le taux auquel elle est imposée cette presente année,... à condition, et non autrement, qu'elle demourra desrollée pour l'année prochaine,... sommant lesd. habitans de donner leur consentement sur ses remontrances. — A quoy satisfaisant, lesd. habitans ont unanimement consenty... »

à la défense de ses intérêts privés, elle n'a pas voix délibérative dans les questions d'ordre général : d'ailleurs, son nom ne figure, ni sur la liste de présence, ni parmi les signataires de l'acte d'assemblée (1).

Si tous les feux inscrits au rôle des tailles de la paroisse avaient le droit de se faire représenter par leur chef, il paraît que bien peu répondaient à la convocation, à en juger par le nombre restreint des personnages nominativement désignés comme présents aux séances. 5 et 101 sont les nombres extrêmes entre lesquels oscille l'effectif variable des assistants (2), à la suite desquels, il est vrai, le secrétaire avait soin d'englober, dans une formule usuelle et consacrée, «... et autres, faisant la meilleure et la plus saine partie des habitants du dit lieu » (3).

Dans cette qualification du corps délibérant ainsi restreint à *la plus saine et meilleure partie* des habitants, devons-nous voir une indication nous autorisant à éliminer des assemblées certaine catégorie d'individus que leur inconduite notoire, des peines afflictives ou infamantes rendaient indignes d'exercer leurs droits de citoyens ? — Sans doute, mais je n'ai rencontré aucun texte me permettant de l'affirmer. En dehors de ces exceptions — rares, il y a lieu de l'espérer ! — toutes les classes sociales, les manœuvriers comme les bourgeois, les fermiers au même titre que leurs maîtres, pouvaient assister aux séances et pren-

(1) A Saint-Maixent, à l'assemblée, déjà citée, du 10 juillet 1747, des femmes assistaient à la réunion où furent arrêtés les tarifs de l'octroi à percevoir.

(2) J'ai eu soin de noter, à chaque acte, le nombre des présents et des signataires.

(3) *Var.* : «... et autres faisant la plus célèbre et majeure partie des habitans ». — «... tous propriétaires de biens fonds, faisant la plus saine et majeure partie des habitans » (*Ass. de fabrique*).

dre part aux délibérations. Je n'en veux pour preuve que cette assemblée d'Exoudun, du 10 octobre 1718, « où se sont trouvés seullement quatre habitans, *tous pauvres journaliers* ». Le syndic, après avoir développé devant eux l'objet de la réunion — une requête en décharge de collecte, — ayant demandé leur avis, « les d. habitans assemblés ont dit estre de pauvres gens hors d'estat de pouvoir délibérer en pareil cas ny autre, et, quand ils en seroyent capables, que, n'estant en nombre suffisant, leur délibération seroit inutile,... et se sont retirés » ; en conséquence, l'assemblée fut remise à une date ultérieure, « vu l'absence des *principaux et meilleure partie* des habitans (1) ». A La Mothe, semblable considération fait renvoyer à huitaine une assemblée où les assistants, appelés à nommer des asséeurs-collecteurs, s'y refusent « a cause de l'absence des *principaux habitans des plus apparans et personnes d'avis et conseil* (106) ».

Enfin, voilà donc une indication nous permettant de serrer de près la question posée et de préjuger de quels éléments se composait, en fait, l'assemblée de la communauté : pour que la réunion pût délibérer avec fruit, il y fallait, au moins, la comparution des personnages les plus considérables de la paroisse, ceux, probablement, que nous appellerions aujourd'hui *les plus imposés*. Et, en effet, si l'on jette les yeux sur les listes de présence, voit-on figurer le plus souvent — après le sénéchal représentant les droits du seigneur, après le procureur fiscal « faisant pour l'intérêt du public » (2) — le régisseur ou le fermier général de la

(1) Acte J.-B. Palate, nor[re] à La Mothe.

(2) Dans le seul cas (184) où, en dehors des assemblées tenues à l'église, le curé ait assisté aux réunions de la communauté sous les halles, son nom figure en tête de la liste de présence.

baronnie, les bourgeois, les gros marchands, les notaires, les chirurgiens et autres gens notables, à travers lesquels le secrétaire enregistre, sans souci de hiérarchie sociale, les noms des artisans, des laboureurs et des journaliers.

Il va sans dire que, seuls, « les manants et habitants » étaient admis à délibérer des affaires publiques de la paroisse. Toutefois, et lorsque ses intérêts étaient liés à ceux d'une autre communauté, les mandataires de celle-ci avaient libre accès au sein de l'assemblée appelée à en connaître et, au même titre que les habitants, ils étaient reçus à donner leur avis sur les résolutions à prendre dans l'intérêt commun : telle cette assemblée (82) dans laquelle les procureurs de Mougon (1), présents, déclarent consentir, au nom de leurs concitoyens, à supporter leur part contributive des réquisitions imposées aux deux paroisses pour les opérations du siège de La Rochelle en 1627 (2). — Est-il besoin d'ajouter que les représentants de l'administration, officiers de l'élection, subdélégués de l'intendant, étaient, de droit, admis aux assemblées, dont parfois, sans doute, leur présence redoutée dut influencer les décisions.

VI. — Obligation d'assister aux assemblées

Si restreint qu'il fût à « la meilleure et la plus saine partie des habitants », il arrivait, trop souvent, que le *quorum* utile pour donner corps à l'assemblée n'était pas atteint, ou que l'assistance, bien qu'en nombre suffisant, se refusait à délibérer, surtout lorsqu'il s'agissait de consentir quelque nouvel emprunt ou d'endosser la fâcheuse responsabilité

(1) Canton de Celles, arrondissement de Melle.
(2) V. plus bas, *Rapports avec l'Etat : Charges militaires*.

d'opérer le recouvrement de la taille. En réponse aux demandes de fonds, tous « s'enfuyaient,... n'ayant voulu rien dire », faisant la sourde oreille.

Et, cependant, les ordonnances des intendants, non moins que les coutumes, faisaient, de l'assiduité aux assemblées générales, un devoir, une obligation, dont l'inobservance était sévèrement relevée et, parfois, frappée d'amende.

Le 28 octobre 1629, les habitants, convoqués au sujet d'un procès dans lequel la communauté était engagée et sommés d'en payer les frais, « se sont tous absentés... Veu lequel mespris et desdain faict par lesd. habitans et leur absentement, lesd. procureurs fabricqueurs m'ont requis leur octroyer acte, ce que j'ay fait pour leur valloir et servir ce que de raison ».

L'administration s'émut; et, trois jours après l'incident, le président de l'élection de Saint-Maixent — dont, toutefois, La Mothe ne relevait pas — se crut en droit de provoquer une seconde assemblée par « assignation donnée au général des habitans, tant par affiche contre la porte principalle de l'église que prosne de la grande messe ditte et cellebrée ced. jour » : c'était le 1er novembre, fête de tous les saints. Nullement intimidés par l'adjuration solennelle des gens de Saint-Maixent — contre lesquels, en maintes circonstances, les Mothais eurent à défendre leurs droits et leurs intérêts — nos concitoyens consentirent à s'assembler, mais ce fut pour répondre à la convocation par une fin de non-recevoir dont un des notables se fit l'interprète en déclarant qu'il « n'approuve l'assignation donnée par vertu de requeste et ordonnance de MM. les eslheus de Saint Maixent comme estimés juges incompetans à lad. paroisse de ce lieu de la Mothe, et, partant, ne pouvoir donner leur advis (101) ». — Et les habitants se retirèrent, sans plus se soucier de la vie publique dont leur entêtement à s'abstenir devait, pour un temps, paralyser le cours.

En présence de ce mauvais vouloir non déguisé, les chefs de la communauté s'inquiétèrent des moyens d'assurer l'assiduité aux assemblées; et, l'année suivante, dans les premiers jours de septembre, les habitants s'étant encore refusés à délibérer, les procureurs adressèrent au lieutenant-général de l'élection de Niort une requête, dans laquelle ils exposaient qu'ils « auroient faict thirer et baptre la cloche dud. lieu pour faire assemblée du general des habitans dimanche dernier,... que tous lesquels d. habitans, au lieu de s'assembler et faire aulcune deliberation, en auroient faict mespris, et mesme ceulx quy estoient soubz la halle s'en seroient fuis et absentés... Ce consideré, il vous plaise faire injonction ausd. habitans de s'assembler à toutes les fois que la cloche sera sonnée, à la dilligence des procureurs, pour faire assemblée generalle des susd. habitans pour la deliberation des affaires publicques, apenne de cinquentes livres d'amende et reparations, dommages et inthe-rests envers lesd. procureurs fabricqueurs (1) ».

Ému de ces doléances et faisant droit à la requête, le lieutenant-général de l'élection, Pierre Huet, s[r] du Plessis, — c'était un Mothais d'origine (2), — rendit, le 12 septembre, une ordonnance enjoignant aux habitants de La Mothe « de s'assembler *au moins douze des plus fameulx*, au son de la cloche, pour délibérer et donner avis, aux procureurs

(1) *Cab. du Dr Sauzé.*

(2) **Fils de Pierre Huet, éc., s[r] de la Gandissière et des Maisons-Neuves, et de Suzanne Le Severat.**

fabricqueurs, des affaires publiques de la paroisse, sous peine de dix livres d'amende (1) ».

Forts de cet arrêté, les procureurs dépêchèrent incontinent aux « douze plus fameulx habitans (2) », un sergent porteur d'une assignation « d'avoir à comparoir lundy prochain, vers heure de midy, appres le son de la cloche, souhz la halle dud. bourg de la Mothe, et s'assembler pour deliberer des affaires publicques quy leur seront representées par lesd. procureurs fabricqueurs, et de leur donner advis sur icelles et de ce qu'ils jugeront estre affaire pour le soulagement du general desd. habitans, et à toutes les autres fois qu'ils feront sonner la cloche pour faire lesd. assemblées pour la deliberation et gouvernement desd. affaires de lad. paroisse, sous les pennes portées par lad. ordonnance (3) ».

Pour un temps, ces mesures eurent le pouvoir d'assurer l'assiduité aux assemblées ; mais il était difficile d'empêcher des abstentions concertées, lorsque la communauté était appelée, surtout, à choisir, parmi ses membres, les asséeurs et les collecteurs des tailles, agents responsables, sur leur personne et sur leurs biens, du recouvrement des deniers publics. En pareil cas, et lorsque les habitants se refusaient à délibérer, les procureurs ou l'intendant lui-même procédaient d'autorité aux nominations nécessaires. A l'assemblée du 23 novembre 1642, deux habitants s'étant présentés, « quy sont les seuls quy se sont voullu trouver

(1) *Cab. du Dr Sauzé.*

(2) « Me Pierre Groisson (notaire), Me Jeremye Gastineau (notaire), Me Pierre Mousset (md tanneur), Me Jean Tastereau (sr de la Groie), Me André Montagny (cabaretier), Philippe Chameau (me apothicaire), Pierre Pallardy le jeune (md tanneur), Bastien Bellet (md tanneur), Jacques Chaintrier (md boucher), Jacques Letard, Josias Rousseau (md tanneur), Jacques Mimault. »

(3) Acte Bonnifillaud, sergent de la baronnie (*Cab. du Dr Sauzé*).

à l'assemblée, quelque sommation que leur aient peu faire les procureurs fabricqueurs », ceux-ci durent nommer d'office douze collecteurs, soigneusement triés parmi les plus solvables de la paroisse. Le 14 octobre 1674, la réunion, à laquelle assistaient seulement cinq habitants « et quelques autres quy se sont à l'instant retirés », dut être remise à huitaine, « d'aultant qu'il ne s'est trouvé nombre d'abittans pour faire la nomination des asséeurs collecteurs ». — Et combien d'autres où les assemblés, requis de donner leur avis, « n'ont voulu rien dire » (356, 366), ou, bien qu'ils fussent réunis « en grand nombre sous les halles, n'ont rien voulu repondre ni deliberer, au contraire ont fait refus formel d'être presents et assister » (387, 390).

Sans doute, l'ordonnance comminatoire du 12 septembre 1630 était lettre morte depuis longtemps : il importait de la faire revivre. L'occasion s'en présenta dans une circonstance où la présence à La Mothe d'un haut fonctionnaire de l' administration devait, semblait-il, donner plus d'autorité aux monitoires, jusqu'alors ineffectifs, des syndics de la communauté. Le 21 février 1745, à l'assemblée convoquée « pour avoir l'avis des habitans » sur une demande en radiation du rôle des tailles, « après avoir attendu depuis heure de midy jusqu'à celle d'une heure et qu'il ne s'est présenté aucun habitans,... et comme il est très ordinaire que les d. habitans ne viennent point aux assemblées », les syndics requièrent M. Chebrou du Petit-Château, subdélégué de l'intendant à Niort, alors en chevauchée à La Mothe et présent à la réunion, « d'en faire représentation à monseigneur l'intendant pour contraindre les principaux habitans qui n'assisteront point à l'avenir ausd. assemblées à dix livres d'amande » ; et, à la fin de son procès-verbal, le secrétaire — un vieux praticien — insistait, déclarant « que l'exposé cy dessus est sincère, que depuis plusieurs année que je fay les acte d'assemblée les principaux habitans n'y assiste point et qu'il est du bien de la paroisse d'avoir une ordonnance pour engager à l'avenir les principaux habitans d'assister sous peinne de lad. amande ».

Ces objurgations eurent raison, sans doute, de l'indifférence des Mothais, qui, à partir de cette époque, se rendirent plus nombreux aux assemblées, comme en témoigne la comparaison des listes de présence.

VII. — Tenue des assemblées.

L'assemblée convoquée et enfin réunie, qui la présidait? qui développait son objet? quelle forme revêtaient ses décisions?

Qui présidait?

Que répondre, si je déclare avoir en vain cherché dans mes textes ces expressions, *président*, *présider* ou *présidence?* En ai-je au moins rencontré le sens ou l'équivalent? — pas davantage!

Lisez ces actes, où sont consignées, à leur heure, les moindres variations du formulaire usagé, et dites si cette notion s'en dégage indiscutablement.. Y reconnaissez-vous un personnage autorisé, chargé de la police de l'assemblée, donnant la parole, résumant les débats, recueillant les voix, proclamant les votes acquis? — Sans doute tout cela se fait. Mais à quelles règles obéissait-on et qui était chargé de les faire observer? — Nos procès-verbaux, qui enregistrent — avec quel soin méticuleux des références, avec quelle surabondance de détails, parfois oiseux — l'objet de la réunion, les discussions soulevées, les résolutions arrêtées, n'ont cure de nous renseigner sur ce point.

Je sais bien ce qu'ailleurs l'on a dit. Mis en face de la question, M. L. Merlet, archiviste de l'Eure-et-Loir, a répondu : « Dans le principe, *ce dut être* le juge seigneurial dans toutes les localités où existait une seigneurie de quelque importance » ; plus tard, « c'est toujours au syndic de la paroisse que *semble* avoir appartenu la présidence des assemblées de communauté (1) ». — Conjectures, n'est-il pas vrai! Le moindre texte serait plus justificatif.

Que disent les nôtres?

Ils nous montrent, figurant invariablement en tête de la liste de présence lorsqu'ils assistent aux assemblées — ce qui est la règle, mais il y a des exceptions — le sénéchal, le procureur fiscal de la baronnie. Ils ne nous laissent pas ignorer que, consultée sur la marche à suivre en certains procès, l'assemblée, parfois embarrassée, sollicite l'avis et les conseils de ces magistrats (2). Ils nous apprennent que le procureur fiscal, « premier officier et habitant du dit lieu, » avait « la garde et les clefs » du chartrier où étaient déposées, « au trésor du chasteau, » les archives de la communauté (5), et que, dans certaine circonstance, ce magistrat, « faisant dans l'intherest du publicq, » se crut en droit de rappeler l'assemblée à l'observance des coutumes traditionnelles de la paroisse (37). Ils nous révèlent enfin que c'est par devant le sénéchal, assisté de quelques notables, que les syndics en fin d'exercice doivent rendre

(1) L. Merlet, *Des assemblées de communautés d'habitants dans l'ancien comté de Dunois*, pp. 23-24.

(2) «... Aucuns desquels dessusdictz habitans ont dict qu'il en faloyt communiquer à messieurs les officiers de justice de ce lieu de La Mothe pour en avoyr leur avis, qui n'estoyent pour lors en lad. hasle (1). »

compte de leur gestion avec pièces à l'appui. — De ces marques honorifiques, de ce droit d'intervention dans les délibérations, de ces attributions de surveillance et de contrôle, il apparaît qu'aux derniers siècles de l'ancien régime ces officiers, commis par le châtelain à l'exercice de sa justice, jouissaient encore dans la paroisse d'une légitime influence, d'une suprématie sociale, vestiges de la prépotence des juges seigneuriaux du moyen âge dont ils sont les pâles successeurs ; il n'en ressort pas qu'ils avaient la mission de diriger les débats des assemblées générales :— préséance ne dit pas présidence.

Est-ce aux procureurs de la communauté que la fonction est dévolue? — A eux appartient de convoquer les habitants : c'est un droit indiscutable. L'assemblée réunie, ils exposent l'objet de la délibération, demandent l'avis des assistants : ce sont attributions qu'ils partagent avec certains agents de la paroisse, collecteurs, marguilliers. Enfin ils sont chargés, « à leurs risques, périls et fortune », d'assurer l'exécution des résolutions prises en commun : c'est un ministère responsable ;..... est-ce un bureau présidentiel?

Sommes-nous trop exigeants? et l'idée, moderne, attachée à la fonction, nous en fait-elle rechercher l'organe sous la forme achevée, bien définie, qu'il revêt de nos jours? — Quoi qu'il en soit, aucun passage de nos textes n'apporte une réponse ferme à la question posée, et, certes, ce ne sont pas ces assemblées (64, 249, 300), où les habitants, réunis sur leur propre initiative, délibèrent et votent des résolutions hors la présence de leurs procureurs, qui dissiperont notre embarras.

Qui présentait et développait l'objet de la réunion? Qui provoquait les décisions de l'assemblée?

Ici, nos procès-verbaux, plus affirmatifs, répondent sans ambiguité : tous personnages — syndics, asséeurs et collecteurs, procureur fiscal, vicaire général, curé, marguilliers, simples habitants — à la requête desquels l'assemblée est réunie, ont le droit et le devoir d'exposer les motifs de la convocation, de solliciter l'avis du corps délibérant. Ainsi :

« Les procureurs fabricqueurs ont fait l'assemblée pour et avec les habitans deliberer et donner advis de trouver deniers... (4) » ; — «... ont, pour le deub de leur charge, desclairé et fait savoir à haulte voix » qu'ils ont reçu une « commission du roy pour amasser gens de guerre dans la paroisse,... sommant les d. habitans de satisfaire à lad. commission (117) (1) ».

« En l'assemblée convoquée à la dilligence (des syndics), sur la requisition (des collecteurs), les dits collecteurs auroient remontré qu'ils auroient receu la commission pour l'imposition de la taille, qu'en consequence d'icelle ils ont fait convoqué la presente assemblée au fin, par les d. habitans, de donner le nom de ceux qui doivent estre imposé,. requerant que les d. habitans ayent à delliberer sur le tout (368) ».

« En l'assemblée générale convoquée à la requeste de Me Charles François de Chasteauneuf de Rochebonne, comte de Lion, grand vicaire general,.... mon dit sieur comte de Rochebonne auroit représenté..., requerant que les d. habitans aient à executer... (272) (2) ».

(1) V. plus bas, *Rapports avec l'Etat : Charges militaires.*
(2) V. plus bas, *Rapports avec l'Eglise : Cimetières.*

« En l'assemblée genneralle convoquée par (le syndic), sur la requisition (du curé), le d. s[r] curè ayant remontré qu'il y a sur les dependances de la cure plusieurs saulles et alliers, lesquels il desire faire exploitter,... mais que comme il ne peut y parvenir qu'en vertu d'un consantement des d. habitans, il les a, pour cet effet, pryé et requis de voulloir luy accorder le dit consantement (460). »

« En l'assemblée convoquée à la dilligence (du syndic), sur la réquisition (d'un marguillier), led. marguillier auroit remonstré que la petite cloche de l'église estoit cassée,.... c'est pourquoy il requiert que les d. habitans ayent à delliberer entreux aux fins de trouver moyens de la faire refondre... (404). »

« En l'assemblée generalle convoquée à la diligence (du syndic), ce requerant Daniel et Pierre Chauvineau, meuniers des Moulins Blancs de ce lieu,.... les susdits ont remontré qu'il est etonant que dans une paroisse aussy bien reglée que cellecy et où il se trouve assez de persone inteligente, on souffre commettre, par les collecteurs, des vexations, concutions, abus et surtaux qui entraînent insensiblement la perte et la ruine du lieu...... Ils ont, à cet effet, convoqué la pressente assemblée pour demander aux d. habitants s'ils entendent approuver les dits collecteurs et prendre leur fait et cause, les d. Chauvineaux declarant vouloir agir contre eux... (463). »

Donc, c'est aux promoteurs de la réunion qu'appartient le soin d'en exposer l'objet et de requérir l'avis des habitants.

La matière une fois développée et lecture faite, par les agents ou par le notaire, des pièces à l'appui « qu'ils ont representé et faict voir ausd. habitans assemblés », ces derniers, sollicités de donner leur avis et objurgués par leurs mandataires « protestant, où ils seront refusans de ce faire, de n'estre en demeure de leur part et de leur faire reparer aveq tous dommages intherestz et despans », entrent enfin en délibération.

C'est « après avoir disputé entre eulx » — « après avoir conferé entreux » — « après avoir communiqué et deliberé ensemblement », ou « ayant murement reflechy », qu'ils arrivent à se mettre d'accord et à voter, « tant pour eux que pour les habitans absents » — « unanimement et tous d'une voix » — « par pluralité des voix » — « unanimement et à la pluralité des voix, selon la coutume » — « les voies colligées et à la pluralité d'icelles », ou encore, « la plus grande et saine partie a décidé... ».

Ils ne prendront pas, en toutes circonstances, des résolutions fermes. Insuffisamment instruits de leurs droits et de leurs devoirs, cruellement échaudés par les procès ruineux que soulèvent, à chaque exercice, l'assiette et la collecte de l'impôt, mis en garde contre leurs propres decisions trop souvent frappées d'appel ou de nullité, en certains cas douteux ils hésitent, ils se récusent, disant « qu'il en faloyt communiquer à messieurs les officiers de justice de ce lieu », ou « que les procureurs ayent à se consulter aux personnes capables », les renvoyant « au conseil pour savoir... », ou bien « s'en raportent au jugement et decizion de messieurs les ellus », « de monseigneur l'intendant ».

Saisis d'une question dont ils ne possèdent pas tous les éléments, plutôt que d'en décider étourdiment, « ilz offrent d'abondant s'assembler pour en délibérer plus amplement, et requièrent autre communication des titres justificatifz des faitz mis en avant ». Une autre fois, la réunion sera remise « pour ne c'estre trouvé à lad. assemblée le nombre de presentz qu'il convient pour deliberer et resouldre ce que dessus ». — A noter, particulièrement, certaines des réunions au cours desquelles les habitants avaient à choisir, parmi eux, les asséeurs et les collecteurs des tailles. Sans doute, pour procéder valablement à ces élections, l'assemblée devait, de par les règlements, réunir un plus grand nombre de votants qu'en temps ordinaire, car il arrive que les assistants, délibérant toutefois sur les affaires intéressant la paroisse, se refusent, dans la même séance, à nommer ces agents, « d'aultant qu'il ne s'est trouvé nombre d'abittans suffisant pour faire la nomination des asséeurs collecteurs (1). »

A n'envisager que les actes dont je viens de signaler les particularités quant aux modes de délibération et de votation, il semblerait que les procès-verbaux enregistrassent purement et simplement les décisions de l'assemblée, omettant de noter, avec le nom des orateurs, la part qu'ils prennent aux débats, négligeant de relever l'attitude de la minorité, faisant le silence sur les incidents de séance, sur les altercations, les ripostes d'habitant à habitant. C'est, en effet, la règle, mais il y a d'intéressantes exceptions. En est une cette réunion du 16 mai 1622 où des privilégiés se défendent d'accepter la charge de procureur de la communauté (2); d'autres se rencontreront au cours de ce travail; certaines méritent qu'on les souligne à cette heure.

(1) Une assemblée d'Exoudun (6 oct. 1680), composée de 13 membres, fut assez nombreuse pour élire les procureurs de la communauté, mais elle fut trouvée « un peu foible » pour nommer les collecteurs; en conséquence, elle fut remise à huitaine.

(2) V. *Les Procureurs : Conditions d'éligibilité.*

Sur la requête en exemption de taille présentée à l'assemblée par « Me Guitteau, maître de la poste de ce lieu,.... lesd. Bonneau (sénéchal) et Tastereau (notaire) sont d'advis que led. Guitteau soit rasiez et biffez sur les rooles des tailles ;... Helye Freté l'esné, Charles Goy et Guillon, not[res], sont du mesme avis, comme aussy le general des habittans assemblés (187) ». — Notons, en passant, cette direction imprimée à l'opinion par les *principaux* de la paroisse, et demandons-nous si la consultation, ainsi influencée, était bien sincère, bien concluante sur les sentiments du général.

Consultée sur le maintien en la charge de collecteur du s[r] Perrot dont ses « co-parsonniers » ne veulent pas, « attendu qu'il est insolvable et incapable d'icelle charge », l'assemblée se partage. « Les ditz Bouyneau, Barat, Bouschier, Mousset, Faure, Guillon, Conty, Bardon, Mousnier, Auvinet, Dupain, Brochet et plusieurs aultres ont dict qu'ilz s'oppose à ce qu'il en soyt nommé aultre, pour n'estre la coustume de faire deulx nomination et que led. Perrot doibt demeurer avecq ses parsonniers comme suffizant et capable; et de ce que lesd. Marchesseau, Paul Bonneau, Fr. Bourgueil, André Doreil ont dict qu'ilz sont d'advis qu'il soyt nommé ung aultre collecteur au lieu dud. Perrot, pour n'estre capable et solvable ,... ont les ditz Bouyneau, Barat, Bouschier, Mousset, etc., persisté en leur dit advis et dit que l'advis des aultres susnommez ne doibt estre suivy, attendu que ce sont personnes parans et amis dud. Perrot. » Et, apposant leur signature au bas du procès-verbal, certains la font suivre de leur avis motivé : « P. Mousset *a dy que lorsque Perrot a esté nomé ses parsonniers n'on quonsenty.* — Marchesseau, *pour n'estre led. Perrot appelé à colliger.* — C. Groisson, *pour l'advis cy dessus et consentir Perrot estre deschargé.* — PIERRE BERLAND *dict que led. Perrot n'a aucun bien pour amassé la talle.* — P. GUILLON, *pour approuver que led. Perrot doibt demeurer pour ainsy estre acordé en présence de ses parsonyers.* — P. BONNEAU *dict que led. Perrot n'est point bon pour amasser les deniers du roy*, etc. (34). »

En dehors de ces discussions d'ordre général, les assistants ne se faisaient pas faute de prendre la parole pour défendre leurs intérêts particuliers, et nos actes mentionnent l'intervention personnelle de contribuables, hommes, veuves, filles, mineures même — je l'ai déjà dit — développant en séance leurs réclamations en matière d'impôt. Même d'anciens habitants viennent, devant l'assemblée, protester contre leur maintien au rôle des tailles dont leur délogement les devait exonérer. — Je ne fais que rappeler, l'ayant déjà signalée, l'intervention, aux débats, des représentants des communautés avec lesquelles la paroisse avait des intérêts solidaires.

Il est plus intéressant de relever la part faite, dans nos actes, aux particuliers, étrangers ou non à la paroisse, qui, à un titre quelconque, s'engageaient avec la communauté, et de noter l'application du rédacteur à fixer les obligations réciproques des parties contractantes.

Ayant à fournir deux pionniers pour le siège de La Rochelle (1627) et n'ayant pu se les procurer dans la paroisse, l'assemblée, réunie le 18 octobre, « fait convenance avecq Estienne Becasseau, journallier, natif de Neuvy en Thouraine, et Bertrand Mesnil, faiseur de tamis, de l'esvesché de Coutances en Normandye, catholiques roumains, présens à lad. assemblée, par laquelle sera donné à chascun d'iceulx vingt solz par jour et ung habit, comprins une chemise neufve et des soulliers, une serpe, un picq et une palle, pour servir le roy et son armée devant La Rochelle... Dont ausd. Becasseau et Mesnil, procureurs fabricqueurs et tous aultres que dessus a esté octroyé le present acte (76). » — Il faut aussi, « pour servir à l'armée du roy, une charette attelée, garnye de rouhes et aultres choses convenables ». Guillot et Fouschier, qui la fournissent et sont tenus de la conduire à La Rochelle, ont fait prix pour 300 livres; mais ils ne partiront pas « qu'on ne leur dellivre et paye presentement contant cinquante escuz que l'on est tenu leur payer par advance ». La paroisse n'a pas cette somme; ses procureurs, Huet et Mimault, la sortent de leur poche : « et a recogneu par ce present, led. Huet, que led. Mimault a fourny en son particullier de ce que dessus la somme de 75 l. et 30 l. pour les rouhes et la charette, et led. Huet de la somme de 30 l. seullement, et le parsus payé par eulx par moytyé. Et à tout ce que dessus faire, tenir, garder, entretenir, par les ditz Huet et Mimault, procureurs susditz, d'une part, Foulchier et Guillot, d'aultre part, ont donné les foy et service de leurs corps, obligez et ypotequez tous leurs biens... et speciallement les ditz Foulchier et Guillot leurs personnes à tenir prison comme pour deniers royaux (80). »

Ce serait le lieu de citer ces curieuses conventions au moyen desquelles la communauté mothaise s'efforçait d'attirer en son sein et de fixer dans la paroisse des personnes du dehors, en leur promettant une modération d'impôts dont le taux, établi d'un commun accord, était enregistré par l'acte d'assemblée : je me réserve d'en spécifier la portée lorsque je traiterai de la taille à La Mothe. De même, je ne fais que signaler — car il n'y a pas lieu de les transcrire à cette place, procédé dont j'abuse peut-être — ces procès-verbaux d'assemblées au cours desquelles la communauté confiait à certains de ses membres, procureurs ou notables, le mandat de la représenter au loin, lorsque ses intérêts exigeaient un déplacement, des démarches, profitables à la bonne conduite des affaires publiques, au bien général de la paroisse.

J'arrive enfin, sans avoir épuisé la matière assurément, au dernier acte de la tenue des assemblées : la signature du procès-verbal.

Toutes nos pièces, ai-je dit, sont revêtues, sauf omission de sa part, de la griffe du notaire rédacteur : toutes ne portent pas la signature des agents qui provoquèrent l'assemblée, encore moins celle des habitants qui y assistèrent. N'était-ce donc pas une formalité indispensable à la validité des résolutions prises en commun? — Voyons les textes :

Nos six premiers actes ne sont signés que du secrétaire de l'assemblée. Au (4), « ont, tous les dits habitans, dict qu'il n'estoyt besoing que la dicte acte fut par eulx signée, pour la generallité et notoyriété d'icelle et assemblée generalle faicte au son de la cloche ». Ainsi, la délibération est valable du fait qu'elle a été prise en une réunion régulièrement constituée et, pour en affirmer la légalité, la signature des habitants n'est pas obligatoire, quoique « de ce requis, suivant l'ordonnance ». Celle des procureurs le sera : « et, parce que les dictz procureurs ne sçavent escryre ne signer, ont fait signer ces presantes à des notaires soubscripts à leur requeste (7) ».

Aux actes suivants signent seulement le notaire (8), les assèeurs des tailles (9), 5 habitants (10), les seuls procu-

4

reurs (11), de 4 à 10 habitants (12-17). Au (18), « ayant, les ditz habitans assemblez, esté tenuz de signer, se sont tous absentez, n'ont *voullu* signer, fors les soubsignez, » au nombre de 16 (1). Donc, quoique sollicitée par le notaire, la signature des assistants est facultative et son refus n'entraîne pas la nullité de l'acte. Toutefois, à partir du XVIIe siècle, nous les verrons de plus en plus nombreux — moins illettrés, sans doute, — remplir cette formalité qui, en quelques cas, permettra à certains d'entre eux, par les considérations dont ils feront suivre leur paraphe, d'affirmer et de motiver leur vote. — Faut-il ajouter que, dans les circonstances, déjà signalées, où les habitants désertaient en masse l'assemblée ou, bien que présents, se refusaient à délibérer, le procès-verbal ne porte que la signature des procureurs et du notaire, qui prennent acte de l'abstention du général.

De l'ordre dans lequel se succèdent les seings, il apparaît que, hors le cas, exceptionnel, où le curé assiste aux assemblées de la communauté et, le premier, prend la plume, ce sont les noms des officiers de justice qui figurent en tête, suivis, au hasard de la main qui se présente, de la signature des simples habitants; les procureurs viennent en dernier, avant le notaire dont, parfois, un confrère contresigne les actes. Jusqu'en 1702, où un syndic perpétuel remplaça les procureurs annuels, les agents de la communauté signent sans faire mention de leur titre officiel; à partir de cette époque, l'on rencontre, çà et là, la qualification de *syndic* accolée à leur nom.

(1) (108) : «... se sont, tous les ditz habittans assemblez, absentez sans signer, sauf les soubsignez, n'ayant, les ditz Dupain et Bourgueil, *voullu* signer. »

Il semble que l'on ne dut relever, parmi les signatures, que celles des Mothais dont, en tête de son procès-verbal, le rédacteur a pris soin de noter nominativement l'assistance. Il n'en est rien : bien des noms, que l'on chercherait en vain dans l'intitulé, s'étalent en clôture. Sans doute, au cours de l'assemblée et alors que le secrétaire avait clos sa liste de présence, des habitants survenaient et signaient au même titre que les premiers : ainsi s'explique-t-on que le nombre des signataires est, parfois, supérieur au nombre des inscrits. Mais une autre raison en est que, pour prendre acte, en ce qui les concernait, de leur intervention aux débats, signaient aussi des individus étrangers à la paroisse et, conséquemment, ne pouvant figurer parmi les « manants et habitants » que, seuls, enregistrait le rédacteur : ainsi, «.... et à la passation du presant acte est intervenu Daniel Recouvreur, faisant pour le general de la paroisse de Salles (237) », auquel, avant tous autres, le notaire présente la plume.

Dernière remarque : — Après avoir noté (V. *Actes d'assemblées*) qu'en certaines circonstances les habitants, n'ayant pu vider les débats en une seule séance, durent être convoqués à nouveau et la délibération reprise en des réunions subséquentes, je déclarais avoir englobé dans un même acte, sous un seul numéro, les procès-verbaux de ces assemblées « continuées ». Tout d'abord j'hésitai. Chacune de ces pièces, en effet, est distinctement revêtue de la signature du notaire et des assistants; en outre, les habitants qui signent à la première assemblée ne se rencontrent pas tous aux suivantes où d'autres figurent : c'était, me semblait-il, motif à les considérer comme des actes distincts... Mais, encore une fois, écoutons les témoignages.

En fin d'assemblée tenue le lundi, 20 janvier 1631, la plupart des assistants s'étant « absentez sans faire aulcune deliberation, a esté remonstré par aulcuns des aultres habitans estre necessaire de *faire refaire lad. assemblée* à jeudy mattin, heure de huit heures, jour de marché de ce d. lieu, où il se pourra trouver plus de peuple, et ont donné advis ausditz procureurs faire sommer une douzaine d'aultres des plus fameulx des ditz habitans de s'y trouver, affin de faire leur deliberation et leur donner advis. Dont du tout ils m'ont requis acte et de ce que les ditz procureurs ont desclaré *continuer la façon du present acte de deliberation* au dit jour de jeudy prochain. » — « Et advenant — ainsi débutent particulièrement les procès-verbaux d'assemblées *continuées* — le jeudy, 23 janvier 1631, que l'*acte d'assemblée cy dessus faitte faire auroyt esté continuée et remise*, se sont en leurs personnes comparus... », etc..

Autre, (113) : «... Tous lesquelz se sont absentez sans deliberer ne donner advis, pour ne c'estre trouvé à lad. assemblée le nombre de presentz qu'il convient,... et ont requis lad. assemblée estre *continuée* à lundy prochain. » — « Et advenant le lundy,... appres le son de la cloche faitte tirer et sonner par les ditz procureurs au desir de l'acte cy dessus et *en continuation d'icelle*, ce sont trouvez et assemblez... », etc..

Il n'est plus permis d'en douter : les procès-verbaux des assemblées remises et « continuées » doivent figurer dans un seul et même acte, sous un seul et même numéro d'ordre.

VIII. — Attributions des assemblées. — Cycle coutumier de la vie publique.

A la fois électorales et délibératives, les assemblées procédaient à la nomination des agents de la paroisse, procureurs de la communauté, asséeurs et collecteurs des tailles, marguilliers, messiers, donnaient leur avis sur la gestion du patrimoine paroissial dont l'aliénation ne pouvait avoir lieu sans leur consentement exprès, votaient les emprunts, ordonnaient les dépenses. L'entretien et la réparation de l'église, des chemins, pour la part qui incombait à la communauté, étaient l'objet des délibérations des habitants qui avaient à en approuver les devis, à discuter les voies et les moyens d'en acquitter les frais. Pour le service du roi, la communauté avait à satisfaire aux réquisitions en nature pour l'entretien des armées en campagne, au casernement des garnisons, au choix, plus tard au tirage au sort des soldats de milice ; enfin, et surtout, c'était l'impôt royal, son assiette et son recouvrement, les procès auxquels donnait lieu la pratique du régime fiscal d'alors, qui chargeaient, le plus communément, l'ordre du jour de ces réunions.

Je me borne à cette énumération succincte, m'étant donné la tâche de développer, dans la dernière partie de ce travail, les affaires, complexes, variées, dont eurent à connaître les assemblées de notre communauté. Mais, curieux d'intéresser mes lecteurs au fonctionnement de cette institution, je me propose à cette heure, choisissant entre autres exercices l'année 1625, de dérouler à leurs yeux le cycle périodique et coutumier de la vie publique à La Mothe.

Dans les premiers jours de janvier, les procureurs, ayant

reçu, du chef-lieu de l'élection, le taux des impositions établies sur la paroisse pour l'année 1625, convoquèrent les habitants en assemblée générale à la date du

11 janvier, « ausquelz assemblez les ditz proc. fabricqueurs ont remonstré et fait entendre qu'il leur a esté envoyé deulx commissions de la part de sa Majesté, et mandé par M[rs] les eslheuz de la ville de Nyort de faire asseoir et esgaller, sur les manans et habittans de lad. paroisse, le fort portant le foible, les sommes contenues et portées par les dittes commissions, savoir :

« Pour le principal de la thaille, la somme de 1900 l.
« Pour le thaillon.................... 432 l. 3 s.
« Pour la garnison.................... 1362 l. 1 s. »

L'assiette et le recouvrement de l'impôt étant confiés, dans chaque paroisse, à des habitants élus par leurs concitoyens, les procureurs se mirent en devoir de convoquer une assemblée,

19 janvier, aux fins de procéder à la nomination « de six asséeurs pour esgaller les d. thailles et de quatre collecteurs pour colliger les thailles et aultres subsides ».

Sitôt proclamés les résultats de l'élection, l'un des collecteurs désignés par l'assemblée, Pierre Conty, déclara « s'opposer à la nomination et eslection de sa personne, ayant dict que, sy ainsy estoyt qu'il fut arresté pour collecteur, que ce seroyt pervertir et troubler l'ordre accoustumé par icelle parroisse, d'aultant que l'on n'a poinct acoustumé en icelle de faire passer deulx foys une mesme personne pour collecteur et que luy l'a colligée une autre foys ».

Ripostant à cette observation, l'un des assistants, Pierre Baugier, « a particullierement remonstré à toute l'assemblée qu'il estoit nécessaire d'eslire, commettre et arrester de bons et solvables collecteurs pour faire la collecte des deniers mandés assoir et colliger, lad. prés. année, pour sa Majesté, veu le bruit de troubles quy se présente, et, partant, n'en trouver pas ung milleur et plus solvable que led. Conty, lequel il persiste y demeurer, n'estant, en ce faisant, pervertir ne troubler l'ordre de lad. paroisse, d'aultant que icelle par. a acoustumé de commettre deuls foys une mesme personne ausdittes charges lorsqu'ilz s'en seroyent allez demeurer en aultre parr. et, par apprès, retourné en icelle de ce lieu de la Mothe, comme a fait led. Conty quy ainsy y doibt demeurer (collecteur) ». — Ainsi en décida l'assemblée.

N'ayant pas obtenu gain de cause devant ses concitoyens, Conty, suivant la procédure usitée en pareil cas, assigna les procureurs, représentants de la communauté, devant le tribunal de l'élection, appelé à connaître, en première instance, des différends qui surgissaient en matière fiscale. Avant de répondre à la citation, les agents municipaux, soucieux de mettre leur responsabilité à couvert, convoquèrent les habitants,

21 janvier, à l'effet « de délibérer et leur donner advis de ce qu'ilz veullent et entendent estre fait et respondu aux conclusions dud. Conty, protestant, à faulte de ce faire, de leur descharge.

« La plus grande et sayne partye de tous les ditz habitans assemblez ont délibéré et esté d'avis et donné charge et pouvoir ausditz proc. fabricq. de comparoir à lad. assignation et respondre et deffendre, aux conclusions de lad. requeste dud. Conty, qu'il n'est recepvable en icelles et doibt estre deboutté, et persister qu'il soyt et demeure, au désir de l'eslection et arrest porté par led. acte du jour de dimanche dernier, pour faire la collecte, et que le contenu dud. acte est dhuement fait et doibt estre enthierement suyvy et exécutté pour estre l'ordre acoustumé tenir par lad. parr.; et outre, que sy led. Conty estoyt deschargé de lad. collecte, que tous les aultres nommez et arrestez à cette fin se voudroyent aussy faire descharger, et, sy ainsy estoyt, ce seroyt chercher entièrement le moyen du retardement des deniers de sa Majesté, et, partant, sera conclud, par les ditz proc., a estre envoyé, avecq despens, des conclusions dud. Conty.

« Et, ce fait, les ditz proc. fabricq. ont remonstré à lad. assemblée que, pour faire les dittes affaires et aultres de lad. parr., il est besoing que iceuls habittans leur fournissent de deniers, n'ayant de leur part, ayant protesté, à faulte de ce faire, de ne faire poursuitte des dittes affaires et de leur descharge. — Tous lesquelz habittans ont donné advis et charge ausditz proc. d'emprunter la somme de trente livres à intherestz tollerables, pour la poursuite desd. affaires, a la charge d'en tenir compte à la fin de leur charge. »

Mais, avant de s'engager à fond, nos prud'hommes s'étant inquiétés près de leur « conseil » — quelque procureur rompu à la chicane — de l'issue probable du débat, « il se seroyt trouvé que led. proces estoyt doubteux », et que la partie adverse, dont la personne était bien en cour (1),

(1) Pierre Conty, sr de la Cimalière, devait, à quelque temps de là, être anobli « pour services rendus aux armées ». Le fait en lui-même n'a rien d'extraordinaire, mais ce qui est moins banal, c'est que cette faveur royale, pour avoir son plein effet, dut être *approuvée* par les concitoyens de P. Conty, extraordinairement convoqués en assemblée générale, le 20 juillet 1653 : « Ausquelz les d. proc. sindicqs ont remonstrez avoir esté sommez, à la requeste de M. le proc. du roy. au siège de St Maixant, faire la pres. convocation pour deliberer, sur l'ordonnance de M. le lieutenant gal au

avait chance de triompher si la cause était portée devant les juges... Ne serait-il pas plus sage d'abandonner cette affaire? — Donc, nouvelle assemblée,

24 janvier, où, les procureurs ayant représenté les motifs précédemment allégués par Conty pour s'exempter de la collecte, « et aultres raisons considerables et raisonnables, et que le procès estoyt doubteux,... lesquelz habitans, par plurallité des voix, ont desclaré estre d'avis, pour obvier à procez qu'ilz ont jugé aussy doubteux, qu'il fust proceddé à la nomination et eslection d'ung aultre collecteur au lieu et place dud. Conty ».

Ainsi complétée la commission chargée de répartir et de lever l'impôt, les asséeurs, avant de procéder à la confection des rôles, provoquèrent, « à la dilligence des procureurs », une assemblée générale,

26 janvier, où ils déclarèrent « avoir, en exécution de leur charge, fait la recherche, par lad. paroisse, de ceulx quy s'en estoyent allez et quy ne debvoyent estre cotisés es roolles des thailles d'icelle la prés. année, ensemblement

siège dud. St Maixant, des lettres patantes du roy, en forme de chartre, obtenues, le 4e decembre 1652, signé Louis et plus bas Le Theiller, par noble Pierre Conty, pour estre anobly, ensemble ses enfans nez et à naistre en legitime mariage, postérité et lignée, en qualité de gentilzhommes escuiers et d'exercer de cette qualité en jugemens et dehors, avecq pouvoyr de jouir et user de tous privileges, exemptions, dont jouissent les aultres nobles d'antienne race et extraction en ce royaume, acquerir et possedder tous fiefz et segneuryes nobles sans estre contrainctz s'en departyr, et puissent porter armoiries timbrées, emprintes, figurées et blasonnées sans estre tenus payer aucune indemnité ou finance, o la charge et conditions plus amplement portés par lesd. lettres, lesquelles icelluy d. Conty, tant pour luy que pour ses enfans, pretend faire entheriner .. En consequence, lesd. procureurs ont requis l'advis et deliberation des d. habitans et qu'ils ayent à consentyr ou deffandre led. entherinement. — A quoy les d. habitans soubsignez ont declaré que, pour l'intherest quy leur tousche, ilz n'entendent empescher l'intention de Sa Majesté et, ensuite, l'entherinement des d. lettres patantes. »

de ceulx quy estoyent nouvellement venus, depuis an et jour en ça, faire leur résidance et demeure en lad. parr. ; et, partant, avoir représenté ung mémoire d'iceulx, qu'ilz ont representé et fait presentement voir aus ditz assemblez, ayant requis les ditz assemblez et sommé de leur donner advis et delibérer de ce qu'ilz y veullent dire et estre fait, à la descharge des ditz proc. et de lad. parr., ayant protesté, à faulte de ce faire, de leur descharge.

« Lesquelz habittans assemblez ont unanimement desclaré et delibéré, apprès avoir veu led. mémoire et actes de publicquations representez, que, puisque Jean Biguereau, Pierre Duvergier, — etc., 33 chefs de feux, hommes et femmes veuves — sont la plus grande partye pauvres mandians et l'autre partye mortz et le restant hors de lad. parr. y a plus d'ung an, ont, tous les ditz assemblez, déliberé et donné advis d'iceulx hoster et ne les point cotiser es roolles des dittes thailles lad. pres. année; et quand à Daniel Robin, Pierre Viault — etc., 40 nouvelliers et autres, — ils ayent à les cotiser, lad. pres. année, es roolles des thailles de lad. parr., et les cotiser à leur contingente et esquitable portions des dittes thailles, et, au tout, y faire leur debvoir le plus dilligemment que faire ce pourra et ce garder d'abus et omissions, le tout sur les pennes que de droit. »

Sans doute, l'enquête à laquelle venaient de se livrer en commun asséeurs et habitants fut incomplète, car, à quelques jours de là,

9 février, les procureurs convoquèrent une assemblée générale où ils donnèrent lecture d'une requête d'un ancien habitant qui, établi dans la paroisse de Goux « depuis moings d'un an et un jour », demandait, pour ce motif, son maintien, la présente année, sur les rôles de La Mothe : ce qui fut consenti, à l'unanimité, par l'assemblée délibérante.

A quelques semaines de là, aux premiers jours du printemps, nos campagnes eurent à subir le contre-coup d'événements militaires dont une maladroite prise d'armes des protestants avait été le point de départ. Tandis que le duc de Rohan s'efforçait de soulever un coin du Languedoc, son frère, Soubise, à la tête de quelques vaisseaux anglais, ravageait les côtes de l'ouest dont certains ports tombèrent entre ses mains ; et, déjà, il avait occupé l'île de Ré, lorsque l'armée royale descendit en Poitou pour mettre un terme à ses entreprises.

Or, en ces temps de désordre où la discipline était un vain mot, c'était une véritable calamité, pour un pays, qu'un passage de troupes — à quelque parti qu'elles appartinssent, — et les paroisses menacées de cette trombe n'avaient d'autre hâte que de détourner de leurs toits l'orage qui grondait sur la contrée. Déjà, en 1622, lors des troubles qui suivirent la levée de boucliers décrétée par la Ligue protestante de La Rochelle, nos Mothais, grâce au crédit de leur seigneur, aux démarches de notables habitants, avaient obtenu, du gouverneur de la province, des *lettres de sauvegarde* les exemptant de loger les gens de guerre de passage au pays (1). Soucieux d'échapper encore à cette fâcheuse corvée, ils résolurent de recourir aux moyens qui, déjà, leur avaient réussi ; mais les procureurs n'ayant pas cru devoir intervenir en la circonstance, c'est de leur propre autorité que les habitants se réunirent,

25 mars, en assemblée générale, « appres le son de la cloche faite tirer et sonner à la dilligence des manans et

(1) V. plus bas, *Rapports avec l'Etat : Charges militaires.*

habittans de la parr. de ce lieu de la Mothe, à la solicitation et advis de la plus grande partye des d. habittans ». Là, en l'absence des procureurs attitrés de la communauté, « a esté dit et remonstré, par la bouche et parolle du substitut du procureur fiscal dud. lieu, qu'il y a plusieurs gens de guerre logés proche de ce lieu et qu'il y en a encore d'aultres quy descendent en ce pays, et, qu'ayant esgard à ce, il seroyt besoing et nécessaire d'obtenir sauvegarde pour empescher du logement d'iceulx en cette d. paroisse.

« Tous les ditz habittans assemblez ont unanimement et d'une mesme voix recongneu et baillé advis estre nécessaire d'en communicquer à M. le conte de Parabère estant à Cognac, pour l'absence de M. de Parabère son père (1), et en recevoir sur ce ses avis et commandemenz, et, à cette fin, pour aller trouver mond. seigneur le conte, ont deputté et requis les dits Levesque et Bellet faire led. voyage et recepvoir sur ce subjet l'advis dud. seigneur et, ce fait, executter et suyvre ses commandemenz ; et pour faire les fraiz de ce qu'il conviendra faire à l'execution de ses ditz commandemenz, ont requis et donné charge aud. s^{r} Levesque de ce faire, o la charge du remboursement par lad. parr... Lesquelz ditz Levesque et Bellet ont accepté lad. charge. »

Qu'advint-il de cette démarche? Nos délégués mothais eurent-ils le don de gagner à leur cause les ordinaires dispensateurs de toute grâce et de toute faveur? — Il y a lieu de le croire, car, si les textes que j'ai interrogés sont muets, ils n'auraient failli à enregistrer l'écho des doléances de la paroisse, si la mission confiée à ses mandataires n'avait pas eu tout le succès qu'en attendaient les habitants.

(1) Jean de Baudéan-Parabère, baron de La Mothe-Saint-Héray, dont le fils aîné, Henri, ayant cédé à son frère Charles le gouvernement de la ville de Niort dont il était investi, venait d'être nommé gouverneur de Cognac.

L'époque arrivait où, selon la coutume du lieu, les procureurs en exercice, nommés pour un an, devaient résigner leurs fonctions et faire place aux nouveaux venus ; mais, avant de disparaître, il leur fallut rendre compte de leur gestion et se libérer des affaires pendantes. Pour obéir à ce devoir, ils réunirent les habitants en assemblée générale,

27 avril, « pour ouyr le conte qu'ilz offrent rendre de la gestion et administration qu'ilz ont fait des affaires de lad. parr., et, ce fait, estre condampnez leur payer ce que lad. parr. ce trouvera leur debvoir pour les mises qu'ilz ont fait pour icelle ».

A cette sommation les habitants répondent en nommant une commission de huit membres, présidée par le sénéchal, « ausquelz les ditz assemblez ont donné charge et pouvoir de oyr, closre et arrester led. conte à la descharge du general des habittans de lad. parr., offrant tenir ce quy sera par eulx fait en lad. instance ».

Puis le jour de l'élection arrive (1),

19 mai, où les procureurs, ayant rappelé « qu'il y a ung an enthier ce jourdhuy qu'ils ont estez commis, par la délibération et assemblée de lad. parr., en lad. charge de proc. fabricq. pour y demeurer ung an, et, outre, que l'on a accoustumé, ung tel jour que aujourdhuy, en nommer et commettre aultres des ditz habittans pour avoir lad. charge en leur place et les déchargé d'icelle, et, partant, ont sommé et requis les ditz assemblez en commettre et nommer aultres des ditz habittans qu'elle jugera estre capables et solvables pour lad. charge, protestant, à faulte de ce faire, de ce faire

(1) Régulièrement, la reddition de compte des procureurs suit la nomination de leurs successeurs : j'ignore quel fut le motif de cette interversion exceptionnelle.

descharger par la voye de la justice et de ne plus s'ymisser et faire aulcune negotiation des affaires de lad. parr. et de tous leurs dommages, intherestz et despens.

« Tous lesquelz assemblez ont unanimement nommé et eslheu, pour exercer lad. charge, Jacques Panet, mareschal, et Pierre Gastineau, marchant voiturier, dud. bourg de la Mothe, ausquelz les ditz assemblez ont, par surplus, donné charge et pouvoir d'exercer icelle charge le plus justement et esquitablement que ce pourra et dhuement mesnager les affaires publiques de lad. parr. suyvant l'advis et deliberation du general des habittans. »

La seconde moitié de l'exercice 1625 s'écoula, sans doute, sans incidents; du moins n'ai-je trouvé trace de la vie publique à La Mothe qu'aux premiers jours de décembre où les procureurs durent convoquer une assemblée générale,

8 décembre, au cours de laquelle ils annoncent « qu'il leur a esté envoyé, par MM. les eslheuz de l'eslection de Nyort, dont lad. parr. despend, commission et injonction de fournir des pertes et deschetz obvenus en lad. parr., et ce, par devant eulx, devant le 13ᵉ de ced. moys. — Lesquelz assemblez ont esté d'avis et donné charge ausditz proc. fabricq. de s'informer des dittes pertes et deschetz, tant sur les roolles de l'année 1624 que de l'année prés., et en fournissent legitimement et dhuement suyvant leur consiance. » — Ainsi en arrivait-il aux approches du nouvel exercice, cette mesure ayant pour but d'éclairer les officiers de l'élection sur la capacité imposable de la paroisse. — « Et, sur ce qu'il a esté remonstré, par les ditz procureurs, n'avoir argent pour faire les affaires de lad. parr., et, veu ce, sommé les ditz assemblez de leur en dellivrer ou consentir qu'ilz emprunte, à intherestz tollerables, de personnes qu'ils trouveront,...ont aussy esté d'avis, les ditz assemblez, que les ditz proc. en emprunte à intherestz tollerables et s'y obligent jusques à la somme de soixante livres, et, de ce faire, leur ont donné charge et promis leur allouher au conte qu'ilz seront tenus rendre des affaïres d'icelle à la fin de leur charge. »

Ainsi, notre exercice finit, comme il a commencé, sur la même note : de l'argent, de l'argent, toujours de l'argent! — itérative adjuration qui, en tous les temps, résonna, ritournelle obsédante, aux oreilles des administrés !... De l'argent, beaucoup d'argent, pour le roi — les réquisitions, la taille, le taillon et la marée montante des subsides additionnels —; de l'argent — oh ! combien moins ! — pour les affaires de la paroisse, dépenses minimes si on les aligne en face des gros chiffres de l'impôt royal dont elles se distinguaient, en outre, par le mode plus équitable de leur assiette, par la faculté qu'avaient les habitants d'en modérer le taux ou d'en refuser l'allocation, par le droit de contrôle du général à qui ses procureurs devaient rendre compte du maniement des fonds.

Sachons donc ce qu'étaient ces agents municipaux dont nous n'avons fait qu'entrevoir l'une de leurs multiples fonctions, la convocation des assemblées générales : notons les particularités de leur recrutement, recherchons la part qui leur incombait dans l'administration de la paroisse, disons dans quelles conditions ils exerçaient le mandat qu'ils détenaient de leurs concitoyens.

B. — LES PROCUREURS

I. Epoque de l'élection, durée du mandat. — II. Conditions d'éligibilité, recrutement, transmission des pouvoirs. — III. Caractère, étendue de leur fonction : responsabilité. — IV. Gages. — *Annexe :* Procureurs de la paroisse, de 1588 à 1788

De même que toute association délègue au gouvernement de ses intérêts des préposés agissant au nom de la collectivité, ainsi la communauté eut des mandataires — ses procureurs — chargés d'administrer, sous leur responsabilité, les affaires de la paroisse et autorisés à la représenter près des pouvoirs publics et des particuliers.

A l'origine, ce furent les trésoriers laïques commis à l'économat des biens de la fabrique — les « fabriqueurs » — qui gérèrent à la fois le patrimoine de l'église et les intérêts de la paroisse. Dans la suite des temps, ces attributions devinrent distinctes; mais la qualification de *procureur-fabriqueur* resta attachée à l'exercice des fonctions municipales à La Mothe jusqu'aux environs de 1650 (1), où l'on commence à rencontrer, dans les textes, la dénomination de *procureur-syndic* qui, bientôt, prévaudra, puis sera la règle au dernier siècle de l'ancien régime.

Quelle que fût l'épithète, fabriqueurs ou syndics, les pro-

(1) C'est dans l'acte d'assemblée du 24 janvier 1649 que je relève, pour la première fois, la dénomination de *syndics* appliquée aux procureurs de la communauté.

cureurs de la communauté procédèrent de la même origine et obéirent à de semblables devoirs.

I. — Époque de l'élection, durée du mandat.

Le caractère particulier des charges communales, sous l'ancienne monarchie, étant d'émaner du choix libre et raisonné des administrés, les Mothais étaient appelés, hors les temps où le syndic fut à la nomination du pouvoir, à élire leurs procureurs, renouvelables à certaines époques déterminées par la coutume et par les règlements : ces dates varieront au cours des deux siècles dont nous parcourons les actes d'assemblées.

Jusqu'en l'année 1688, c'est le lundi, « lendemain de la feste de Pentecoste, comme l'on a accoustumé par chascun an à pareil jour » (1), de 1688 à 1702, date de l'établissement d'un syndic perpétuel, c'est dans le courant de septembre, que se réunissait l'assemblée générale où les habitants avaient à nommer deux (2) procureurs, « pour en exercer la charge le cours d'un an seulement (3) ». — Nous en connaissons le cérémonial coutumier, je n'y reviens pas.

Si les procureurs n'étaient tenus que pour « un an seulement » à gérer les affaires de la paroisse, il ne leur était

(1) A Exoudun, c'est aux alentours de la Saint-Michel (29 sept.) ; à Lezay, à la même date que les asséeurs des tailles, dans les deux premiers mois de l'année.

(2) « Il pouvait être utile que le pouvoir fût ainsi divisé entre deux mains ; en cas d'absence d'un des élus, l'autre le remplaçait ; en outre, ils se contrôlaient l'un l'autre. » — Alfred Richard, *Recherches sur l'organisation municipale de la ville de Saint-Maixent*, p. 289.

(3) D'un accord conclu, le 26 février 1604 (F. Tastereau no[res]), entre les procureurs de la paroisse de Saint-Eanne, élection de Saint-Maixent, il ressort qu'en cette paroisse ces agents, nommés à Noël, étaient élus pour deux ans ; de même à Bougon, élection de Poitiers, « sellon la coustume de cette *commune* » (Acte d'assemblée du 2 janvier 1688).

pas loisible d'abandonner la fonction avant l'échéance du mandat, et, s'ils tentaient d'y échapper par une retraite prématurée, les habitants, se refusant à les remplacer, les contraignaient à rester en charge; car, « c'est une coustume, dans cette paroisse, de temps immémorial, et dans toutes les paroisses de ce royaulme, qu'ils doibvent y demeurer pour le moings ung an, et que ainsy lesd. habitans, en cas de négligence de leur part, proteste de tous leurs despans, dommages et intherestz et de les rendre responsable en leurs noms privés (189) ». Mais, si l'un des procureurs en exercice est absent ou empêché, il est représenté à l'assemblée par son collègue — « son parsonnier », — voire par son propre fils qui, « en son lieu et place », peut exercer le syndicat (1). — En cas de décès en cours de charge, la communauté procède sans délai à son remplacement (45).

A La Mothe, ces agents n'étaient pas renouvelés dans leurs fonctions : par contre, je constate qu'à Lezay, Me Girard, « notaire et crye huche de la paroisse », fut, à diverses reprises, syndic de la communauté.

Il n'y avait pas prééminence entre les deux procureurs, lesquels, à titre égal, géraient les affaires publiques; mais nous verrons les administrateurs de la fabrique se qualifier premier et second marguillier.

Lorsque Louis XIV établit, en chacune des paroisses du royaume, un syndic perpétuel pour y exercer les fonctions jusqu'alors dévolues à des syndics temporaires, lorsque — entre autres expédients dont s'ingénièrent les tristes succes-

(1) (421), assemblée convoquée « à la requisition de François Bernard, sindicq. à la poursuitte et dilligence de Bernard, son fils, pour l'absence dud. Bernard père en laquelle led. Bernard fils exerce le sindicat ».

seurs de Colbert — l'État vendit ainsi, au plus offrant, le droit d'administrer, sa vie durant, les affaires de la communauté, un Mothais se présenta pour acquérir l'office (1) et fut agréé par l'administration. Voici en quelle forme le nouveau chef de la communauté fut introduit devant les habitants, assemblés, à cet effet, le 11 juin 1702 :

« Les d. sinditz (en exercice) ont remonstré qu'ilz ont eu avis que sa Majesté ayant créé, par la déclaration du mois de mars dernier, dans les paroisses et bourgs de son royaume, une charge en tiltre d'office de sindic perpetuel, Louis Ferruyau, m[e] chirurgien de ce lieu, ce serait faict pourvoir dud. office, et qu'ainsy leur gestion et administration de la paroisse estoyt finye, et demandent que lesd. habittans ayent à consentir leur descharge, estant pretz de remettre tous les papiers et actes de la paroisse entre les mains dud. Ferruyau... — Lesquelz habittans assemblez ont declarez qu'il est de leur cognoissance que led. Louis Ferruyau auroit acheptė et ce seroit faict pourvoir dud. office,... et qu'ainsy ils consentoient que lesd. (syndics) soyent deschargez de leur sindicat et que, pour cet effet, seront tenus de remettre tous les actes et papiers qu'ils ont entre les mains entre celle dud. Ferruyau, en faisant faire un inventaire double desd. actes et papiers, dont coppye sera mis entre les mains de m[e] Isaac Girault, seneschal de ce lieu. »

(1) A quelle somme montait la finance de cet office? — Je n'ai pu le savoir pour La Mothe. A Exoudun, une note m'indique que, par acte notarié du 12 déc. 1719, m[e] François Fradin, syndic perpétuel de la paroisse, cède à Antoine Dubreuil, pour le prix de 75 l., « tous les droits, profits, revenus et emolumans quy luy appartiennent comme acquereur de l'office et estat de sindic perpetuel de lad. paroisse et tout ce quy concerne led. office, pour, par led. Dubreuil, s'en faire payer tout ainsy qu'auroit peu faire led. Fradin, de la meme maniere que les autres sindics et comme Sa Majesté l'a desclaré par ses edits ».

Ferruyau administra la paroisse jusqu'au 2 janvier 1718, date à laquelle, dans une assemblée générale de la communauté, il déclara que, « comme par esdit du mois de juin dernier, Sa Majesté a supprimé led. estat et office, laquelle supression n'a eu cours que du jour d'hier, premier de ce mois, et comme, ce jour, lad. paroisse est sans aucun procureur sindict et qu'il est nécessaire, conformement aud. esdit et ansiens reiglemens, de mettre et nommer, par lesd. habittans, à la manière ordinaire, deux sindictz tout ainsy qu'autrefoys,... les d. habittans sont sommés, tout presentement, d'entrer en dellibération pour lad. nomination de sindicts », — à laquelle l'assemblée s'empresse de procéder.

Ce retour à l'ancien ordre de choses dura jusqu'aux premiers mois de l'année 1738 (1) où, des deux syndics dont le mandat expirait alors, l'un fut continué pour un an dans son office, tandis que son collègue, se retirant, cédait la place à un syndic *bisannuel;* de telle sorte que, dorénavant, l'un des agents, restant en fonctions, eut le loisir d'initier le nouveau venu aux multiples devoirs de la charge, et ce, « conformément à l'ordonnance de monseig[r] l'intendant, du 8 février 1738, qui ordonne qu'à l'avenir, pour le bien publicq et pour l'administration de la communauté, il reste toujour un ancien sindiq avec celuy qui sera nommé (378) ».

(1) Toutefois, il fut interrompu pendant l'année 1724 au cours de laquelle m[e] Emery Guillon, no[re] royal, qui « a fait sa soumission et payé la finance de sindicq perpetuel (307) », en exerça les fonctions jusqu'au 11 février 1725, date à laquelle, à l'assemblée de ce jour, Guillon annonce que « toutles les charges municipalles ont esté suprimés par l'arrest du Conseil qui ordonne que les habitans ayent à nommer deux sindicqs en la maniere accoustumée. »

Mais déjà il advenait, par suite du fardeau croissant des obligations de toute nature dont ces fonctions étaient embarrassées, des tracasseries, des vexations dont leurs titulaires avaient à souffrir, que le recrutement des syndics par les voies traditionnelles se heurtait au mauvais vouloir des habitants rebutés (1). Nul ne se souciant d'accepter un mandat plus onéreux que profitable, l'administration dut l'imposer d'office. Ainsi en arriva-t-il en l'année 1752 où, rompant avec « l'ordre accoutumé en cette paroisse », une ordonnance de l'intendant, du 22 août, promut au syndicat l'un des notables de La Mothe, Pierre Poupard, qui en exerça la charge pendant vingt longues années; ainsi en fut-il désormais jusqu'à la veille de la Révolution où Jacques Thibault, syndic en exercice depuis 1772, clôtura dignement (2) la longue suite des agents municipaux de la communauté mothaise.

II. — Conditions d'éligibilité, recrutement, transmission des pouvoirs.

En principe, tous les chefs de famille inscrits sur le rôle des tailles de la paroisse pouvaient être appelés, par la voix de leurs concitoyens, à gérer les intérêts communs. Dans la

(1) Convoqués en assemblée, le 12 janvier 1738, à l'effet de remplacer les syndics en fin de charge, « les habitans ont fait refus de convenir et deliberer sur lad. requisition et nomination,... duquel refus les d. sindics ont requis acte et protestent se pourvoir par devers monseig[r] l'intendant pour leur descharge ».

(2) Il était encore en fonctions en 1787 lorsque, en exécution de l'édit de juin établissant des *conseils* dans les paroisses rurales, La Mothe fut dotée d'une municipalité. Jacques Thibault dut, alors, à ses qualités d'administrateur et à sa haute probité, d'être nommé, « par une voix unanime, premier syndic municipal de la Mothe-Saint-Héray ». — V. l'inscription relevée sur la tombe de cet ancêtre et pieusement recueillie par M. Ch. Sauzé, dans sa notice sur *le Cimetière de La Mothe-Saint-Héray*.

pratique, il apparaît qu'on restreignit à certaine catégorie d'habitants la capacité éligible; et, d'un procès-verbal d'assemblée en date du 16 mai 1622, il ressort « qu'il y avoyt cy devant ung ordre estably en lad. paroisse, lequel ne peult et ne doibt estre perverty ny interrompu, quy est que l'on met et eslit pour procureurs fabricqueurs en icelle ceulx quy auroyent esté auparavant collecteurs des tailles, les plus prochains en ordre, les derniers en cours » (1) : mis au courant, par la nature de leurs fonctions, des charges financières de la communauté, il semble qu'ils étaient, mieux que tous autres, à même de poursuivre la gestion de ses intérêts.

De ce que les procureurs étaient choisis parmi les collecteurs des tailles, il s'ensuit que les membres de la communauté qui, par le privilège de leurs fonctions ou des offices qu'ils avaient acquis, étaient déchargés de la collecte, se trouvaient, de ce fait, exempts du syndicat : certains cas de dispense nous sont révélés par l'acte d'assemblée du 16 mai 1622 (2) ; la liste s'en complétera lorsque j'introduirai les personnages chargés de colliger, en la paroisse, les impositions royales.

Qui présentait les candidats aux suffrages de l'assem-

(1) Se prévalant de cette disposition, un habitant, nommé syndic, fera annuler son élection, « pour ce que ce n'estoit pas son rang à passer dans la charge (340). »

(2) Lorsque, à cette date, il s'était agi de nommer les procureurs de la paroisse, le choix des habitants s'était heurté à des protestations devant lesquelles ils durent s'incliner. Me Pierre Groisson n'avait pas eu de peine à démontrer qu'il était « exempt, tant de la charge de procureur que des aultres publicques de la paroisse, par privilliaige exprès en faveur de son office de commissaire des thailles de cette d. paroisse » ; Pierre Marchesseau faisait valoir qu'il était « pourveu d'ung office de me visiteur et jaugeur, et, partant exempt de lad. charge de procureur fabricqueur » ; Joseph Dupin prétendait s'en libérer, « attandu qu'il est une des gardes de monsieur de Brassacq, lieutenant pour le roy en Poitou. »

blée ? — Pas eux, assurément !... car si, en des temps plus proches, la jalouse convoitise des fonctions publiques déchaînera, en appétits rivaux, la meute des prétendants aux offices municipaux, il n'en allait pas ainsi aux siècles passés où l'ingrate mission d'administrer la communauté était un fardeau, — nous en dirons l'écrasante corvée, — une véritable charge au sens onéreux du mot ; aussi, loin d'en briguer la fâcheuse investiture, nos pères se défendaient-ils avec acharnement du malencontreux embarras dont le choix de leurs concitoyens les voulait surcharger. Dans un seul procès-verbal (54), il est dit que les procureurs en exercice désignèrent, « pour demeurer en leur lieu et place », N. et N. que « tous lesquelz assemblez ont unanimement nommés ». A Exoudun, je relève également l'unique assemblée du 6 octobre 1680, où l'élection eut lieu sur présentation des syndics en charge, sommés, par le général, « d'en nommer à leur place », les habitants « se réservant d'approuver ou désapprouver lad. nomination ». A toutes autres dates, les textes enregistrent purement et simplement le résultat de l'élection, laquelle, sans doute, avait été préparée, avant séance, par l'entente préalable des *principaux* de la paroisse.

Lorsque les personnages, élus procureurs, sont présents à l'assemblée qui les nomme, le procès-verbal constate leur acceptation en même temps qu'il donne acte de leur décharge aux agents en fin d'exercice (1). Si le vote a lieu

(1) « Tous les ditz assemblez ont unanimement nommé F. Mimault et P. Huet, et à eulx enjoinct et donné charge et pouvoir de faire l'exercice d'icelle charge, et deschargé les ditz Denyort et Rivault (anciens procureurs) à la charge de rendre compte de leur gerande et administration à la maniere accoutumée..., ce quy a esté accepté par les d. Denyort et Rivault et les d. Mimault et Huet (73). »

en leur absence, c'est par devant notaire qu'ils accordent leur consentement (1). Présents ou absents, s'ils refusent, l'acte de nomination leur sera signifié par le ministère d'un sergent (2).

Sous le régime de l'édit de Nantes, qui rouvrit aux huguenots l'accès des fonctions publiques, La Mothe, aux trois quarts protestante alors (3), choisissait ses procureurs parmi les collecteurs appartenant « à l'une et l'aultre relli-

(1) Au lendemain de l'assemblée (221) où ils furent élus en leur absence, « sont comparus par devant nous, nores soubsignez, N. et N., procureurs sindicqs nommez par l'acte de la paroisse de l'autre part, lesquelz ont accepté et acceptent, par ses presentes, lad. charge de procureurs sindicqs de cette d. paroisse et ont promis exercer et s'aquitter d'icelle ainsy et comme ils y sont tenus et obligez, sans qu'il aye esté besoing d'aucune injonction et signiffication dud. acte de nomination, et recongnoissent que les precedans procureurs sindicqs leur ont mis entre les mains les papiers et actes consernant lad. paroisse, dont ilz en dechargent lesd. precedans procureurs ».

(2) « A vous, N. et N., à la reqte de N. et N., cy devant proc. fabricq. de lad. paroisse, je vous signifye et faitz assavoir l'acte d'assemblée faitte du general des habittans d'icelle parr., contenant leur descharge de proc. fabricq. et l'eslection et création faitte de vos personnes de proc. fabricq. d'icelle parr. en leurs lieu et place,... et vous sommant de faire et exercer lad. charge, protestant, à faulte de ce faire, de le vous faire reparer en vos propres et privez noms avecq tous dommages, intherestz et despans,.... vous desclairant qu'il n'y a procès poursuivy contre lad. parr., quy soyt venu à leur congnoissance, qu'ung seul,... et, outre, qu'il y a certaines instances intentée contre icelle,... vous sommant aussy d'en faire les poursuittes pour lad. parr... Fait par moy, sergent royal soubsigné... »

(3) Cette affirmation découle du relevé des contrats de mariage reçus par les notaires de La Mothe, de 1570 à 1684. Lorsque les futurs appartiennent au culte catholique, le rédacteur insère, dans les préliminaires de l'acte, cette formule : «... N. et N. se sont promis et promettent prendre respectivement à femme et mary espoux, les solennités de notre mère ste eglise catholique, apostolique et romaine sur ce gardées et observées. » Quand ce sont des protestants, l'on se dit carrément, de 1570 à 1660, « de la religion pretendue reformée » ; de 1660 à 1684, on la dissimule prudemment sous cette équivoque : «... Les solennités de la religion, *dont ils font profession*, gardées et observées ». — De la comparaison numérique de ces formules il résulte — à défaut de registres paroissiaux de la R. P. R. — qu'à La Mothe, au XVIIe siècle — de 1636 à 1680 notamment — les mariages sont dans la proportion de 7 protestants pour 3 catholiques.

gion » (37). Au lendemain de la Révocation, les habitants eurent peine à renoncer à l'ancien « ordre estably en la paroisse » qui, jusqu'alors, n'avait été « perverty ny interrompu », et, pour les en détacher, il ne fallut rien moins que l'intervention comminatoire de l'intendant. Le 10 septembre 1690, les Mothais, ayant nommé deux procureurs dont un *nouveau converti* — lisez *réformé*, — reçurent, le 13, une ordonnance de M. de La Bourdonnaye qui, « ayant esté informé que Barthelemy Boncenne (1), nouveau converty, a esté depuis peu nommé scindic de la paroisse de La Mothe Sainte-Heraye », enjoignait aux habitants de s'assembler à nouveau « pour nommer un autre scindic au lieu dud. Boncenne et qui ne soit pas nouveau converty, luy faisant deffenses de s'immisser en la fonction de scindic de lad. paroisse sous peine de desobeissance (2) » — « A quoi satisfaisant et obéissant », l'assemblée, convoquée le 17 à cet effet, fut appelée à nommer un procureur « quy soyt ancien catholique et non pas nouveau converty ».

Il n'était plus le temps où Louis XIII, par son ordonnance de janvier 1629, défendait à ses gouverneurs « de troubler et empêcher les habitants des paroisses à la nomination de leurs syndics (3) ». Au XVIIIe siècle, après la suppression des offices perpétuels, le pouvoir central, visant à une plus grande uniformité dans le recrutement des agents municipaux, réglementa l'élection des procureurs ; mais, tout en investissant leurs fonctions d'un caractère plus officiel, les intendants s'arrogèrent, peu à peu, le droit de les confirmer et même, dans certains cas, de les

(1) M[e] chirurgien à La Mothe, de la famille du célèbre jurisconsulte poitevin.

(2) Original, *Cab. du Dr Sauzé.*

(3) Ord[ce] de janvier 1629, art. 209, *Anc. lois françaises*, XVI, p. 282.

révoquer. « Si quelques communautés faisaient un mauvais choix — remarquait en 1785 l'intendant du Poitou (1) — il ne pourrait en résulter d'inconvénients, parce que j'aurais soin de n'expédier les commissions qu'après avoir consulté mes subdélégués sur le personnel des sujets, et j'obligerais les paroisses à faire une nouvelle élection lorsque les circonstances paraîtraient l'exiger. »

Les conditions restrictives de l'éligibilité ainsi fixées, dans quel milieu social se recrutaient les chefs de la communauté ?

Jetez les yeux sur la liste, ci-annexée, des procureurs de La Mothe dont il m'a été donné de relever les noms au cours des deux derniers siècles de l'ancien régime. Vous y verrez figurer, par ordre de fréquence — quand les professions sont indiquées — des marchands et des fabricants (drapiers, tanneurs, foulonniers), des praticiens et des sergents, des hôteliers et des cabaretiers, des chirurgiens, des bouchers, des maréchaux, des tailleurs d'habits, des charpentiers, deux bourreliers, deux voituriers, deux écardeurs, un apothicaire, un cordonnier, un orfèvre, un fouassier, un meunier, un maçon, un laboureur. — Et je clos cette énumération en signalant le fait qu'à La Mothe les agents municipaux sont exclusivement choisis parmi les habitants du bourg, bien que la paroisse comprît certains hameaux englobés dans son territoire ; par contre, à Exoudun, il arrivera parfois qu'un villageois de Bagnault ou du Souil sera appelé à ces fonctions.

(1) *Lettres de M. Boula de Nanteuil, intendant du Poitou, à son subdélégué à Bressuire*. Arch. hist. du Poitou, t. XX, p. 135.

III. — Caractère et étendue de leurs fonctions : responsabilité.

Simple agent de la communauté, n'ayant d'autre autorité que celle qu'il tire du mandat, révocable s'il en mésuse (1), qui lui a été confié par la communauté ou par l'intendant, le procureur, à peine accepté par le seigneur, tardivement reconnu par l'administration, ne jouit pas, comme le maire ou les échevins des communes, des attributions de la magistrature. De pouvoirs politiques, il n'en a pas, et la police locale lui échappe, étant aux mains du juge seigneurial ou du subdélégué de l'intendant : reste — et l'aire en est encore trop vaste pour sa chétive envergure — le champ, mal limité, indéfiniment élargi, des fonctions strictement municipales.

Qu'il agisse comme mandataire des habitants, qu'il procède comme intermédiaire officiel entre l'administration et la communauté, le syndic a le devoir, lorsque les intérêts de la paroisse sont en jeu, ou quand il en est requis par les représentants des pouvoirs publics, de convoquer les assemblées générales, dont, sous l'œil du juge ou du subdélégué, il sollicite les délibérations ; les décisions une fois prises, il a la charge d'en assurer l'exécution.

Il reçoit et dépense, sous le contrôle de l'assemblée, les deniers de la communauté dont il devra, à la fin de son exercice, rendre un compte détaillé à ses commettants. Parfois la balance s'établira à son crédit, car, au cours de sa charge, il n'aura pu se dispenser, à défaut de fonds communs,

(1) «... Mais il est plus juste de dire que le general est le maître du sindic, que le sindic n'est que pour porter l'ordre du general, que le general est toujours en droit de demander au sindic compte de son administration et de le *revoquer* s'il s'éloigne de son devoir. » (Act. d'ass. d'Exoudun, 21 août 1695, J.-B. Palate, nore à La Mothe).

d'avancer quelqu'argent... qu'il lui faudra passer au compte de profits et pertes, attendu l'impécuniosité et l'insolvabilité de la paroisse.

Si la communauté est engagée en quelque procès — et combien le cas est fréquent au XVIIe siècle ! — il doit, après autorisation de l'assemblée, en poursuivre la cause (1); et, si, « par paresse ou négligence », il a omis quelqu'une des mille et une formalités dont la procédure d'alors est encombrée, il expiera, sur sa bourse, la faute de son inattention ou de son ignorance (2). Par surcroît, si la pénurie de deniers communs ne lui permet pas de faire face aux obligations contractées par le général des habitants, il se verra, à la requête de quelque créancier grincheux, jeté « es prisons du chastel dud. bourg de la Mothe » où, jusqu'à parfait payement, il sera détenu « fort estroitement (31) ».

Il aura, « pour le dû de sa charge », à informer l'autorité des événements fortuits, dommageables à ses administrés, dont la paroisse est le théâtre — incendies, inon-

(1) D'un accord passé par devant notaire, le 6 février 1604, entre les procureurs de Saint-Eanne, il apparaît que ces agents avaient, pour principale mission, « de regir, gouverner et fayre les sollicitations et poursuittes des procès deppendant de lad paroisse, à la charge par eulx de fayre les d. frais des d. poursuittes par moitié, et, si le cas le requiert, de prendre advis et conseil ».

(2) Dans l'ass. du 1er oct. 1595, « les procureurs ont fait lecture d'une lettre missive à eulx envoyée par leur procureur au siège royal de Nyort, par laquelle il advertit les proc. fabricq., en la cause que poursuit contre eulx N., qu'il estoyt besoing fayre appeler les precedans fabricqueurs pour garantir la paroisse de la poursuitte dud. N. qui auroyt, par negligence et paresse des d. preceddens fabricq., obtenu sentence ; aultrement, a faulte de ce faire, on pourra tomber en inconveniens, et dejà est on condampné es despens de la constumace. — Lesquels habittans unanimement ont donné advis ausd. procureurs d'en faire poursuitte contre les aultres preceddens procq. fabricq., attendu qu'ils ont succombé par leur paresse et negligence ».

dations, gelées, grêle — aux fins d'obtenir quelque soulagement lors du département de la taille prochaine (1).

Mais il n'est pas seulement le mandataire, le porte-paroles de la communauté ; il est, dans une certaine mesure, l'agent de l'administration. Aussi le verrons-nous chargé de fonctions relatives au recrutement de la milice, aux travaux de la corvée royale ; il aura à se préoccuper du logement des troupes de passage, de la subsistance et du casernement des garnisons dont, pendant plus d'un siècle, La Mothe eut à supporter le préjudiciable embarras (2). Et si, succombant à la tâche, le procureur de la communauté apporte quelque retard ou fait preuve de négligence dans l'exécution des ordres que lui transmet l'intendant, il peut être frappé de lourdes amendes dont la somme dépassera de beaucoup les maigres profits dont sa charge est dérisoirement avantagée.

(1) «... plus 35 solz pour avoir esté à Niort presenté requeste pour faire viziter le dhommage de la paroisse commis par la gelée et gresle le 25e may dernier », etc... (V. *Comptes de gestion.*)

(2) (**286**) : Assemblée dans laquelle les habitants protestent contre la nomination, d'office, de leur syndic comme collecteur, déclarant « qu il luy est impossible de vacquer, dans cette paroisse, à la collection et amas de la taille et autres impositions quy sont tres difficiles et presque impossible d'y faire, tant a cause qu'elles sont exorbitantes que par la pauvreté des dits habitans, et cela a cause que led. procureur sïndiq a plus d'occupation qu'il ne luy en faut pour la mesme parroisse, soit dans les logemens de trouppes quy y sont souvent en quartiers, et tous autres soins, mouvemens et exercices qu'il se faut donner dans ces occurences quy sont continuelles, et dans les procès qu'ont les mesmes habittans en differends tribunaux, pour faire les soldats de millices, s'en assurer, les conduire, faire recevoir, et enfin pour tout ce quy regarde l'intherest et conservation d'icelle parroisse, en quoy ils reconnoissent qu'il s'acquitte fidellement de son devoir et y employer des sommes considerables quy luy sont dhues... ».

15 avril 1731 : Acte de mort (Goy, nore) de Pierre Bonnet, « deceddé le jour d'hier, sur les quatre heures du soir, d'une mort subitte et imprevuhe, ayant travaillé en quallité de sindict de cette paroisse tout le jour de vendredy, treze de ce mois, à faire meubler des cazernes pour loger une compagnye de cavalerie quy arrive demin en ce lieu ».

IV. — Gages.

Au surplus, en compensation de ce labeur ingrat qui les détournait de leur négoce et troublait leur repos, les agents municipaux étaient-ils payés? Absorbés par les affaires de la paroisse auxquelles ils employaient une activité plus fructueusement applicable à la gestion de leurs intérêts, émargeaient-ils, ces fonctionnaires, au budget de la communauté?

Pour toute réponse, je lis, dans l'acte d'assemblée du 1er mai 1639, qu'à cette date les habitants de La Mothe, reliquataires envers le Trésor « de certaines sommes restant à payer des thailles de 1634 et 1638 », avaient en outre à s'acquitter « de la somme de vingt livres, attribuez aux syndicqs des paroisses, de droitz fixes et héréditaires ». La commission de la taille de 1642 mentionne également « vingt livres pour les syndiqs »; la somme montera à 30 livres en 1786 (481) : accessoire de la taille, cette taxe était levée, comme les autres impôts, sur tous les contribuables, au marc la livre de leur taux.

L'administration était-elle plus généreuse envers ces utiles auxiliaires? — Les avantages qu'elle accordait aux syndics étaient de médiocre importance. Parfois, c'était la faveur de ne point voir augmenter leur taille au cours de la charge : heureux si, d'aventure, ce léger dédommagement ne leur était pas disputé, comme il advint à Jacques Poupard, qui eut à revendiquer, près de l'intendant, son droit à « jouir des privillèges et exemptions attribués au syndicat (1). »

(1) « A Monseigneur l'intendant de la generallité de Poictiers.
« Supplye humblement Jacques Poupard et vous remonstre que, nommé

A une certaine époque, pour rémunérer leur temps perdu et les indemniser des frais que nécessitait l'exercice du syndicat, on leur distribua à regret quelque vague monnaie dont, à la fin de l'ancien régime, la pénurie du trésor n'autorisa plus la mesquine allocation : « Jusqu'à présent — écrivait Boula de Nanteuil à l'un de ses subdélégués (1) — il a été d'usage de leur accorder annuellement des gratifications en argent, mais, indépendamment de ce que cet usage n'a point été autorisé par le Conseil, et qu'il est contraire à ce qui se pratique dans les autres provinces du royaume, c'est que la modicité des fonds qui sont à ma disposition me met dans l'impossibilité, malgré le désir que j'en aurois, de laisser subsister cet article de dépense, dont l'ensemble ne laisse pas d'être considérable ». Et, muselant d'avance des revendications possibles, il ajoutait : « Je sais, d'après des représentations qui m'ont été déjà faites, que quelques-uns de mes subdélégués craignent que le service ne souffre du retranchement des gratifications dont il s'agit ; mais *un syndic n'est pas le maître d'abandonner à volonté le service dont il est chargé*, et s'il s'en

d'office par votre grandeur, le 22 aoust 1752, (il) avoit tout lieu de penser que les collecteurs de la presente année 1753 ne l'auroient pas augmenté à la taille, et qu'ils l'auroient au contraire diminué comme estant surchargé de beaucoup ; point du tout, par un principe de mauvaise foy et de vengence ils l'ont augmenté de trois livres de principal... Eu esgard a ses facultés et aux pénibles travaux qu'il a actuellement et a eu cy devant pour faire faire les corvées sur la routte de Poictiers à la Rochelle, et comme le suppliant a intherest de ce servir des privilleges et exemptions attribués à sa charge de sindicq, quy est qu'on ne peut l'ogmenter pendant tout le temps qu'il exercera sad charge,... il desire estre diminué de lad. dernière taxe, pour à quoy parvenir il a esté conseillé de vous donner la présente requeste. » — Au pied : « Réglé le taux de Jacques Poupard à vingt-neuf livres » au lieu de 33 (*Orig.*, *Cab. du Dr Sauzé.*)

(1) *Lettres de M. Boula de Nanteuil, intendant du Poitou, à son subdélégué à Bressuire.* Arch. hist. du Poitou, t. XX, pp. 136-137.

trouvoit qui négligeassent de remplir leur devoir par la raison de la suppression d'une rétribution qu'ils n'ont jamais droit d'exiger, *je saurais les punir de manière à ôter aux autres le désir de les imiter.* »

Ne soyons donc pas surpris de l'acharnement que mettait à s'en défendre le malchanceux sur qui tombait le fardeau de cette charge rebutante, et ne le jugeons pas trop sévèrement si, parfois, incapable ou écœuré, ce singulier magistrat — *Maître Jacques* à tout faire, et aussi peu payé que le valet d'Harpagon — faisait montre de négligence ou de mauvais vouloir. Embesogné de devoirs mal définis, débordé par le flux montant des services publics dont l'administration embarrasse ses mains maladroites, ne sachant à qui entendre, de l'intendant qui lui demande de l'argent, des hommes, des corvées, ou des contribuables qui regimbent et se dérobent,... est-il étonnant que cet administrateur novice se soit montré insuffisant à sa tâche et, qu'à une certaine époque, l'on ait songé, en haut lieu, à mettre à ses côtés — disons mieux, au-dessus lui — un fonctionnaire qui, aiguillonnant son zèle, dirigeât son activité, le soulageât d'une partie de ses attributions?

C'est ce qui eut lieu, dans notre petite ville, vers le milieu du XVIIIe siècle. A cette heure nous voyons apparaître, à la tête de l'administration mothaise, un personnage, titré *subdélégué,* qui, chargé d'assurer en la paroisse « l'exécution des ordres de Sa Majesté et du Conseil », avait à surveiller et à contrôler la marche des services publics (1) : c'était — on l'a dit — le *sous-préfet* de l'époque. A la nomination de l'intendant, cette charge, qui jusqu'alors avait été remplie

(1) **418, 433, 444, 452.**

par le subdélégué de Niort, incidemment par celui de Saint-Maixent, fut, de 1749 à 1785, confiée à des notables de l'endroit (1) qui, en récompense, jouirent de certains privilèges et eurent droit à l'exemption de quelques impôts.

Trois années s'écoulaient après leur disparition, que La Mothe était appelée, en vertu de l'édit du 23 juin 1787, à nommer une *Assemblée municipale*, composée du seigneur et du curé, membres de droit, et de neuf habitants (la paroisse contenant plus de 200 feux), désignés par le suffrage de leurs concitoyens. Le collège électoral qui les choisissait n'était autre que l'ancienne assemblée générale restreinte aux habitants dont la cote s'élevait au moins à 10 livres d'imposition foncière et personnelle ; pour être éligible, on dut payer 30 livres, être âgé de 25 ans et avoir un an de résidence. L'assemblée municipale eut un syndic, choisi dans son sein : j'ai dit qu'à La Mothe le dernier procureur de la communauté, Jacques Thibault, fut nommé, « par une voix unanime, premier syndic municipal ».

(1) Par son ordonnance du 4 août 1749, l'intendant, autorisant la paroisse à s'imposer pour faire les frais d'un *casernement* à La Mothe, « où il y a presque toujours une compagnie de cavalerie ou dragons en quartier », arrête qu'à cet effet « il sera imposé sur le general desd. habitans jusqu'à la concurrence de la somme de deux cent vingt livres, au marc la livre de la taille, par un rolle de répartition qui sera rendu executoire par le s[r] Girault, *notre subdélégué à La Mothe Sainte-Héraye*, que nous commettons à cet effet ». (*Orig., cab. du Dr Sauzé*) : Pierre Girault, s[r] de Crouzon, était alors sénéchal du marquisat de La Mothe. Il eut pour successeur, à la tête de l'administration locale, « Me Jean-Louis Wibert, maître de poste et *subdélégué de monsg[r] l'intendant à La Mothe Saint-Héray* » (1751-1757), — puis, Me François Pallardy, « notaire royal et *subdélégué de monsg[r] l'intendant du Poitou au département de La Mothe Saint-Héray* », lequel, dans une requête présentée aux habitants le 17 sept. 1785, prétendait être exempté de la charge de collecteur « a cause de la charge de subdélégué qu'il a occupée depuis près de trente ans et qui n'a été supprimée qu'au mois de janvier dernier » (Acte Morisson, nor[e]). De cette date à la Révolution, La Mothe releva, administrativement, du « s[r] Picoron, subdélégué de l'intendant à Saint-Maixent (**482**) ».

Il n'entre pas dans le plan de ce travail de poursuivre, au delà de l'ancien régime, les destinées de la vie municipale à La Mothe-Saint-Héray. Mais, ayant fait connaître les règles auxquelles obéissaient les organes constitutifs de notre ancienne communauté — ses Assemblées générales, ses Procureurs, — il convient, ayant examiné isolément le jeu de leurs fonctions, d'exposer les résultats de leur coopération à l'œuvre commune — l'administration des *Affaires publiques* de la paroisse mothaise.

LISTE

DES

PROCUREURS DE LA PAROISSE DE LA MOTHE-SAINT-HÉRAY

De 1588 à 1788 (1).

1588-89. — Flavien Sallenard, praticien. — Philippe Bouschier, hôtelier.

1591-92. — Louis Teillon, m^d^. — Jacques Orry, s^r^ de Château-Neuf.

1594-95. — Thomas Bouhet. — Lucas Robin.

1595-96. — Pierre Groussière *, boucher. — Thomas Garin *, fabricant.

1616-17. — Gabriel Mellin. — Guy Perruguet.

1617-18. — Jehan Tastereau, no^re^. — André de Poilvoisin, m^d^.

1618-19. — Jehan Brochet m^d^. — Pierre Perruguet, l'aîné.

1619-20. — Simon Ursault. — Jehan Bironnet *, m^e^ maçon.

1620-21. — Jacques Mimault, boucher. — Pierre Rougier, tanneur.

1621-22. — Pierre Perruguet le jeune, boucher. — Isaac Marchellet, cordonnier.

1622-23. — Samson Poictevin. — Pierre Thebault, meunier.

Le 6 nov. 1622, Joseph Dupin, sergent royal, remplace Poictevin, décédé.

1623-24. — François Bouschier, hôtelier. — Bastien Bellet, tanneur.

1624-25. — Pierre Rousseau, laboureur. — Philippe Mousnier, sergent de la baronnie.

(1) Cette liste, relevée en grande partie sur mes procès-verbaux, présente, à peu de chose près, les mêmes lacunes; toutefois, certains noms y figurent, rencontrés dans des pièces administratives rédigées en dehors des actes d'assemblées. Un astérisque * indique les procureurs qui ont déclaré « ne savoir signer ».

1625-26. — Jacques Panet, maréchal. — Pierre Gastineau*, voiturier.
1626-27. — Isaac Rivault. — Jehan Deniort.
1627-28. — François Mimault. — Pierre Huet.
1628-29. — Pierre Tabarin. — Jean Texier*, foulonnier.
1629-30. — Pierre Bonnin, drapier. — Louis Barbreau*, drapier.
1630-31. — Jacques Viault, l'aîné. — Jean Juchault*.
1631-32. — Jacques Letart, bourrelier. — Berthoulmé Leblanq, boucher.

Dans le courant de l'exercice, ce dernier, décédé, est remplacé par Pierre Guillon.

1634-35. — Jacques Berland. — Pierre Monganeau.
1635-36. — Philippe Dupin, sergent royal. — Jean Marchesseau, sergent royal.
1636-37. — Josias Rousseau. — Pierre Brault.
1637-38. — Gilles Marbœuf. — Pierre Mousnier.
1641-42. — Jacques Clouzeau. — François Ballu*.
1642-43. — François Ripault. — Guillaume Nourry, drapier.
1643-44. — André Montaigny. — Abraham Bourgueil.
1644-45. — Jacques Bernard*. — Jean Terrière*.
1645-46. — Pierre Dupin. — Jean Berland.
1646-47. — Jacques Jard. — Antoine Bourdon.
1647-48. — Pierre Pallardy. — Joseph Chappelet.
1649-50. — Charles Guérinet. — Eustache Ripault.
1653-54. — René Poictevin. — Louis Ferruyau.
1655-56. — Jacques Mimault, sergent royal. — Isaac Dubreuil, m^d^.
1656-57. — Pierre Panet, m^d^. — Jacques Degay, m^d^.
1657-58. — Jean Ursault. — Pierre Mimault.
1658-59. — Jean Dumas*, tailleur d'habits. — Hélie Freté*, m^d^.
1659-60. — Isaac Ferruyau, m^e^ chirurgien. — Pierre Jard.
1660-61. — Samson Lefort*. — Jean Deniort.
1661-62. — Jean Bernardeau. — Jean Chameau, m^d^.
1662-63. — François Blanc. — Etienne Fradin.
1666-67. — François Boutin, m^e^ chirurgien. — Jacques Boyceau, m^d^.
1668-69. — Hélie Magot. — Geoffroy Morgat*.
1669-70. — Pierre Chabot. — Jean Peiron*.
1670-71. — Pierre Ferruyau. — Jean Moynault.
1671-72. — Pierre Migault. — Jacques Chaboceau.

1672-73. — Pierre Dupin. — Pierre Dexmier, boucher.
1673-74-75. — Gédéon Mercier. — Louis Ripault, md.
1675-76. — Daniel Bourdon. — Jean Vetault.
1676-77-78. — Nicolas Rigourdain. — Thomas Chaintrier.
1681-82. — Jacques Tastereau, notaire. — Pierre Mercier.
1685-86. — Louis Papon. — Pierre Chameau.
1686-87. — Jacob Violette, md. — Jacques Rouhier.
1687-88. — Pierre Dubreuil, md. — Daniel Granet.
1688-89. — Moïse Bourdon, tanneur. — Jean Baudouin, charpentier.
1690-91. — Barthélemy Boncenne, me chirurgien. — Pierre Bonnaut*, cordonnier.

Le 17 sept. 1690, Pierre Girard remplace Boncenne dont la nomination est annulée.

1691-92. — Pierre Mimault, sellier. — Louis Motein*.
1692-93. — Jean Valantin. — Pierre Raoult.
1693-94. — Daniel Baudouin, charpentier. — Pierre Boutin, sergent royal.
1694-95. — Gilles Brunet. — Pierre Cacouhault.
1695-96. — François Piet. — Jean Gaillard.
1696-97. — Louis Poitevin. — Jacques Pouhet.
1698-99. — René Mimault. — Jean Bougouin.
1699-1700. — Pierre Ferruyau. — Jean Pallardy.
1700-01. — Jacques Chauvin*. — Louis Barbreau.
1701-02. — Clément Rozeau. — Daniel Viguier.
1702-1717. — Louis Ferruyau, me chirurgien, syndic perpétuel.
1718. — Jacques Poupard. — Emery Guillon.
1722. — Jacques Bertoin. — Thomas Baron.
1723. — Pierre Bonneau. — Léon Morisson.
1724. — Emery Guillon, syndic perpétuel.
1725. — Isaac Bellin, md. — Louis Degay, orfèvre.
1726. — David Foucaut. — François Chameau.
1727. — Jean Motheau. — François Garsault.
1728. — Jean Chameau. — Jean Fouquet.
1729. — Jacques Pothet. — Jean Piet.
1730. — Isaac Bonnet. — Jean Frère.
1731. — Hélie Freté, aubergiste. — Jacques Fouchier, fouassier.

Fouchier, dont la nomination est annulée, est remplacé par Pierre Bonnet qui, décédé le 15 avril, a pour successeur Jean Bourgueil,

1732. – Jacques Fouchier. — François Guillaume.
1733. — Michel Meunier. — Jacques Morisson.
1734. — Jacques Rogeau. — Daniel Chameau.
1735. — André Conzay, maréchal. — François Champion.
1736. — René Poussard*, charpentier. — Pierre Coussot, tailleur d'habits.
1737. — Pierre Braud. — Thimothée Meunier.
1738-39. — Thimothée Meunier. — Jean Baugier.
1739. — Jean Baugier. — Pierre Bonneau.
1740-41. — Pierre Baugier. — Barthélemy Sauzé.
1742. — Jacques Dominot. — Pierre Michellet*.
1743-44. — Jacques Dominot. — François Bernard.
1745. — Jacques Guionnet. — Jean Conzay.
1746-52. — François Bernard.
1752-77. — Jacques Poupard.
1777-87. — Jacques Thibault,

SECONDE PARTIE

Les Affaires publiques de la paroisse.

Laborieusement constituée au sein d'une société enserrée dans le triple cercle de l'influence ecclésiastique, du patronage seigneurial, de l'autorité monarchique, qui, chacun en son temps, eurent leur heure d'initiative et de prépondérance dans le gouvernement des affaires publiques de la paroisse rurale, la communauté, dès son existence reconnue et son autonomie conquise, eut des relations nécessaires avec les trois grands pouvoirs qui dominèrent la France jusqu'à la fin du xviiie siècle, l'*Eglise*, le *Seigneur*, l'*Etat*: expression des intérêts particuliers à la collectivité, elle dut en outre s'employer au *Bien public* de la paroisse. C'est dans cet ordre, méthodique bien qu'arbitraire, que — renvoyant à la fin de ces pages pour leur enchaînement chronologique — j'ai cru devoir exposer les manifestations de la vie publique auxquelles nous font assister les procès-verbaux d'assemblées de la communauté mothaise, ne me dissimulant pas, toutefois, l'incohérence de ce mode de classement dont les exigences m'ont contraint, notamment, à reléguer, en certaines catégories, telles affaires dont la nature discutable et les rapports multiples font hésiter à les ranger dans la série voisine.

A. — RAPPORTS AVEC L'ÉGLISE

I. Fabrique. — II. Cimetières. — III. Chapelle N.-D. de Pitié. — IV. Couvent des Bénédictines. — V. — R.P.R.

I. — La Fabrique.

J'ai dit qu'à l'origine fabrique et communauté, ayant leurs intérêts confondus, eurent, pour gérer les affaires de la paroisse, ces seuls et mêmes mandataires, les procureurs fabriqueurs. A La Mothe, c'est vers le milieu du XVIIe siècle, et à l'heure où les chefs de la communauté s'intitulent syndics, que, pour la première fois, les textes mentionnent, sous le nom de marguilliers, les agents particulièrement préposés à l'administration des biens de la fabrique.

Comme leurs congénères dans l'ordre civil, ils étaient au nombre de deux, nommés, dans les mêmes formes, « en assemblée générale des habitants » : seul différait le lieu de la réunion qui, « faitte au son de la cloche, à la manière ordinaire, à la réquisition de M^rs^ les fabriqueurs », se tenait « en l'église du dit lieu, au banc d'œuvre d'icelle ». Lorsque le curé y assiste, son nom figure en tête de la liste de présence, mais il ne dirige pas les débats : c'est « auxquels curé et habittans » que s'adressent les promoteurs de la réunion (1).

(1) **467, 468, 475, 478.**

Quant au rang social de ces administrateurs, il apparaît, bien qu'il fût « d'uzage que chasques habittans doivent passer à leur tour (467) », qu'une sélection plus sévère présisidait au recrutement des fabriciens, parmi lesquels je vois figurer « Me François Pallardy, nore royal, subdélégué de monseigneur l'intendant », « Me Jacques Briault (1), avocat en Parlement », « M. Jean-Gabriel Bonneau (2), conseiller du roy, rapporteur du point d'honneur au tribunal de MM. les maréchaux de France », enfin « le sr Jacques Thibault, *maire* (3) », cumulant ainsi les charges de syndic de la communauté et d'administrateur de la fabrique. A la même époque, « M. le comte de Carvoisin (4), seigneur de ce bourg », était supplié par les habitants « de voulloir bien continuer d'estre à la teste de leur fabrique en restant marguillier honoraire ». — A l'encontre des procureurs de la communauté, que ne différenciait aucune prééminence, les fabriciens étaient hiérarchisés *premier* et *second* marguillier; en outre, le premier se qualifiait *receveur*.

De même que les syndics, jadis nommés pour une, puis deux années, virent se perpétuer leurs fonctions dans les derniers temps de l'ancien régime, ainsi les marguilliers furent, à la même époque, maintenus, trop longtemps à leur gré (468), dans la gérance onéreuse d'un patrimoine

(1) Né à La Mothe le 18 sept. 1740, fils de Jean et de Suzanne Poupard. Il fut élu député à la Constituante. Successivement juge au tribunal de district de Saint-Maixent, président du tribunal criminel de Niort, il y décéda chevalier de la Légion d'honneur, le 24 sept. 1808.

(2) Né à La Mothe, le 10 janvier 1735, de Jean, sr de Clérimault, docteur en médecine, et de Gabrielle de la Porte, sa 3e femme.

(3) (478) : c'est le seul de nos procès-verbaux où la qualification de *maire* soit donnée au syndic de la paroisse.

(4) Antoine-Charles-Vincent, fils de Charles-Louis, comte de Carvoisin, et de Renée-Jeanne-Charlotte de la Hette d'Artaguette d'Iron, fille de Jean-Baptiste-Martin, marquis de La Mothe-Saint-Héray.

ruiné dont ils devaient, à contre-cœur sans doute, contribuer, de leurs deniers, à suppléer les ressources épuisées.

Très large à l'origine, puisqu'elle s'étendait à toutes les affaires publiques de la paroisse, la compétence des fabriciens fut limitée du jour où la communauté eut des procureurs distincts : exclusivement attentionnée aux besoins matériels du culte, la fabrique n'eut plus qu'à gérer, avec l'assentiment et sous le contrôle des assemblées générales, les biens et les revenus de l'église, qu'elle dut employer au mieux de ses intérêts.

Affermer — ou aliéner quand l'exigeait la pénurie du trésor — les immeubles de l'OEuvre, asseoir et faire rentrer les redevances des bancs, les droits sur les inhumations (1), avec ces ressources — ou, quand elles étaient insuffisantes, avec les fonds de la communauté — satisfaire aux réparations, à la réfection des murs de l'église,. du clocher et de ses hôtes, les cloches, l'horloge, assurer le bon état et la clôture du cimetière, exercer un droit, parfois contesté, à la présentation à certains bénéfices, — telles étaient les principales attributions mises, par coutume, par transactions, par règlements, à la charge de la communauté, à la diligence de ses fabriqueurs.

Invitation aux offices ou appel aux assemblées générales, tocsin jetant l'alarme ou couvre-feu conviant au repos, la cloche de l'église était la grande voix, la clameur ! de la paroisse, dont le clocher servait, en quelque sorte, de beffroi communal.

(1) A La Mothe, « le revenu de la bouscherie de caresme est de la dependance du seigneur ou officiers de sa justice ». (*Reg. du revenu de la fabrice de La Mothe Sainte-Héraye*, *1750*. — *Mes pap.*)

En l'année 1620, au mois de novembre, la cloche étant « thumbée du clochier et rompue en plusieurs piesses », aux habitants assemblés le 22 les procureurs remontrèrent « estre de besoing de la faire refaire pour servir au publicq de lad. paroisse, et mesme ont déclaré qu'il y avoit ung maistre fondeur quy estoyt aud. bourg, nommé Lois Nivellet, demeurant en la parroisse de Venxay, quy se voudroyt charger vollontiers de refaire icelle. — Tous lesquelz habittans assemblez ont unanimement délibéré et donné advis et charge ausditz procureurs de faire refaire lad. cloche, et, pour ce faire, a esté à l'instant fait, tant par lesditz procureurs que habittans assemblez, marché avecq led. Nivellet quy se seroyt présenté et trouvé en lad. assemblée; et auroyt esté arresté avecq luy que, pour la réfection de lad. cloche, il luy seroyt dellivré et payé, par les ditz proc. fabricq., la somme de trante six livres tz, en fournissant par luy de tout ce quy seroyt de besoing pour ce faire, sauf de mathieres, de terre et de souffletz que les ditz habittans seront tenus de fournir et d'hommes pour ayder à conduire les ditz souffletz et faire chauffer lad. mathiere..... Et a esté led. consentement de la réfection de lad. cloche fait o la charge expresse qu'*icelle cloche demeurera toujours, estant refaitte, commune, comme elle accoustume, pour servir au publicq tant de l'une que de l'aultre relligion, sans différence ne difficulté, et aux jour et heure permise et commode* (1), ce quy a esté ainsy consenty et acordé et arresté ».

(1) De cette clause expresse, que j'ai intentionnellement soulignée, il apparaît qu'à La Mothe, pendant l'ère de tolérance qui suivit la pacification religieuse de 1598, la cloche paroissiale appela indistinctement à l'église et au temple les fidèles de l'un et de l'autre culte, — les protestants ayant permission, en vertu de l'un des articles secrets (le 54e) de l'édit de Nantes,

Le marché ainsi conclu entre Louis Nivellet et la communauté, le maître fondeur se mit en devoir, avec l'aide de son frère Pierre, de préparer son moule et de bâtir son fourneau (1), cependant que les procureurs s'employaient à réunir les matériaux nécessaires. Des débris de l'ancienne cloche « poisé à six foys avecq ung grand claveau dedans ung panier et à une aultre foys avecq une corde, s'en est trouvé dud. métal, avecq led. panier et corde, six centz cinquante huit livres », à quoi s'ajoutèrent « trente et une livres» provenant de vieux chaudrons de cuivre et de la vaisselle d'étain hors d'usage dont les habitants consentirent à se dépouiller ; « plus, le s^r^ curé a fourny, à la priere desditz proc. fabricqueurs, à la solicittation de Pierre et Loys Nivelletz quy ont dit en estre besoing et nécessaire pour adoussir les matheriaux amassés par led. bourg, de deu'x livres et trois petitz quartrons de viel et pur estain, à la charge qu'il en seroyt payé et recompensé à prix raisonnable : tous lesquels metaulz et mathieres ont estez dellivrez et mis es mains des ditz fondeurs quy ont proceddé à mesme instant à la refonsdure et refection de lad. cloche », besogne à laquelle s'attelèrent les habitants, dont les bras s'activèrent à manœuvrer les moufles, les enterrer, alimenter le feu et actionner les soufflets.

de s'assembler au son de la cloche dans les « bailliages où l'exercice de la Religion réformée se pratique habituellement ».— Cf., sur l'usage en commun des cloches entre catholiques et protestants, les Bull. de l'Hist. du Protestantisme français, t. II, p. 502, *Accord entre les catholiques et les protestants de Castelmoron en Agenois, 13 sept. 1609*, t. XL, p. 591, H. Gelin, *les Cloches protestantes*.

(1) En face la principale entrée de l'église, à 10 m. à peu près de l'aplomb de la porte, ainsi qu'il m'a été donné, en mai 1901, d'en préciser l'emplacement par l'exhumation, du fond d'une tranchée ouverte par l'édilité mothaise, de résidus agglomérés, sable du moule, charbon de bois, scories de métal fondu, vestiges de la chauffe et de la coulée auxquelles procédèrent, en 1620, les maîtres fondeurs.

L'opération terminée, « ce seroit trouvé, de rellicqua et de restant d'icelle, environ centz douze livres de metal avecq la terre et roche y attaché, et faisant desduction de quarante livres de deschet sur le metal de lad. cloche et de soixante livres pour le poix dud. panier et corde, ainsy qu'il a esté recongneu au poix debvoir estre, et de la roche et terre estant attaché aud. metal restant, a esté jugé, desclaré et supputté, par lesd. fondeurs, ce trouver lad. cloche estre du poix de cinq centz trante livres et led. metal restant du poix de centz livres seullemant ; lequel metal restant a esté dellaissé en lad. esglise, d'aultant que le s^{r} curé n'a voullu suffrir et permettre ausditz proc. fabricqueurs de le prendre et emporter pour en faire representation et en respondre, au désir de leurs charges, à lad. parr., comme ilz ont dit et desclaré au s^{r} curé voulloir faire, leur ayant esté dit et desclaré, par led. s^{r} curé, qu'il debvoyt demeurer à lad. esglise aux fins de l'employer, avecq aultres matieres et metal, à faire faire une aultre cloche dont il est besoing et nécessaire d'y avoir (1) ».

A quelle époque précise fut exaucé le vœu formulé en

(1) Procès-verbal de refonte de la cloche (12 déc. 1620, R. Guillon no^{re}), au bas duquel s'étale, avec les signatures du curé, des procureurs et de quelques habitants, le seing de P. NIVELET *fondeur*, agrémenté d'une cloche grossièrement figurée entre son nom et sa profession : ces pièces ont été publiées par M. Berthelé dans ses *Recherches pour servir à l'histoire des arts en Poitou*, 1889, pp. 307-311. — Curieuse rencontre : il y a deux ans (1900), en la patrie des frères Nivellet, à Vançais (canton de Lezay), en ouvrant une tombe ancienne, fruste d'inscription, on y trouva un culot de plomb et de fonte pesant près de 100 kilogr ! (Communication de M. le pasteur Maillard, de Pamproux, qui tient le fait d'un témoin oculaire.) Etait-on en présence de la sépulture de l'un des maîtres fondeurs ? — Autre occurrence : je copie sur la couverture de l'un des registres paroissiaux (année 1729) de Chey (canton de Lezay) : « L'an 1400, Abram Nivelle fondit les cloches de Saint-Pierre de Chey. » Ce Nivelle serait-il un ascendant des Nivellet de 1620?

1620 par le curé de La Mothe? — Mes textes ne le disent pas, mais ils me permettent d'affirmer que la paroisse était dotée d'une seconde cloche avant le 9 octobre 1701, date à laquelle je constate — pour la première fois, il est vrai — que l'assemblée générale des habitants fut réunie « après le son de la *grosse* cloche sonnée à la manière accoutumée ».

En 1745, le 10 octobre, « la petite cloche de l'église estant cassée et ne rendan aulcun son, ce qui cause un derangement considerable dans les ceremonies », les Mothais, assemblés à la diligence des syndics, sur la réquisition des marguilliers, durent aviser aux moyens de la faire refondre : — « Le general des habitans, après avoir murement examiné entre eux, ont d'abord observé que monsieur d'Artaguette, marquis de ce lieu de la Mothe Ste Heraye, par un pur effet de charitté et generositté, veut bien gratifier de la somme de quarante livres pour ayder à fondre lad. cloche. Comme cette somme n'est pas suffisante, ils ont remarqué que dans la plenne des Justices il y a une piece de terre qui dépand de la fabrique, de laquelle, depuis un temps immemorial, les sacristains de lad. paroisse ont jouy alternativement en se l'apliquant à leur proffit au lieu de le faire retourner à la fabrique; et ils ne trouvent de moyen de faire fondre lad. cloche que de l'alliener, ce qui ne fera aucun prejudice à lad. fabrique; au contraire retournera au proffit de la mesme fabrique qui est obligée à celle reparation. C'est pourquoy lesd. habitans ont consenty et consentent que les d. marguilliers vendent lad. piece de terre la somme de soixante livres à telle personne qui voudront l'aquerir, leur donnant plain pouvoir, par ces présentes, de ce faire passer acte,... laquelle somme, avec le bien fait de M. d'Artaguette, ils employeront à faire fondre lad. cloche ». — L'opération eut lieu dans ces conditions —c'est le marquis de La Mothe qui se rendit acquéreur du champ des Justices — et la petite cloche fut rétablie par les soins du m[e] fondeur, G. Le Brun, qui, le 4 novembre 1745, donnait quittance à la fabrique (1).

Au même titre que la cloche et avec une égale sollicitude, les Mothais se préoccupaient de l'entretien de l'horloge paroissiale dont, trop souvent, le fonctionnement laissait à désirer. Sans doute, le grossier mécanisme péchait par quelque défectuosité, car il donnait lieu à des réparations, d'aûtant plus fréquentes qu'elles étaient confiées à des mains inhabiles. Aussi,les habitants ayant « donné charge aux proc. fabricq. d'avoir esgard à faire raccomoder l'orolloge publicq et commung de ce lieu, ensemblement la couverture du clochier dont il est couvert, et, pour ce faire, faire revenu et recherche des debvoirs et arrerages dhus à la fabrice et faire bail afferme, au plus offrant, du revenu d'icelle (47), les« procureurs procédèrent à l'adjudication, dont le prix fut partagé annuellement, moitié « a celluy quy entreprendra de l'entretenir et faire aller et sonner, et au secrettain la quarte partye dud. prix, et l'aultre quarte partye à employer à l'entretien de la couverture dud. clochier, par chascun dit an (86) ».

Au temps où cette délibération fut prise (2 avril 1628), les biens de la fabrique se réduisaient à si peu (2) que

(1) « Je reconnois avoir reçus de monsieur Chevallier, marguillier à la Motte, la somme de cinquante six livres douze sols pour avoir fondüe la petitte cloche de la Motte, dont je le quite et tous autres. A la Motte, ce quatre novembre mil sept cens quarante cinq ».

Sig. : G. Le Brun.
(*Orig.,Cab. du Dr Sauzé.*)

(2) « Une piesse de terre size sur et au dessus la guerenne de ce d. bourg,

« lesquelles choses, enchéris et mis à prix », furent adjugées 17 livres de loyer annuel, somme qui fut distribuée selon les décisions de l'assemblée.

Il ne restait rien en caisse pour faire face aux dépenses imprévues. Aussi, lorsque l'état de délabrement de notre église nécessitera des réparations urgentes, la communauté, appelée à donner son avis sur les moyens d'en couvrir les frais, devra-t-elle, à défaut de fonds communs, consentir l'aliénation de quelque parcelle du patrimoine paroissial.

Déjà, en 1623, elle avait arrenté à Pierre Conty, s[r] de la Cimalière, « ung petit jardin, où autrefoys fut basty l'antienne esglise de Saint Hérave (51) » (1), « moyennant le

plus une aultre piesse de terre assise au lieu appelé le *Chesne aux Paneliers*, en la parr. de Prailles, plus une piesse de jardin assis au petit cloux de *Vezignault*, plus la siste partye et tous aultres droits depandant et appartenant à lad. fabrice d'une piesse de pré assis au *Pré aux canes*, plus le complant au siste dheu par certaine quantitté de vigne assise au fief appelé le *Fief de l'église*, plus la rente de trois livres tz dhue par Me Pierre Conty par chascun an pour raison de l'arentement quy luy a cy devant esté fait du jardin où fut autrefoys bastye la vieille eglize de ced. bourg de la Mothe, item la place où fut autrefoys le cimettiere de ce d. bourg, sis devant la hasle et parquet dud. bourg, aussy le terrail et fiant quy est dans lad. place à lever (86). »

(1) L'antique sanctuaire où se réunissaient les fidèles de la primitive bourgade de Saint-Héray s'élevait aux lieux qu'occupent, de nos jours, certaines dépendances de la Cimalière et de la maison Bourreau, sa voisine; la *rue de la Vieille-Eglise*, qui y conduit, a conservé la tradition de l'édifice qui, tombant en ruines vers la fin du xve siècle, dut être abandonné, tandis que l'on jetait, sur la pente du coteau voisin, les fondements de l'église actuelle. L'érection de cette dernière est datée, d'une manière approximative, par l'aveu que rendait, le 16 août 1578, à l'abbé de Saint-Maixent, Louis de Saint-Gelais, en qualité de seigneur de Saint-Héray. Le passage où il est fait mention de ce monument précise, en même temps, l'emplacement qu'occupait la halle, récemment établie au lieu où elle subsiste encore. Il y est dit que la nouvelle halle touche, d'un côté, « à la grand rhue tendant de la croix Barbin au chastel de la Mothe Saint Heray,.... d'autre au chemin de l'ancienne église saint Heray à l'église nouvelle, *édiffiée quatre vingtz ans environ*, ... d'autre à nostre marché aux bœufs. » Aux termes de cet acte, la construction de notre église remonterait vers l'année 1498, alors qu'était seigneur de La Mothe André de

prix et somme de trois livres tz que led. Conty a promis et sera tenu bailler par chascun an perpetuellement aux procureurs fabricqueurs de lad. paroisse..., pour estre icelle somme employée aux affaires de lad. fabrice ainsy qu'il sera advisé et délibéré par lesd. habitans (53) ». En 1661, le 25 septembre, — assemblée *unique* exceptionnellement limitée à « la plus sayne et meilleure partye des habitans *catholiques* dud. lieu », — les marguilliers font entendre qu'ils n'ont aucuns deniers entre les mains et qu'il leur est impossible d'en recouvrer « accause de la pauvreté presque universelle des habittans ». Mais il y a devant l'église, en face la grande porte, une place vide, qui faisait partie des anciens cimetières, « laquelle place est inutile et mesme incommode à lad. esglise par les immondices et viscosités quy se jettent en icelle et s'y commettent journellement et causent des infections estranges ; à joindre que, lorsqu'il se fait procession aux festes solennelles, il n'y a aucune tenture au devant pour cacher lesd. infections »; et les habitants décident la vente de ce terrain au prix de 45 livres, « lesquelles seront employées aux dites réparations de l'esglise ». — Quelques années s'écoulent, et il faut encore aliéner (1697), le jardin du Vezignault « pour la somme de 30 l. et 40 sols de rente perpétuelle, laquelle somme de 30 l. sera employée en achat de thuiles et autres matheriaux pour la couverture de l'esglise quy est ruynée, la

Vivonne, époux de la plus jeune des filles de Jacques de Beaumont, baron de La Mothe-Saint-Héray. A sa mort (15 avril 1492), ce dernier avait laissé, pour les réparations de l'église, une somme de 300 l. (1) qui, sans doute, fut employée à jeter les fondements de l'édifice dont son gendre devait parachever l'œuvre : aussi bien voit-on figurer, au faîte du clocher, les armoiries des Beaumont-Bressuire et des Vivonne.

(1) B. Ledain, *Histoire de Bressuire*, Mém. de la Soc. des Antiq. de l'Ouest, 1e s., t. XXX, p. 337.

fabrice ne possédant aucun fonds et revenu pour ce faire ».

Puis, c'est l'entretien d'un vicaire dont la paroisse s'imposera la charge, « vicaire quy luy est sy utille à cause de son etendue et aux fins, par chaque jour de feste et dimanche et jour d'obligation, dire une premiere messe, ce quy evitera à nombre d'habitans d'estre privé d'icelle : c'est pourquoy [le syndic et les marguilliers] requierent qu'ils ayent à delliberer entreux pour trouver un revenu quy soit permanant pour un bien qui sera commun a tous les fidelles. — Tous les d. habitans ainsi assemblés, après avoir mûrement examiné entre eux et penetré des sentiments de veritables crestiens, ayant esgard auxd.remontrances, sont tous unanimement d'avis et demeure d'accord d'avoir un vicaire perpetuel,pour l'entretien duquel ils ne trouvent de revenus plus sollide que de mettre des rente annuelle sur chaque banc quy sont dans leur ditte eglise et quy ne sont sujet à aulcune (1). C'est pourquoy ils ont consenty et consentent par ces presente qu'il soit imposé sur iceux une somme de deux cens saize livres, de laquelle il en sera dellivré aud. vicaire celle de cent livres aux festes de Noel et Saint Jean Baptiste, et les saize livres restante exedente employée à remplir les nonvalleurs sy aucunes il y en avoit ». Et, à cet effet, une taxe sur les bancs « jusqu'à concurance de lad. somme de 216 l. et non davantage », est établie avec un rôle spécial, « comme aussy un autre rolle sur lequel les marguilliers insererons tous les rantes revenus de lad. fabrique, comme questes, bienfaits, ouverture des fosses et du tronc et amandes, sur lequel rolle ils employeront aussy à chaque terme les autres revenus de la

(1) Les bancs étaient la propriété de ceux qui les avaient établis, lesquels, jusqu'alors, n'avaient eu à payer qu'un droit de fondation.

fabrique provenans du bail quy en sera faite en la forme cy après prescrite...(345) ».

On le voit — ces extraits en font foi — l'OEuvre était plutôt pauvre; même, un jour vint où ses maigres recettes manquèrent, par la négligence des paroissiens à s'acquitter de leurs obligations. Le 10 mai 1772, en assemblée générale, l'un des marguilliers déclare « que les revenus de cette fabrice ne consiste qu'en une somme de sept livres fixe et les taxe imposée sur les bans, et que la majeure partie de ceux qui jouisse des dits bans sont en demeure d'acquitter ses taxes depuis plusieurs années, ce qui fait que la ditte eglise souffre beaucoup dans son entretien, et qu'étant indispensable d'y pourvoir, il requiert que les dits habitans ayent à deliberer sur les moyens à prendre pour prévenir le desordre qui en pouroit resulté, en luy donnant les pouvoirs sufisans pour agir. — Sur quoy, les dits habitans ont unanimement deliberé qu'il est du bon ordre et de l'interest de cette paroisse de pourvoir à l'entretien et aux reparations urgente de cette eglise, que, pour cet efait, il est très important d'acceleré la rentrée de ce qu'il reste à payer des taxe faitte sur les dits bans et autres revenu attaché à cette ditte fabrice.. ; en consequence yceux habitans declarent l'hautoriser, comme de fait ils l'hautorisent par ces presentes, à contraindre, par toutes les voix de justice, tous ceux qui sont en demeure sur le payement des taxes imposée sur les bans et autres revenus attaché à icelle paroisse ».

Soit inefficacité de ces mesures, soit réelle insuffisance du fonds commun, les réparations que nécessitait la ruine imminente de l'édifice n'étaient pas encore effectuées en 1787. Le 25 février, le syndic convoqua une assemblée générale, sur ordonnance de l'intendant répondant à une requête du curé « expositive que l'église paroissiale a besoin de réparations urgentes, que les dégradations qui s'augmentent tous les jours, tant aux murs qu'aux piliers butaux, peuvent occasionner la chûte de la voûte..., que la dite église court risque d'être volée pour le mauvais état de la porte d'entrée, et enfin que l'office divin ne peut se faire par l'affaissement du pavé..., qu'en conséquence, il aurait demandé qu'il plût à sa Grandeur ordonner que devis estimatif serait fait, qu'ensuite il serait procédé au bail au rabais des dites reparations pour être, le prix dud. bail, reparti sur les *propriétaires des biens fonds de la paroisse..* » Or, « après avoir attendu jusqu'à trois heures sans qu'aucun desdits habitans ait comparu », force fut d'ajourner l'assemblée qui, reprise le 15 avril, réunit 24 notables «tous propriétaires de biens fonds », lesquels reconnurent « l'urgente nécessité de faire les dites réparations pour en éviter de plus grandes ».

Les habitants n'avaient pas à leur charge l'entretien du presbytère, la paroisse n'étant pas propriétaire de cet immeuble (1) qui faisait partie de la dotation de la cure et, à ce titre, devait au chapitre de la cathédrale de Poitiers une rente annuelle et perpétuelle de 40 livres,dont avait à s'acquitter personnellement le curé de La Mothe (2) lequel était

(1) C'est vers le milieu du XVIIe siècle que la maison curiale fut établie au lieu qu'occupe le presbytère récemment construit par l'édilité mothaise. Par contrat d'échange, en date du 19 déc. 1647, Pierre-François Houlier, curé de La Mothe, agissant « pour le bien de son église et de ses successeurs », acquit de ses deniers, pour s'y loger, « une maison à côté de l'église, appelée *la Cave*, avec granges, étables, cave en dessous, enclôture, etc..., et ce, par l'advis de M. le président au siège royal de Melle, pere du dit sieur prieur curé », — Pierre-Saturne Houlier, le fameux *juge aux bûchettes*.

(2) Par acte du 26 fév. 1785 (F. Pallardy, no^{re}), « Messire Pierre Fau-

à la nomination du dit chapitre (1). Par contre, le cimetière, héritage paroissial, émargeait, pour son entretien, au budget de la communauté.

II. — Les cimetières.

On sait l'usage ancien d'enterrer les morts aux abords de l'église, lorsque la fortune et le rang social du défunt n'autorisaient pas l'inhumation dans l'intérieur même de l'édifice.

Les sarcophages que l'on découvre encore aux alentours du *plan de la Vieille-Église* sont les témoins de l'antique nécropole des primitifs habitants de Saint-Héray. Lorsque l'église actuelle fut édifiée, les inhumations se firent dans les terrains adjacents, puis s'étendirent à la place du *Marché-aux-bœufs* qu'elles finirent par envahir « jusques et au devant le logis du Grand Signe (2), halle et parquet du dit lieu de la Mothe (3) » : le champ des morts et le champ de foire se trouvaient confondus. Force fut de créer un nouveau cimetière, lequel fut établi hors la ville, au lieu dit *Contré;* c'est notre *cimetière du nord.*

L'on y enterrait, indistinctement et côte à côte, papistes

chereau, curé de la Mothe, se reconnaît en cette qualité débiteur, en chaque fête de St-Luc, envers MM. les R. doyen, chanoines et chapitre de l'église St-Pierre-le-Grand de Poitiers, de la pension ou prestation annuelle et perpetuelle de 40 l. assignée sur et à cause de la maison presbytérale de ce lieu..., et generalement sur tous les revenus temporels de lad. cure. »

(1) Depuis 1648; de l'évêque de Poitiers avant cette époque.

(2) Hôtellerie qui a donné son nom à notre *rue du Cygne* et qu'a remplacée le *Bœuf couronné.*

(3) «... la plasse où souloyt y avoir cy devant ung cimetiere, au devant du logis du Grand Signe, halle et parquet du dit lieu ». (6 oct. 1616). — «... Le vieil simetiere de ce lieu où est le marché du gros betail en ce bourg de la Mothe » (8 avril 1653).

et huguenots, lorsqu'un arrêt des Grands jours de Poitiers (19 nov. 1634), ayant interdit aux protestants de Saint-Maixent, La Mothe-Saint-Héray et Mougon d'inhumer leurs morts dans les cimetières des catholiques (1), l'administration mothaise se mit en devoir de diviser le cimetière nouveau en deux parts, dont l'une, la plus rapprochée du bourg, fut affectée aux inhumations protestantes; sur l'autre, réservée aux catholiques, fut dressée une croix de pierre, encore debout, dont le socle porte ce chiffre, *1635*, date à laquelle furent délimitées, conformément à la décision des Grands jours, les sépultures de l'un et l'autre culte.

Lorsque, par arrêt de la cour royale de Saint-Maixent (26 juillet 1681), confirmé par arrêt définitif du Parlement de Paris (20 février 1682), l'exercice de la religion réformée fut interdit à La Mothe (2), la distinction entre les deux portions, catholique et protestante, n'eut plus sa raison d'être, et le cimetière en sa totalité fut affecté désormais aux inhumations catholiques (3): le 16 mai 1683, une cérémonie solennelle consacra ce nouvel ordre de choses, décrété par l'intendant de la province, M. de Lamoignon, « sur la re-

(1) V. en appendice au *Journal des Le Riche*, la « Liste des maires de la ville de Saint-Maixent avec l'indication des faits principaux... », p. 350.

(2) V. « Démolition du temple de la Mothe-St-Hérayе, 5 mai 1682 », dans les *Poésies de Jean Babu, curé de Soudan*, publiées par M. Alfred Richard.

(3) Les réformés prirent la coutume, encore usagée en nos campagnes, d'enterrer leurs morts dans l'enclos d'un jardin ou d'un champ. Lorsque, en 1816, il fut question, à La Mothe, d'établir un cimetière pour les protestants, l'administration fit choix, à *la Brumauderie*, d'un terrain « en quelque sorte consacré à cet usage, vu que, depuis longtemps, le propriétaire (François Amiot) permet d'y ensevelir les protestants qui ne possèdent aucun domaine et que lui-même et sa famille y ont leur sépulture ». (*Reg. des délibérations du conseil municipal de La Mothe*, vol. 1, p. 78.) Ce projet n'eut pas de suite : ce n'est qu'en 1821 que fut affecté aux inhumations protestantes le terrain, situé aux extrémités de *la Barrière*, désigné, de nos jours, sous le nom de *cimetière du sud*.

queste à luy présentée par les nouveaux catholiques de cette paroisse (1) ».

Tel qu'il était encore à la fin du XVIIe siècle, le cimetière manquait de clôture et, par suite, se trouvait exposé aux divagations des bêtes errantes. L'autorité diocésaine s'en émut et requit la communauté d'avoir à y remédier :

« Aujourd'huy dimanche deuxième de decembre mil sept centz trois, en l'assablée generalle des manans et habittans de la paroisse de Lamothe Saint Heraye, au son de la cloche à la maniere et heure accoutumée, tenue soubz les halles de ce lieu, convoquée à la requeste de Mre Charles François de Chasteauneuf de Rochebonne, comte de Lion, grand vicquaire general de monseigneur l'evesque de Poictiers, à laquelle ce seroit trouvé les habittans sy bas nommés faisant la plus seine et meilleure partye d'iceux. Ausquelz habittans assemblés mond. s^{r} comte de Rochebonne auroit representé que, du despuis qu'il est en ce lieu y fesant une mission, il auroit remarqué que les simettieres de ce lieu n'auroient point esté ranfermé de murailles ainsy

(1) « Cejourdhuy dimanche 16e may 1683, nous prestre vicaire de l'eglise paroissialle de St-Heraye du bourg de la Mothe, certiffions avoir cejourdhuy, en consequance de la commission à nous adressée par Mre Rabreuil, vicaire general du diocèse de Poitiers, pour l'absance de Monseig^{r} l'ilustre evesque de Poictiers, beni les partz du simettiere cy devant apartenant à ceux de la R. P. R. et adjugez par monsieur de Lamoignon, intendant de cette province, par ord^{ce} etant en bas de la requeste à luy presentée par les nouveaux catholiques de cette paroisse de Lamothe, tant à iceux comme y ayant lesd. part qu'aux anciens catholiques dud. lieu, et pour benir icelluy nous aurions observé les ceremonies ord^{res} du rituel de ce diocese suivant qu'il nous a été enjoint par lad. commission cy dessus, dattée du treiziesme du present mois et an,. ... ayant esté procedé à icelle benediction à l'issue de la grand messe paroissialle... et processionnellement avecq la croix et la banière en teste, et la majeure partye et principaux habittans de cette ditte par^{sse}, tant anciens que nouveaux catholiques, pour joindre leurs vœux à lad. benediction, de laquelle j'ai fait le present proces verbal... Fait aud. simettiere, en présence de... et de... », etc..., *sig.* : C. GUILLON (*Reg. paroissiaux. — Arch. municipales*).

qu'il avoit esté ordonné par le mandement de mond. seig^{r} l'evesque de Poitiers en datte du cinquiesme du mois d'aoust dernier,... par lequel il est enjoinct aux habittans de ce lieu de faire faire lad. closture dans six mois sous peine d'interdit. *Ipso facto* requerant que lesd. habitants ayent a executer led. mandement dans le temps y porté et sur les peines y contenues, et qu'ils ayent a delliberer et à chercher les moyens pour faire lesd. murailles.

« A quoy lesd. habittans assemblés, après avoir pris lecture et communication dud. mandement, ont unanimement desclaré qu'ils estoient hors d'estat d'executter à present et dans led. temps de six mois ce quy leur estoit prescript, attandu que la paroisse estoit pauvre, chargés de grosses tailles et plusieurs autres impositions qu'ils avoient beaucoup de peine à payer et qu'ils n'avoient aucuns fonds entre les mains et mesme que le fond de la fabrique de l'esglise ne vault pas cent sols de rante et que les murailles pour la closture des cimetieres coutteroient beaucoup par l'estandue desd. cimettieres, et qu'ils ne savoient de moyens ny de fond pour executter led. mandement que celluy de pouvoir rettirer les deniers quy auroient esté inposés sur lesd. habittans par les collecteurs des paroisses des années 1700, 1701 et 1702 pour l'entretien des m^{es} d'escolles de ce lieu (1), de la somme de cent quatre vingt une livres par chascung an, laquelle lesd. m^{es} d'escolles n'auroient point voullu recevoir et quy auroient resté entre les mains des receveurs des tailles de l'ellection de Nyort, desquelles sommes ils consantoient quy fussent rettirées des mains desd. receveurs et employés pour la confection desd. murailles (2) ».

(1) V. plus bas, *le Bien public : les Ecoles*.

(2) Publié par M. Charles Sauzé dans sa notice, *le Cimetière de La Mothe-Saint-Héray*.

Dix jours après, le 12, nouvelle assemblée où M. de Rochebonne, après avoir annoncé que l'intendant avait approuvé la délibération concluant à retirer « les deniers quy avoient resté entre les mains desd. recepveurs au moyen de ce que lesd. maîtres d'escolles s'estoient contentés de ce qu'ils peuvent recepvoir de leurs ecolliers », procéda « au bail au rabais pour la ditte besongne (1) ».

Sans doute, de nouvelles difficultés surgirent, car ces murailles n'étaient pas encore élevées à la fin de l'année 1736, époque où la fabrique assura leur construction par une des clauses formelles du bail qu'elle consentait, le 3 octobre, au fermier du cimetière (2).

III. — Chapelle Notre-Dame de Pitié.

Entre autres fondations pieuses dont était dotée la paroisse de La Mothe, figurait « la chappelle ou stipandye de Nostre Dame de Pityé, desservye à l'ostel où autrefoys fut apposée l'image de lad. Nostre Dame, à senestre du grand ostel, du costé de l'Evangile, en l'eglize de Mr de sainct Heraye de la Mothe (3) ».

Instituée par « feu messire Denis Thibaut, prêtre curé de cette paroisse, par son testament du quatre février mil quatre cent quatre vingt quinze (4) », le fondateur en « avoit donné la plaine collation aux procureurs fabriqueurs en exercice de cette ditte paroisse, pour la donner et conférer,

(1) Charles Sauzé, *ibid.*

(2) Bail à ferme à Jean Bourloton, boucher, « pour, par led. Bourloton, faire paistre ses moutons et ouailles dans icelui et non d'autres bestiaux..., lequel sera tenu faire faire les murs et un portail fermant à clef..., et, outre, sera tenu de faire planter 40 pieds de noyer aux endroits convenables ».

(3) Acte de prise de possession (17 mai 1628, R. Guillon nore).

(4) Reçu par Me Robert, nore à La Mothe.

à l'avenir, à un ecclésiastique de la famille des Mimault ou, à leur défaut, à un ecclésiastique natif de cette ditte paroisse de Saint Hérnye de la Mothe (1) ».

Soit inattention aux clauses formelles de la donation, soit main mise de l'autorité diocésaine, il fut un temps où ce bénéfice fut à la collation de l'évêque, la fabrique n'ayant plus que le droit de présenter son candidat (2).

Quoi qu'il en fût, lorsqu'il y avait lieu de nommer un titulaire à la chapellénie vacante, les habitants, convoqués à cet effet en assemblée générale, étaient appelés à en délibérer et à ratifier ou non le choix des marguilliers. Ainsi : En l'assemblée du 23 février 1687, « convocquée a la manyere acoustumée, au son de la cloche », les marguilliers, « ayant remontré que deffunct Me René Poictevin, vivant archiprestre de Melle (3), estoit pourveu de la chapelle de nostre dame de Pityé.... de laquelle il auroit esté pourveu par le sieur prieur curé de lad. églize et par les procureurs fabricqueurs et marguilliers de lad. paroisse ausquels lad. presentation apartient, tant led. s[r] curé que les dict [marguilliers] auroient, dès l'évenement de la mort dud. feu René Poictevin, nommé et presanté à lad. chapelle Jacques Chabosseau, clercq tonsuré du dioceze de Poic-

(1) Nomination à la chapelle N. D. de Pitié (4 nov. 1785, F. Pallardy, nore).

(2) Et ce fut l'objet d'une « contestation actuellement pendante (4 nov. 1785) en la grand chambre du Parlement de Paris sur la qualité de cette chapelle, entre Mre Guillemot, chanoine de l'église de Poitiers, et le sieur des Couteaux, prêtre; que le s[r] Guillemot prétend que cette chapelle est de fondation laïque, conformement à l'acte de fondation du 4 février 1495 et aux actes de collation donnés par la suite par les fabriqueurs lors en exercice, le sieur Descouteaux prétendant, au contraire, que cette chapelle est un bénéfice ecclésiastique à la collation du seigneur évêque, pour en avoir donné quelques provisions, soit par dévolution, soit sur des présentations des fabriqueurs précédents » (F. Pallardy, nore).

(3) Curé de Ste-Radegonde de Poitiers (1672), archiprêtre de Mazières (1679).

tiers, à fin par luy d'obtenir de monseigneur l'ilustrissime et reverendissime esveque de Poictiers les provisions à ce necessaires ; et comme il leur a samblé bon d'avertir le general des abitans de lad. paroisse de lad. nomination, pour le consentir et y donner leur aprobation, la chose mise en deliberation et à la pluralité des voies coligées par led. s[r] prieur, tous lesd. abitans ont unanimement consanty et aprouvé lad. nomination... (1) »

IV. — Couvent des Bénédictines.

Par acte passé, le 30 octobre 1646, devant Guillon et Groisson, notaires royaux à La Mothe, Henri de Baudéan, comte de Parabère, marquis de La Mothe-Saint-Héray, etc., et sa femme, Catherine de Pardaillan, avaient fondé en la paroisse, sous le vocable de *Notre-Dame de l'Incarnation*, un monastère de religieuses bénédictines, « à la charge qu'eux seront et demeureront les vrais fondateurs du dit monastère, et, après les dits sieurs et dame de Parabère, demeurera le droit de fondation à leur fils aîné et à leur famille ou chef de leur famille et ainsi successeurs à perpétuité, d'aîné à aîné et à leurs enfants (2) ». Les bâtiments

(1) Le fonds de la chapelle N.-D. de Pitié consistait en « une petite borderie, sise en la Barrière de la Mothe, rue Tapecul, ... une pièce de vigne à Chambardelle appelée *le Portal*, ... une pièce de pré sise en Vezignault », — le tout affermé 67 l. au cours des années 1750-1785.

(2) Charles Sauzé, *le Couvent des Bénédictines de La Mothe-Saint-Héray*, p. 8. — C'est en vertu de cette clause qu'en l'année 1719 le droit de nommer à la supériorité du couvent fut exercé par la trop célèbre marquise de Parabère, « haute et puissante dame Marie-Madeleine de la Vieuville, veuve de haut et puissant sg[r] Mre César de Baudéan, chev., sg[r] comte de Parabère de Pardeillan, mère tutrice de ses enfans et dud. feu, et, en cette qualité, patronne et collatrice dud. monastère de N. D. de l'Incarnation de ce lieu de la Mothe qui a été fondé par les auteurs de ses d. enfans mineurs ». (Acte de prise de possession de la supériorité par « illustre et excellente dame sœur Antoinette Renée d'Aydie de Riberac », 8 août 1719, J.-B. Palate, no[re].)

claustraux attenaient à l'église, et l'on désigne encore sous le nom de *Couvent* cet ancien quartier du bourg de La Mothe.

Au mois de décembre 1663, les dames bénédictines, ayant sollicité et obtenu de Sa Majesté des lettres patentes « portant approbation de leur établissement », en demandèrent l'enregistrement au Parlement qui, par arrêt du 4 septembre 1666, ordonna, « avant faire droit..., qu'elles seraient communiquées au S. évèque de Poitiers, au seigneur et aux habitants du dit lieu de La Mothe Saint Hérav pour y donner leur consentement ou autrement dire ce que bon leur semblerait (1) ». Réunis à cette fin le 17 avril 1667, « tous les habitans assemblez ont unanimement consanty et consentent l'enterinement desd. lettres de ratification de la fondation dud. couvant de Nostre Dame de l'Incarnation de ce lieu, pour n'estre led. couvant en aulcune manyère dhommajable ny prejudiciable à ced. bourg et paroisse de la Mothe, au contraire y estre très utille et nécessaire pour plusieurs raisons... ».

Ces dames, en effet, entre autres bonnes œuvres dont leur charité était coutumière, avaient ouvert un pensionnat où elles recevaient, « même gratis lorsque les parents sont pauvres, » les jeunes filles du pays, « qu'elles instruisent et confirment dans la véritable religion ». Aussi, lorsque — ayant perdu leurs titres, disparus sans doute dans l'incendie qui, en 1692, détruisit les primitifs bâtiments claustraux — les religieuses sollicitèrent à nouveau l'approbation royale, leur supplique fut-elle apostillée par les Mothais qui signèrent ce placet, adressé au Parlement en mars 1768 :

(1) Charles Sauzé, *ibid.*, pp. 9-10.

« Nous, habitans de La Mothe Saint Heray, certifions que la communauté des dames religieuses Bénédictines du dit lieu.... a toujours été et est toujours composée de dames respectables, qu'elles ont toujours eu à leur tête des filles de la première condition et d'un mérite distingué, ont encore aujourd'hui pour abbesse (1) madame Descars (2) qui a succédé à mesdames de Parabère (3) et Daidy de Ribérac (4), que par leur conduite et leur piété elles ont toujours édifié le canton, qu'elles ont toujours été regardées comme une communauté très utile pour l'éducation qu'elles ont donnée et qu'elles donnent aux jeunes personnes confiées à leurs soins, en foy de quoi nous supplions la cour de nous conserver cette communauté qui serait une perte des plus grandes pour les pauvres misérables qu'elles soulagent journellement et ne vivent que de leurs charités ; nos ancêtres, animés du bien public et de l'éducation de leurs enfants, ont désiré avec ardeur cet établissement, nous en ressentions les bons effets et les ressentons encore journellement. A La Mothe Saint Héray, le huit février mil sept cent soixante-huit (5). »

Le vœu de nos compatriotes fut exaucé ; et le roi, heureux d'assurer à la communauté, maigrement dotée d'ail-

(1) A La Mothe, « il y a un couvent de filles de l'ordre de Saint-Benoist, dont la prieure *s'orne* du nom d'abbesse » — écrivait, en 1744, l'auteur de l'*Etat sur l'élection de Niort* (*l'Election de Niort au XVIII*e *siècle*, p. 304).

(2) Madeleine-Geneviève des Cars, fille de Louis, éc., s[r] de la Pleigne, et de Anne de Sauzay.

(3) Esclarmonde-Henriette de Baudéan, fille de Alexandre, comte de Pardaillan et de Parabère, et de Jeanne-Thérèse Mayaud.

(4) Antoinette-Renée-Charlotte-Diane-Armande, fille de Aimé-Blaise d'Aydie, comte de Benauges, baron de Rions, etc., et de Thérèse-Diane de Bautru.

(5) Charles Sauzé, *ibid.*, p. 11.

leurs (1), les moyens de poursuivre ses œuvres charitables, gratifia les Bénédictines de La Mothe, par lettres patentes de février 1786 (2), des biens, droits et revenus du prieuré de Saint-Paul-sous-Parthenay, dont un brevet récent venait de supprimer le titre.

Le souffle révolutionnaire dispersa les hôtes paisibles du Couvent, dont l'une des dépendances servit de local au *club* (3) où se réunirent, pendant la tourmente, les membres de la *Société des amis de la Constitution de La Mothe-sur-Sèvre*.

V. — R. P. R.

J'ai signalé la part faite aux réformés dans l'administration de la paroisse, dont, pendant près d'un siècle, les deux procureurs furent choisis parmi les habitants de « l'une et l'aultre religion ». A cette égale distribution des charges syndicales se bornèrent, avec l'usage en commun de la cloche et du cimetière, les rapports qui, sous le régime de l'édit de Nantes, s'établirent entre la communauté mothaise et l'élément protestant de sa population. Il est vrai que, de même que les intérêts temporels du culte catholique étaient gérés par des marguilliers, l'église réformée avait des *procureurs-syndics* préposés aux besoins matériels de la R. P. R. à La Mothe (4). Mais le choix et la gestion des

(1) « Elle est d'un revenu très médiocre pour ne pas dire pauvre », constate le rédacteur de l'*Etat de l'eslection de Nyort en 1716* (*l'Election de Niort au XVIII*e *siècle*, p. 39).

(2) Publiées par M. Alfred Richard (*le Mellois*, 10 juin 1866).

(3) Bail par adjudication (25 pluviôse an VIII) « du petit parloir et le grenier sur le *club*, dépendant de la ci-devant communauté de La Mothe ». — Adjudication par devant les administrateurs municipaux du canton de La Mothe-sur-Sèvre (5 floréal an VIII), d'un « petit jardin dependant de la ci-devant communauté, ayant servi de passage à l'ancien *club* ».

(4) Par acte du 27 août 1632 (J. Gastineau, nore), « Me Pierre Mousset,

fabriciens protestants échappaient au contrôle de la communauté, dont les assemblées n'étaient pas appelées à en connaître.

Après la Révocation, morts à la vie publique, c'est en rebelles, et non en sujets, que l'administration traita les

s[r] de Tremont, et Barthélemy Bouyneau, m[e] chirurgien, procureurs sindicqs de l'église pretendue reformée de La Mothe Saint Heraye... et ayant charge de lad. église », reconnaissent avoir reçu de Louise Clouzeau, m[de] à La Mothe, à titre de « donation à lad. eglise pretendue reformée », un verger, sis rue du Puygarreau, « pour en disposer,par lad. eglise, comme bon luy semblera, soyt pour le bastiment d'un temple, soyt pour faire les cours, entrée et issue dud. temple... Et, ce faisant, lesd. Mousset et Bouyneau deschargent lad. Clouzeau de la contribution qu'elle eut dû faire pour la construction dud. temple,que lad. eglise entend faire bastir et construire en lad. plasse ou jouxte et proche d'icelle. »

Le temple primitif, que cette construction nouvelle était appelée à remplacer, était situé près de l'enclôture du château, « entre la garenne de ce lieu (le *Parc* actuel) et la rue tendant de ce lieu à Exoudun à main senestre » (acte J. Gastineau, 16 nov. 1616). Pour des motifs que j'ignore, les protestants durent, en 1632, se préoccuper d'en bâtir un autre. S'étant cotisés à cet effet, ils choisirent, en un point plus central, un terrain, rue du Puygarreau, entre le Champ-de-foire et les Grands-fours banaux. Sans doute cet emplacement fut jugé trop proche de l'église, et — pour ne pas exposer le nouvel édifice au sort qui, deux ans après, frappait le temple d'Exoudun, condamné à être démoli « parce qu'on le trouvait trop près de l'église » (A. Lièvre, *Hist. des Prot. du Poitou*, t. II, p. 13) », — le plan primitif fut abandonné, et le temple nouveau éleva sa façade dans la Grand'rue, à droite en allant au château ; ses dépendances s'étendaient par derrière jusqu'à la rue de l'Ouche, au point où elle rejoint la Gourdonnière, au lieu dit *l'Etang*. Démoli le 5 mai 1682, en vertu du même arrêt qui interdisait l'exercice du culte protestant à La Mothe, le terrain qu'il occupait devint, en 1684, la propriété de l'Hôpital Général de Niort, conformément à la déclaration royale du 21 août même année, qui donnait à cet établissement les biens des consistoires supprimés. Par la suite, l'administration hospitalière céda à divers particuliers l'emplacement du temple (1) qui, morcelé en jardin, est représenté de nos jours par les terrains qui s'étendent entre la Grand'rue et la Gourdonnière.

(1) Pierre Morisson arrente (28 mai 1688) à Jean Chameau et lui transporte à perpétuité, « de pareil gariment qui lui sera fait et porté par les administrateurs de l'hôpital général de la ville de Niort,... un jardin situé au lieu où estoit le temple de ceulx de la R. P. R..., touchant d'un bout à la rue de l'Ouche, tendant au pont du Creux (la Gourdonnière) à senextre ». — En l'année 1772, Ch. Bellin cédait une maison, Grand rue, à droite en allant au château, « ensemble le petit jardin, ou du *Temple*, tenant d'un côté au jardin de l'Etang, par derrière à la rue de Louche ».

huguenots mothais, c'est en ville conquise qu'elle livra la bourgade au banditisme des dragonnades, au coûteux entretien des garnisons. Ce qu'eut d'odieux cet état de siège permanent, ce que furent préjudiciables aux intérêts de la paroisse les mesures édictées par le pouvoir, nous en relèverons les traces et les témoignages au cours des chapitres suivants (1).

(1) V. plus bas, *les Charges militaires. — Garnisons. — Dragons.*

B. — RAPPORTS AVEC LE SEIGNEUR

Droits féodaux. — Rachat du *guet et garde*. — Déplacement de la Halle. — Contribution aux charges de la communauté, au bien de la paroisse.

Une fois la paroisse entrée dans la seigneurie, une fois son territoire devenu la propriété d'un grand, les habitants, engagés dans les liens de la féodalité, furent tenus, vis-à-vis de leur châtelain, à certaines obligations dont l'origine remonte à l'établissement de ce régime, d'où sortirent, transformés, le mode de possession des terres et la condition sociale des personnes au moyen âge.

Ce qui caractérise la société rurale d'alors, c'est la dépendance du vilain envers le propriétaire du domaine, qui, en échange de la terre qu'il leur délaisse, de sa protection qui leur est acquise, a le droit de tirer des habitants un revenu et des services.

Cens et rentes, guet et garde, banalités, pour ne citer que les plus communs, tels étaient ces fameux *droits féodaux* — comme on les appela plus tard, improprement, d'ailleurs, car ils n'ont rien de commun avec le fief — qui, de nos jours encore, sont un thème intarissable aux récriminations, singulièrement documentées, de nos tribuns politiques.

Que représentaient, en effet, sous leur multiple forme,

ces rentes, ces devoirs, ces obligations, sinon la juste rémunération des services rendus, à l'origine, par le seigneur de la paroisse, la reconnaissance implicite de ses droits de propriétaire? — Qu'il l'ait acquis, qu'il l'ait usurpé, le domaine est son bien. En laissant les générations de colons se succéder sur ce sol que leurs pères ont cultivé, s'il a, par une sorte de prescription, perdu tout pouvoir d'en disposer, n'est-il pas équitable qu'en compensation de cet abandon il ait droit à des redevances, prix de ferme perpétuel, mais invariable dans son assiette, de la jouissance héréditaire, immobilisée, qu'il garantit aux exploiteurs? De nos jours, les fermiers ne sont-ils pas tenus de payer au propriétaire le loyer de sa terre? — La comparaison s'arrête en ce point, tout à l'avantage des anciens colons, que nos fermiers n'ont qu'une jouissance précaire dont les charges peuvent être accrues au renouvellemeut du bail, tandis que le tenancier du moyen âge bénéficiait d'une possession consolidée, grevée d'obligations fixes, immuables.

Chef de la défense publique, le châtelain, à la tête de ses hommes d'armes, fait la police des champs, assure la sécurité de la bourgade; à l'heure du danger, tandis qu'il présente sa poitrine aux coups de l'ennemi, les habitants trouveront asile dans l'enceinte de la forteresse — « *castrum qui vocatur Mota* » — qui défend l'entrée de la vallée contre les entreprises du dehors : est-ce trop leur demander d'en garder les issues, de signaler du haut des tours l'approche du pirate normand, de l'anglais maraudeur, du malandrin breton, gallois, des bandits de tous les temps et de tous les pays, qui en veulent à leur famille, à leurs biens?

Le four que le seigneur a fait construire de ses deniers

pour les besoins communs des manants, le marché qu'il a établi à ses frais pour créer en la ville un centre d'échange, élément de prospérité pour le commerce local, il en tire un revenu : est-ce droit abusif!...

Et nos pères étaient à ce point pénétrés de l'équité de ces revendications que, lorsqu'ils rédigèrent leur cahier de doléances, ils se refusèrent à exiger l'abolition des droits féodaux, préoccupés uniquement de *racheter* leurs devoirs, envers le seigneur, par une indemnité pécuniaire dont le caractère compensateur fut hautement reconnu et affirmé. Que déclarait, en effet, le tiers-état du Poitou dans son cahier de 1789? — « Quelle que soit l'origine de ces droits féodaux, ils existent, les coutumes les ont consacrés, et à ce titre on doit les regarder comme une *propriété*. Si on prive les seigneurs, ce ne doit être qu'à la charge d'un rachat qui les *indemnise*. Le rachat n'est pas une chose injuste (1). »

Au reste, ce n'était pas nouveauté, dans la pratique du régime féodal, cette libération, à prix d'argent, de certains devoirs roturiers. Dès bel âge, les libertés de nos campagnes s'étaient préparées par des transactions passées entre le seigneur et les habitants, soucieux de s'exonérer, dût-il leur en coûter, de services vexatoires, d'obligations importunes : — accords où chacune des parties contractantes trouvait son compte, car, il faut bien le reconnaître, si les droits féodaux étaient oppressifs pour les ruraux, ils n'étaient guère profitables au châtelain (2).

(1) H. et P. Beauchet-Filleau, *Tiers-Etat du Poitou en 1789*, p. 117.

(2) Seuls, les cens et rentes avaient quelque valeur. Dans l'assemblée du 21 sept. 1710, convoquée, sur l'ordre de l'intendant de la province, « pour savoir desd. habittans le nom du seigneur de ce lieu, sy la terre est en haulte, moyenne et basse justice, et s'il y a justice contentieuse et sy elle

Au lendemain des misères de la guerre de Cent ans, lorsqu'une tranquillité relative fut rendue au pays, quand, dans un mandement donné à Poitiers le 1er juillet 1451, Charles VII eut déclaré « que de présent, moyennant la divine Providence, n'est besoin de faire si grands guet et garde comme accoutumé a été le temps passé (1) », les Mothais, impatients de s'affranchir à jamais de cette assujettissante corvée, s'en rachetèrent par « un acte du dix sept de may mil quatre cent soixante six passé entre Jacques de Baumont (2), lors seigneur de ce lieu, et le général des susd. habitans, par lequel il est expressément porté qu'au lieu de quatre garde portes que devoient mettre lesd. habitans au château de ce lieu par chacun jour de l'an, ils payeraient pour eux et leurs successeurs annuellement, par chacun an, jour et feste de Nostre Dame de mars, quinze deniers par feu aud. château de la Mothe (3) ».

Quelques dix ans avant, c'est de faciliter la vente et l'é-

est exercée, le nombre des fiefs de lad. paroisse et les revenus d'iceux,... lesquelz habittans ont déclarés... que la terre et seigneurye de ce lieu est composée d'un marquizat... ayant haulte, moyenne et basse justice, la justice ordinaire et contantieuse de huittaine en huitaine sur tous les habittans de ce bourg et de ceux de la moityé du bourg d'Exoudun, et les cens et rantes en despandant peuvent valloir la somme de quatre centz livres par année ; et qu'il y a dans lad. paroisse deux fiefs, l'un appelé la Chapronière où il y a quatre livres par an de cens et ranthes dans lad. paroisse, et l'autre, appelé le Pin, quy peut valloir vingt solz par année, aussy de cens et rantes. »

(1) Thibeaudeau, *Abrégé de l'histoire du Poitou*, t. IV (pièces justificatives, n° XIV).

(2) Fils de André de Beaumont, seigneur de Lezay et de La Mothe-Saint-Héray, et de Jeanne de Torsay.

(3) 330. — Ce même acte constate qu'à la date du 16 novembre 1586 les habitants, réunis à l'effet de délibérer « sur certains differens meus entre le seigr de ce lieu et les curé, fabriqueurs et habitans, pour le payemen des d. deniers,... consentent que le contract dud. jour, 17e may 1466, soit executé, entretenu pour eux, leurs successeurs habitans, à la charge que, au temps de guerre, eux et leurs familles se pouroient retirer dans le château sans payer pour ce aucun autre devoir au seigneur ».

change de leurs denrées et de leurs produits industriels que s'étaient inquiétés nos anciens lorsqu'à la date « du dernier jour du moys de janvier l'an mil quatre cens cinquante six », un accord fut conclu « entre messire Philippe de Mellun (1), chevalier, seigneur de la Borde, de Lezay et de la Mothe Sainct Héraye » et les habitants, « pour raison du rapport et remument de la halle », qui s'élevait alors en la Ville-Neuve, sur le terrain dit, de nos jours, *place de la Robinière*. Trop exigu pour recevoir les marchands qui, en ce temps-là — *quantum mutatus...!* — affluaient à nos marchés, devenu excentrique au noyau d'activité qui, suivant le mouvement d'expansion de la bourgade en aval de la Sèvre, gravitait autour de l'ancienne église de Saint-Héray, l'établissement fut déplacé et transporté au lieu qu'occupe encore notre nouvelle halle ; — le tout « aux despens des dits habitans (2) », dont cette mesure favorisait les intérêts commerciaux, en même temps qu'elle consommait l'union définitive de ces primitives bourgades, La Mothe et Saint-Héray.

Au cours des siècles qui s'écoulent entre la fin du moyen âge et la chute de l'ancien régime, les seigneurs n'interviennent dans les affaires de la paroisse que pour prendre en main ses intérêts menacés, que pour venir en aide, par quelques libéralités dont profitait la communauté, à la détresse des revenus paroissiaux.

(1) 4e époux de Jeanne de Torsay, dame de La Mothe, successivement veuve de Jacques de Ventadour, de André de Beaumont, de René de Rochechouart.

(2) Assignation donnée, le 2 nov. 1578, par le ministère de J. Normand, sergent de la baronnie, aux habitants de La Mothe — dont 293 chefs de famille sont dénommés dans l'acte — d'avoir à comparaître par devant le juge sénéchal, pour prendre connaissance du contrat intervenu, le 31 janvier 1456, entre le seigneur et les habitants. (*Orig., Cab. du Dr Sauzé*).

C'est le vieux Jacques de Beaumont, qui, avant de rendre sa vilaine âme à Dieu, ordonne qu'il sera alloué « trois cents livres pour les réparations de l'église de La Mothe-Saint-Héray » (1492) (1). C'est cette « dame de La Mothe », Gabrielle de Rochechouart (2), qui, par son testament en date du 27 juin 1594 (3), lègue une somme de 40 écus à répartir entre « plusieurs pauvres filles à marier de la paroisse », — timide ébauche de notre moderne institution des *Rosières*.

Au siècle suivant, ce sont les Parabère, qui, en maintes occasions, s'emploient à détourner de la bourgade le flot calamiteux des troupes de passage (22,74), et sollicitent de l'administration un mode d'assiette de l'impôt plus profitable aux intérêts de la paroisse (59) ; l'un d'eux, Jean II de Baudéan (4), déléguant à sa femme le soin pieux de secourir les infortunes locales (5), obtient des pouvoirs publics une ordonnance (26 mars 1658), « portant transferrement de la poste, de Soudan à La Mothe (6) », ce qui

(1) B. Ledain, *Histoire de Bressuire*, Mém. de la Soc. des Antiq. de l'Ouest, 1er s., t. XXX, p. 337.

(2) Fille de François de Rochechouart, baron de Mortemart, et de Renée Taveau, et veuve de Louis de Saint-Gelais, seigneur de Lansac, baron de La Mothe-Saint-Héray.

(3) Reçu par P. Groisson, nre à La Mothe.

(4) Fils aîné de Henri de Baudéan, comte de Parabère, marquis de La Mothe-Saint-Héray, et de Catherine de Pardaillan, époux de Henriette de Voisin de Montault.

(5) D'un compte rendu, le 16 nov. 1669 (Tastereau et Pallardy nores), par les fermiers généraux de la terre de La Mothe, au « Chapitre des payements faits tant sur le terme de N.-D. de mars que sur celui de la Saint-Michel 1669 :... Plus, la somme de 58 l. payée pour la norriture de Françoyse Allinet, pauvre fille, par ordre de madame,... plus, donné à la femme Cassandre 50 livres de pain blanc à un sol la livre,... plus, donné un cent de fagots à Yzabeau, fe de Jean de Lusignan,... plus, payé à Jean de Lusignan pour la norriture de sa petite fille, 26 l... »

(6) « Inventaire des papiers de feue madame de Parabère trouvés chez madame Forin » (8 oct. 1685, J. Tastereau, nore). — Jusqu'à cette date, notre

vaut à notre bourg la création d'une charge de « maître de la dite poste qui va du dit lieu de La Mothe à Saint Maixent et dudit lieu de La Mothe à la Villedieu du Perron ».

Et c'est de la prospérité du commerce mothais, c'est du bon renom de ses foires que s'inquiètent encore les châtelains lorsque le comte de Carvoisin (1) et son beau-frère, le marquis de Pérusse (2), seigneurs par indivis de la terre de La Mothe, arrachent à Sa Majesté, en dépit des prétentions contraires de Saint-Maixent, l'arrêt du 2 avril 1753 maintenant à notre profit ce fameux *marché d'après la mi-carême,* « si considérable par le nombre des mules, des bœufs et des moutons qu'on y amène de tous côtés, que la plus belle foire de Poissy peut seulement lui être comparée (3) ».

Enfin, lorsqu'aura croulé le vieil édifice féodal, quand, ayant répudié ces droits exceptionnels qui n'ont plus leur raison d'être, le châtelain, rentrant dans le droit commun, n'aura en la paroisse d'autre qualité que celle de principal propriétaire foncier, nous verrons encore le ci-devant marquis de La Mothe (4) poursuivre, bien au-delà la nuit du

bourg, placé à l'écart de la grande route royale que suivaient les courriers de S. M., recevait ses dépêches par Saint-Maixent à l'aide d'un service de messagers fonctionnant entre les deux localités.

(1) Charles-Louis, comte de Carvoisin, fils de Charles, seigneur d'Acy, et de Jeanne de Cacheleu, époux de Renée-Jeanne-Charlotte, fille de Jean-Baptiste-Martin d'Artaguette, marquis de La Mothe-Saint-Héray, et de Marie-Victorine Guillard.

(2) Louis-Nicolas des Cars, marquis de Pérusse, fils de Louis-François et de Marie-Françoise-Victoire de Verthamont, épousa la fille cadette du marquis de La Mothe, Marie-Jeanne-Victoire d'Artaguette.

(3) V. plus bas, *le Bien public : Foires et marchés.*

(4) Antoine-Charles-Vincent, fils de Charles-Louis, comte de Carvoisin, et de Renée Jeanne-Charlotte d'Artaguette : son frère aîné, Amédée-Charles-Victor, vicomte de Carvoisin, légua, à sa mort (23 juin 1783), une somme de 1200 l. « pour les pauvres des terres qui lui appartiennent dans la paroisse de La Mothe » (Acte F. Pallardy, n^re, 10 juillet 1785).

4 août, les effets d'une sollicitude attentive et éclairée envers les intérêts de sa ci-devant seigneurie (1).

En somme, de cette enquête à travers les rapports qui, par la pratique de droits et de devoirs réciproques, s'étaient établis entre le château et la bourgade, il ressort en fait que, loin d'avoir été abusivement oppressifs ou simplement indifférents, les seigneurs de La Mothe surent, dans tous les temps, ouvrir leur bourse, employer leur influence, rendre des services dont profitaient le bien-être des habitants, le développement économique de la paroisse. — Sont ce là les tyrans ruraux que dépeignent — généralisant de fâcheuses et condamnables exceptions — les déclamateurs de la Révolution ?...

(1) De lettres échangées, en l'année 1792, entre M. de Carvoisin et son régisseur à La Mothe, il apparaît que le marquis eut l'intention d'établir, dans les dépendances du château, une manufacture où s'industrialiseraient les laines du pays : « Le citoyen Dupont, négociant à Poitiers, à qui, il y a trois ans, je confiai mes projets, me montra une pièce de drap fabriquée avec nos *seules* laines, et cela valait mieux que ce qui se fait à Châteauroux : c'est un échantillon de ce que nous pourrions faire... Si nous parvenions à l'établissement d'une manufacture, je pourrais alors la faire valoir par moi-même et je donnerais alors à bail la tenue du dehors. Avons-nous les fonds nécessaires ?... » (*Pap. Jules Richard*).

C. — RAPPORTS AVEC L'ETAT

I. L'impôt royal. — II. Les charges militaires. — III. La corvée des chemins.

De l'argent pour le Trésor, des réquisitions pour l'armée, des hommes pour en combler les vides, la subsistance et des locaux pour les troupes de passage, des casernes pour les garnisons sédentaires, des corvées pour les chemins publics, tels étaient, envers l'État, les services auxquels était tenue la communauté et dont, pour en acquitter les charges, avait à connaître et à délibérer l'assemblée générale des habitants : j'en développerai la matière sous ces rubriques : l'*impôt royal*, *les charges militaires*, *la corvée des chemins*.

I. — L'impôt royal.

Il ne saurait entrer dans le plan de ce travail de décrire le mécanisme de l'impôt sous l'ancien régime, pas plus que d'en énumérer les multiples formes dont, d'ailleurs, le tableau, ci-annexé, de la taille à La Mothe entre les années 1555 et 1786 reflète l'étonnante variété. C'est uniquement au point de vue de la part qu'y prenaient les assemblées de la communauté qu'il nous faut en connaître (1).

(1) Rappelons, toutefois, que la taille, personnelle en ce pays, s'efforçait d'atteindre l'ensemble des revenus produits par la propriété, le travail et

Reportez-vous à ces pages où, prenant entre autres exercices l'année 1625, j'exposai l'activité coutumière de la vie publique à La Mothe, je développai l'enchaînement régulier et périodique de ses manifestations traditionnelles. De ces dix assemblées, sept ont trait à la taille, à son assiette, à sa collecte; et cette proportion, que nous retrouvons égale pour l'ensemble de nos procès-verbaux (1), témoigne de la part prépondérante détenue, dans les délibérations de la communauté, par la pratique du régime fiscal d'alors.

Dresser, pour l'exercice qui se prépare, le tableau — poussé au noir, dans l'espoir, trop de fois déçu, d'obtenir soulagement — des « pertes et déchets » de la paroisse ; après avoir reçu la commission de la taille départie sur la communauté, en nommer les asséeurs et les collecteurs ; rechercher « les taux perdus et nouvelliers »; opiner sur les demandes en décharge ou en exemption, sur les réclamations en surtaux, sur la poursuite des procès qui en découlaient : — telles sont les opérations successives de l'année fiscale, ordre chronologique qui me guidera dans l'exposé des rapports de la communauté mothaise avec l'administration financière de l'ancien régime.

l'industrie. La recherche des facultés individuelles des contribuables nécessitait une inquisition fiscale dont je relève la trace dans l'assemblée du 3 sept. 1624, à laquelle il fut donné lecture d'une ordonnance du *commissaire des tailles* en chevauchée à La Mothe, enjoignant « aux procureurs fabriqueurs de faire scavoir à tous les officiers, marchandz, laboureurs, vignerons, hosteliers, cabarettiers, mousniers de lad. paroisse, qu'ilz ayent à nous representer les baux des fermes des metairies qu'ilz tiennent, de faire declaration des biens qu'ilz pocedent et de la valleur d'iceulx, à penne de trois centz livres d'amande aux defaillans ».

(1) Sur le total de 484 actes d'assemblées, je n'ai relevé que ce nombre, 122, où il ne fût pas question de la taille et de son recouvrement.

PERTES ET DÉCHETS

Généralement fin décembre, parfois dans les premiers jours de janvier, l'assemblée était convoquée à la diligence des procureurs qui déclaraient « que, suyvant le mandement à euls fait, de la part de l'ung des conseillers et eslheuz de la ville de Nyort ayant la charge de la recherche des deschetz de cette d. paroisse (1), ilz ont fait toutte dilligence à ce requise pour faire et fournir des pertes et dechetz faitz par lad. parr. la pres. année, affin d'en fournir ausditz s[rs] eslheuz pour y avoir esgard au departement des thailles qu'ilz feront sur les parr. de leur eslection, et avoir, par les ditz proc. fabricq., à cette fin faict cryer et proclamer et enjoindre à tous les ditz habittans de fournir ausditz proc. des ditz deschetz et pertes telz qu'ilz sauront, et, partant, ont sommé tous les ditz assemblez de leur desclarer ce qu'ilz sauront des ditz deschetz et pertes et leur donner advis s'ilz n'entendent pas que les ditz proc. fournissent de ce qu'ilz en auront recueillis et apprins, et ce qu'ilz

(1) « De Par le Roy

« Philippe Chargé, Escuyer, Sieur de Pouzou, Conseiller du Roy, Esleu controolleur en l'Élection de Nyort : Aux Procureurs Fabriqueurs Manans et Habitans de la Paroisse de La Mothe, Salut :

« Les Ordonnances Royaux et Reglemens nous obligeans à faire par chacun an nos Visites et Chevauchées par les Paroisses de cette Election pour nous informer exactement d'icelles, afin qu'en procedant au Departement des tailles, l'égalité et proportion y soient mieux gardées, et ses Sujets et les Pauvres soulagez; A cette fin vous mandons et enjoignons qu'incontinant ces presentes receues, vous ayez à les faire proclamer aux jours-lieux et heures à faire Proclamations, et ce fait, dresser et rédiger par écrit les plaintes, foules et oppressions âvenües en l'année présente en votre dite Paroisse, soit par Gresle, Batresse, Danger et Logemens de Gens de Guerre, en cotant le temps d'iceux, ou autrement en quelque sorte et manière que ce soit, afin de vous rendre tout le soulagement qu'il nous sera possible, au Departement des Deniers des Tailles que Sa Majesté entend faire lever sur vous l'année prochaine... » (Placard daté du 29 août 1675. *Cab. du Dr Sauzé*).

debvront faire pour ce cas. — Tous lesquelz habittans assemblez ont approuvé les dilligences faittes par les ditz proc. fabricq., deliberé et donné advis et charge à iceuls de fournir des dittes deschetz et pertes le plus promptement que faire ce pourra, et, en les présentant et dellivrant ausditz s[rs], les supplyer d'y avoir esgard et *les voir particullierement avecq quelques honnestetez* (1), sellon l'advis et jugement des ditz proc. fabricq. auxquelz ils s'en rapportent, et d'en faire les fraiz convenablement, ayant promis leur allouher, a leur compte qu'ilz rendront a lad. parr., tous les fraiz qu'ilz auront fait raisonnablement (83). » — C'était, en effet, l'usage — comment dirai-je? — de graisser ainsi la patte à ceux de qui dépendaient toutes grâces et toutes faveurs (2). C'est l'époque des *épices*, comme, en des temps plus proches, celle des pots-de-vin ; mais ces « honnestetez » ne coûtaient guère et, de plus, on les inscrivait loyalement au budget.

En outre du cahier des pertes et déchets, « soit par stérilité de fruits que tout autrement », dressé régulièrement comme base préliminaire du département de la taille, les habitants n'avaient garde de dépêcher leurs doléances à l'élection lorsque, par cas fortuit, un événement malheureux frappait la paroisse. Assemblés le 18 juillet 1728, ils déclament « les accidants qui leurs estoient arivés, l'année dernière, par la grelle dont leurs dhommenes furent presque tous

(1) *Var.* : « ... leur faire des presens, comme l'on a coustume (53) », « et, pour cet effect, d'emprunter la somme de vingt livres tz a intherestz tollerables (107). »

(2) **116** : Les habitants consentent à ce qu'il soit délivré la somme de 36 l. « au sieur de Gimat, l'ung des gentilzhommes de mons[r] le gouverneur de Poitou », lequel « leur a fait aussy demande de quelque honnesteté pour avoir assisté lesd. proc. fabricq. en la ville de Niort pour obtenir de mes sieurs les esluz diminution desd. thailles et estre soulagez d'icelles ».

accablez, y ayant six mestairyes où ils ne se recueillla presque point de bled et celluy qu'on retira ayant beaucoup plus coutez que sa valieur, outre qu'il estoit hors d'estat de faire du pain, que leurs vignes furent égallement et entierement grellées, ce qui a beaucoup acablé lad. parr. et mis les laboureurs à la mandicitez » ; par surcroît, « dimanche dernier, onze de ce presant mois, touttes les vignes de la d. parr. furent aussy ruinnées par la grelle et la majeure partye des bleds accablée; et, sur ces considerations, ils donnent pouvoir ausd. [syndics] de presanter une req[te], soit à monseigneur l'intendant de cette province, ou à messieurs les officiers de l'élection de Nyort, de les supplier très humblement, lors de la répartition des tailles, d'avoir égard à leurs pertes et accidants reiterés, et mesme supplier messieurs les officiers de lad. élection de faire ou faire faire, par quy leur plaira, une vizitte des desordres... » — L'année suivante, autre calamité : « Ayant murement examiné entreux l'estat de lad. paroisse qui se trouve, quand à présent, estre triste paraport à la quantité de chef de famille qui sont deceddé, du depuis six mois, de la maladie dont le dit lieu a malheureusement esté attaqué et l'es encore actuellement, ce qui cause une perte très considérable, tant paraport aux taux de taille dont ils estoient chargé qu'aux negosse qu'iceux fesoient qui les faisoient subsister et le bien dud. lieu, et n'ayant laissé aucuns biens, se qui fait que leurs taux tombe en pure perte à la ditte paroisse qui se trouvera très surchargée ; c'est pourquoy les dits habitans ont esté unanimement d'avis et requis led. syndiq de, pour et au nom d'iceux, retirer du sieur curé un estat contenant le nombre de ceux qui sont deceddé (1), afin de remettre

(1) Les registres paroissiaux signalent, en 1729, 137 décès, la moyenne étant de 67 entre 1721 et 1730.

icelluy avec le présent a monseigneur l'intendant de cette province, à l'effet de le supplier très humblement d'avoir égard à la malheureuse situation de cette d. paroisse dans la repartition quy sera par luy faitte au département prochain, afin d'obtenir une diminution (331). »

J'ai le regret de n'avoir pu rencontrer, en mes papiers, trace de l'accueil fait, en haut lieu, à ces légitimes doléances.

ASSIETTE ET COLLECTE

Lorsque, du chef-lieu de l'élection, la commission de la taille départie sur la paroisse arrivait aux mains des procureurs, ceux-ci s'empressaient de convoquer une assemblée générale, où les habitants étaient invités à choisir entre eux les agents chargés, « durant le cours d'une année à commencer du jour de lad. eslection », de répartir les taux et d'en opérer le recouvrement.

De 1588, époque où remontent nos actes, jusqu'en 1625, ces fonctions furent séparément exercées : l'on nommait, au nombre de six, les asséeurs chargés de procéder à « l'esgallement » de la taille, puis, quand ceux-ci avaient terminé leur travail et l'avaient soumis au contrôle des habitants, ces derniers choisissaient « quatre suffisans et capables, pour faire la collecte et amast des deniers et payement au recepveur des tailles » (6,8).

En l'année 1625, l'administration ayant jugé qu'il convenait de confier aux mêmes personnages l'assiette et la collecte de l'impôt, les Mothais objectèrent « la grande quantité des feux quy sont en lad. parr., dont la plus part sont gens de neant et quy ne font que l'abiter pour peu d'années, de maniere qu'il fault un grand temps et une grande penne ausditz assoyeurs pour congnoistre les dittes personnes et leurs facultez,ce quy se feroyt à grands fraiz et despence, tellement que,sy l'on mettoyt mesmes personnes pour assoyr et colliger les dittes tailles, veu les fraiz et despence qu'il y convient faire pour l'ung et pour l'aultre, se seroyt totallement ruyner lesd. personnes à ce commises; aultre raison est, et qui semble estre plus puissante, c'est que la malice de la plus part des habittans de lad. parr. est venue jusque là,que,sy mesmes personnes colligeoyent ce qu'ilz auroyent esgallé, sur la croyance qu'ilz auroyent que lesditz assoyeurs y auroient proceddé par envye et pour ce soullager en leurs taulx particulliers et assurer leur dheu, bien qu'ilz l'eussent fait en leurs conscience, neantmoings exeddroyent, tant par injure que d'effect, lesditz collecteurs, et, outre, chercheroyent encores l'invention et moyens de s'exempter ou dillayer le payement de leur taulx, quy seroyt asseurement le subject du retardement des deniers de sa Majesté ou la totalle ruyne desditz collecteurs ; et, partant, et ce considéré par lesditz habitans, ont donné charge et pouvoir ausditz proc. fabricqueurs de remonstrer les dittes raisons à Mrs les presidans et eslheuz de lad. eslection de Nyort et employer le pres. acte et deliberation pour fondement de la requeste qu'ilz representeront à iceulx (58) ».

Or, huit jours après, les procureurs, rendant compte de leur mission « par devers messieurs les eslheus de Nyort », près desquels ils avaient employé « l'octorité de M. le baron de Neuillan (1), gouverneur du chasteau et ville dud. Nyort, aux fins d'avoir, par sa faveur, la grâce desd. sieurs eslheus de reformer cette règle portée nouvellement et laisser à la

(1) Charles de Baudéan, comte de Neuillan, fils puîné de Jean, sgr de Parabère, baron de La Mothe-Saint-Héray, et de Louise Gillier, époux de Françoise Tiraqueau.

paroisse le pouvoir de suyvre la reigle accoustumée en icelle pour estre la plus profitable,... neantmoings ont desclaré et fait entendre à lad. assemblée n'avoir peu obtenir cette reformation, mais seulement verballement leur avoir esté desclaré par lesd. sieurs eslheus que, sy tous les habittans de lad. paroisse voulloyent suivre et executter l'ordre qu'ils avoyent accoutumé, de commettre et eslire en particullier des assoyeurs et, par apprès, aultres pour collecteurs, qu'ils ne regarderoyent au reiglement et, sans s'arrester à icelluy, signeroyent les roolles de lad. paroisse (59) ». En conséquence, cette année-là encore, les habitants nommèrent, selon l'usage, six asséeurs et quatre collecteurs ; mais ce fut la dernière fois, et, sous la pression de l'administration, la communauté dut, à partir de 1626, déléguer aux mêmes agents le mandat d'asseoir et de colliger les deniers royaux.

Au nombre de 8 jusqu'en 1638, ils sont 16 à cette date, « attendu les grandes charges de la dite paroisse (118) » ; 12 suffisent en 1641. Deux ans après, l'assemblée, mal disposée par l'annonce que « le recepveur de Niort auroyt desjà faict emprisonner l'ung des collecteurs, à faulte de payement du premier quartier de la subsistance », se refuse à procéder à l'élection (134).

Treize années s'écoulent, au cours desquelles les Mothais montrèrent pareille répugnance à endosser la lourde responsabilité de jeter et d'amasser la taille. Un arrêt du Conseil, communiqué à l'assemblée du 26 novembre 1656, vint leur rappeler, en termes comminatoires, les obligations de la communauté : « Les procureurs ont represanté et faict voir une commission ou arrest du conseil du roy, du 17 juin 1656, par laquelle sa Majesté en son conseil a ordonné et ordonne que les habittans des paroisses dependantes de la generallité de Poictiers seront tenus de nommer, quinze jours apprès la signiffication du present arrest, des asséeurs et collecteurs, les suffisans et solvables d'entreux, pour faire l'imposition du quartier d'iver prochin,... dont ils seront tenus d'envoyer lad. nomination, quattres jours apprès, aux greffes de chaicunes des election de lad. generallité, sinon et à faute de ce faire, que lesd. procureurs et six des principaux habittans desd. paroisses seront contrainct sollidairement au payement des termes escheus,... requerant sur ce l'advis desd. habittans. — Tous lesquelz » s'empressèrent de nommer 8 asséeurs-collecteurs : sur ce nombre, les procureurs durent, sur l'injonction de l'assemblée, en désigner chacun un, les habitants se réservant le choix des six autres, — pratique exceptionnelle qui ne se répétera que dans l'acte 191.

Parfois, le nombre des habitants, présents à la réunion électorale, était insuffisant à ce point que l'opération devait être remise à une date ultérieure (190, 201, 206). Il arrivait aussi que l'élection était déclarée « nulle et abusive (261) » lorsque, en dépit des ordonnances de l'intendant (1), les

(1) J'ai en main deux de ces ordonnances, — rédigées, d'ailleurs, dans les mêmes termes, — l'une de Maupeou (20 juillet 1700), l'autre de Doujat (1er août 1707). Ces placards, adressés tous les ans aux paroisses de la généralité, rappelaient, aux chefs de la communauté les formes prescrites pour la nomination des collecteurs, aux habitants le mode de déclaration de leurs facultés. Voici la copie de l'un d'eux :

De par le Roy.

Gilles de Maupeou, Chevalier, comte d'Ableiges, Conseiller du Roy en ses Conseils, Maistre des Requestes ordinaire de son Hostel, Commissaire departy par Sa Majesté pour l'exécution de ses Ordres en la Généralité de Poitiers : Aux Procureurs-Syndics, Manans et Habitans de la Paroisse de *Lezay*, Election de *Poictiers*.

Estant necessaire de pourvoir à la nomination de bons et solvables Collecteurs pour l'imposition et levée des deniers des Tailles de l'année prochaine 1701 et à plusieurs procez qui se meuvent ordinairement, comme nous l'avons reconnu pendant nos visites dans les Elections de cette Géné-

agents choisis par la communauté ne remplissaient pas les conditions d'éligibilité et n'offraient pas les garanties de solvabilité qu'exigeaient les règlements. Trop souvent en-

ralité, tant sur les nominations et décharges des Collecteurs, et sur le défaut d'énonciation des qualitez des Contribuables dans les Rôlles, et du nombre des Charrües, dont les Domaines et Métairies sont composées, que sur les translations de domicile, et les exploitations des domaines en plusieurs Paroisses.

Nous ordonnons conformément au Reglemens des Tailles et à la Déclaration de Sa Majesté du 28 aoust 1685.

Que les Syndics ou Marguilliers des Paroisses feront avertir les Habitans à l'issue des grandes Messes qui seront célébrées les premier et second Dimanches du mois de Septembre prochain, de se trouver à l'Assemblée qui sera faite aussi au son de la Cloche à l'issue de la Messe Paroissiale ou de Vespres, le Dimanche immédiatement suivant, pour élire des Asséeurs et Collecteurs bons et solvables dont l'Acte ou le refus de nommer sera receu par un Notaire qui le rédigera au devant de la Porte de l'Eglise, ou autre lieu accoûtumé, établira dans iceluy les Habitans qui seront presens, leurs qualitez, et les interpellera de signer, avec defenses ausdits Notaires et Syndics de les dresser et signer au Cabaret, sur peine de nullité, et de cinquante livres d'amende, solidairement déclarée encourue, en cas de contravention, et au Sr Curé de la dite Paroisse de recevoir les dits actes, ainsi qu'il s'est abusivement pratiqué en aucunes Paroisses, sur peine de nullité.

Que les Ecclésiastiques, Seigneurs des Paroisses, Gentilshommes, et autres personnes de condition notable, ayant autorité en icelle, ne pourront s'immiscer en la nomination des Collecteurs, en quelque sorte et manière que ce soit, sur peine de cinq cens livres d'amende, et de nullité de l'Acte.

Qu'à défaut par les Habitans d'entrer en nomination, les Syndics ou les Collecteurs faisant la charge de Syndic, ne pourront seuls nommer les Collecteurs, et en ce cas il suffira au dit Syndic de rapporter simplement l'Acte de convocation, fait à sa diligence, contenant le dit refus.

Que les actes de nomination seront signifiez le lendemain à la requeste des Syndics, aux Collecteurs nommez, et rapportez avant le premier Octobre prochain, au Greffe de l'Election, pour y demeurer et estre enregistrez, en payant trois solz seulement, tant pour l'enregistrement que pour l'Acte d'apport qui en sera délivré sur le champ à celuy qui l'aura apporté, dont le Greffier écrira le nom sur son Registre, et faute par les Syndics de faire les diligences necessaires de leur part, ils seront contrains au payement de vingt livres d'amende chacun, en vertu de notre présente Ordonnance, applicable à la nourriture des Collecteurs prisonniers, ainsi qu'il sera par Nous ordonné, et demeureront Collecteurs en leur propre et privé nom, suivant les jugemens qui serons sur ce rendus.

Que les Registres des dits enregistremens et les Actes de diligence des Syndics, seront donnez en communication par le Greffier au Receveur des

core, les habitants « s'absentaient », lassés d'un droit de suffrage qui consistait, surtout, à conférer à l'un d'entre eux une tâche onéreuse et redoutée. Dans ces cas, l'administration

Tailles sans frais, et representez par devant Nous et les Officiers des Elections, en procedant au departement des Tailles, pour, en cas d'insolvabilité notoire, ou incapacité des Collecteurs nommez par les dits Habitans, en estre par Nous et les dits Officiers, pour la seureté et acceleration du recouvrement, pris et nommé d'Office en leur lieu et place : ensemble dans les Paroisses qui auront negligé d'en nommer, dont il sera dressé un Rolle, et signé deux expéditions en papier, l'une pour estre mise au Greffe, et l'autre pour estre délivrée au Receveur des Tailles, et signifiée à sa diligence dans huitaine aux Collecteurs nommez d'Office.

Que les Collecteurs nommez, tant par les Habitans que d'Office, se pourvoiront dans la quinzaine du jour de la signification de leur nomination, sçavoir, ceux nommez par les Habitans pardevant les Officiers des Elections, et ceux qui seront nommez d'Office, par devant Nous, lequel temps de quinzaine passé, ils y seront non recevables.

Ordonnons en outre aux Habitans des Paroisses qui exploitent des Fermes ou Métairies, soit en propre ou pour autruy, de faire leurs déclarations dans le mois de Septembre prochain, par devant les sieurs Curez de leurs Paroisses, de la quantité des domaines qui composent les dites Métairies, en distinguant ce qui est en Pré, en Pasturcaux, en Bois, vignes et Terres labourables, à semer Froment, Seigle ou autre nature de grains, comme aussi la quantité des charrues qu'ils tiennent dans les dites Fermes et Métairies, et du nombre des bêtes à labour, dont chaque charrue est composée, lesquelles déclarations seront rédigées par les dits sieurs Curez, signées desdits Habitans, s'ils le sçavent, sinon des dits sieurs Curez, qui en remettront les Actes aux mains des Collecteurs de la dite année mil sept cens un en leur délivrant la Commission des Tailles après la publication dont ils retireront un certificat des Collecteurs, lesquels seront tenus d'insérer dans leurs Rolles le nombre des charues et bêtes à labour, qui sera rapporté par les d. déclarations, et de taxer les dites Métairies en leur âme et conscience, à proportion des exploitations, et à faute par les Habittans de le faire dans le dit temps, enjoignons aux Collecteurs d'employer le nombre des charues et la qualité des Contribuables, suivant la connoissance particulière qu'ils en auront, et au cas que dans les dites Métairies il se trouve un plus grand nombre de bètes à labour qu'il en sera fait mention au dit Rolle, permettons aux Collecteurs de les prendre par exécution, comme non araroires, pour le payement des Taux des dites Métairies ou Fermes; et déclarons les dits Laboureurs non recevables à se pourvoir en surtaux.

Les Habittans qui pretendront ne devoir pas estre cottisez dans la dite Paroisse l'année prochaine 1701, pour avoir transferé leurs domiciles en d'autres Paroisses, seront tenus de faire signifier, dans le 15 du dit mois de Septembre prochain, au dit Procureur Syndic, les actes de publication de délogement et enregistrement d'iceux, leurs qualités et profession, le temps

procédait d'office à la nomination des collecteurs, qu'il lui suffisait de connaître « bons et solvables », sans s'inquiéter de savoir s'ils n'avaient pas déjà rempli cette charge ; d'où conflits, réclamations et procès, sur lesquels l'assemblée était appelée à délibérer.

auquel ils ont actuellement transferé leurs domiciles, l'exploitation qu'ils y faisoient, le Taux de leur Taille de l'année presente, et si les lieux qu'ils ont quitté sont occupez par d'autres Habitans ou s'ils continuent de les faire valoir ; comme aussi de faire mention de la nouvelle Paroisse où ils seront cottisables, des exploitations qu'ils y entendent faire, et du Taux auquel estoit taxé le precedent Exploiteur, le tout sur peine d'estre imposez en deux Paroisses, sans en pouvoir estre dechargez, lesquels actes les dits Syndics aporteront au Greffe de la dite Election avec celuy de leurs diligences pour la nomination des Collecteurs, pour estre pareillement representez lors du département des Tailles, et ensuite remis par le Greffier, sans d'autres droits que ceux cy dessus mentionnez, ausdits Syndics, qui seront tenus de les délivrer aux Collecteurs avant la confection de leurs Rolles, pour y avoir tel égard que de raison, sur peine contre les dits syndics de répondre en leur propre et privé nom des Radiations qui pourroient intervenir, et d'estre contrains à faire l'avance des Taux qui pourroient estre rayez, faute de connoissance des dites translations.

Ceux qui ne changeront pas de domicile, et qui prendront les Fermes ou héritages en d'autres Paroisses de la même Election que celle de leur domicile, ne seront imposez que dans la seule Paroisse de leur domicile actuel, suivant leurs facultez et moyens et le gain qu'ils pourront faire ausdites Fermes, conformément à la déclaration du 16 juin 1635 et à l'Arrest du Conseil du 25 janvier 1687, à la charge de faire leur déclaration dans le quinzième dudit mois de Septembre prochain au Greffe de ladite Election, des Fermes qu'ils auront pris, ou des héritages qu'ils exploiteront hors de leurs Paroisses dans la même Election, et des sommes auxquelles estoient cottisez les precedents Exploiteurs des dites Fermes et Héritages, pour lesquelles déclarations le Greffier ne pourra prendre que les mêmes droits cy dessus mentionnez : seront lesdites déclarations signifiées ausdits Syndics dans le dernier du mois de Septembre, pour estre par eux delivrées aux Collecteurs dans le temps et sur les peines cy dessus énoncées.

Enjoignons ausd. s^{rs} Curez de lire la presente Ordonnance les premier et second Dimanche dudit mois de Septembre prochain à l'issue de leurs Messes Paroissiales, à la principale Porte de l'Eglise, à ce qu'aucun n'en ignore, et satisfaire de leur part, sur peine de saisie de leur temporel. Ce qui sera executé nonobstant oppositions ou appellations quelconques, sans préjudice d'icelles, leu, publié et registré dans les Elections de nostre Département, l'Audiance tenant, à la diligence des Procureurs de Sa Majesté, qui Nous en certifieront dans le mois. Fait en nostre Hostel le vingtième Juillet mil sept cens. Signé, DE MAUPEOU. Et plus bas, Par Monseigneur. LECOQ. »

C'est pour y remédier que, « ayant consideré les fâcheux accidents quy ont cy devant arrivé et quy pourroint arriver, a cause que nos seigneurs les intandans de cette province et messieurs les officiers de l'élection de la ville de Niort auroint, faute par iceux habitans de nommer des collecteurs, depuis deux ou trois ans en çà nommé quelques uns des anciens habittans pour collecteurs des tailles, encore qu'ils eussent precedament passé collecteurs en la ditte parroisse, et cela nonobstant que les ditz habittans leurs eussent remontrés que, d'un temps immemorial, il est de l'usage entreux de ne passer qu'une fois en cette charge de collecteurs, et les eussent suppliés de les laisser dans cet uzage, pour l'octorité duquel il y a eu mesme plusieurs actes faitz entreux, par lesquels il est stipullé que aucuns des ditz habittans ne passeroient deux fois par la ditte charge en la ditte paroisse, encore mesme qu'il en eusse sorty après avoir exercé icelle et ensuite retourné dans cette ditte paroisse, cepandant les plus anciens habittans, plus connus par messieurs les eslus que les nouveaux, risquent de passer plusieurs fois collecteurs, ce quy causeroit leur entière ruinne en ce que la seule taille, sans les autres impositions, est de plus de six mille livres, et comme dans la parroisse il y a suffisament des habittans, quy sont en état de passer collecteurs, quy peuvent avoir le bonheur de n'estre pas nommés ou quy s'an empeschent par differends moyens, ce qui va à la charge de ceux quy ont remplis leur devoir, les susditz habittans assemblés ont estés et sont d'avis de continuer leur ancien uzage, quy est qu'un habittant ne pourra estre nommé qu'une seulle fois pour collecteur des tailles, tant dans leurs assemblées que par nos seigneurs les intandans de cette province et par messieurs les eslus, attandu que parmy eux il se trouve tous les ans nombre suffisant d'habittans, quy n'ont point passé par la charge de collecteurs, capables de faire le get et collection des tailles..., et de supplier nos seigneurs de la cour des aydes de voulloir approuver et omolloguer le present acte et délliberation (282) ».

C'est alors que commence à fonctionner, à La Mothe, ce fameux *Tableau de collecte*, sur lequel, « selon leurs facultés », étaient inscrits — primitivement en deux, plus tard en trois colonnes — les habitants taillables de la paroisse qui, n'ayant pas encore exercé la charge, étaient passibles de la collecte. Le premier que j'ai rencontré est ainsi établi :

« ESTAT, ESCHELLE ET CLASSES, en deux colonnes, que font les habittans de la paroisse de La Mothe Saint Heraye, election de Nyort, des noms de ceux quy n'ont poinct passé en la charge de collecteur des tailles, estant d'uzage de ne nommer entreux pour collecteurs que ceux quy n'ont point passé par lad. charge, lad. classe et colonnes ayant esté faitte en concequance des ordonnances de monseigneur Roujault, intandant de cette province, en datte du 18 aoust dernier et 17 de ce mois, cejourdhuy 27 de septembre 1711, en concequance de l'acte d'assemblée desd. habittans du 20 de ce mois, à laquelle acte la presante colonne sera atachée pour y avoir recours, et une autre, quy sera double et semblable, envoyée au greffe de l'ellection de Nyort. »

BONS	MÉDIOCRES
.....	....

Suivent, dans chaque colonne, les noms de 25 chefs de feu, avec l'indication de leur profession : par la suite, nous y verrons figurer le taux de leurs impositions.

A quelque temps de là, l'administration jugeant opportun de préciser les règles suivant lesquelles les communautés devaient établir leur tableau de collecte, l'intendant adressa aux syndics un placard portant « Déclaration du Roy concernant la nomination des collecteurs, donnée à Paris le vingt-quatrieme May mil sept cens dix-sept », au bas duquel figure, après les instructions de l'intendant, le *Modelle de l'Etat ou Tableau qui doit estre fait dans les Paroisses pour servir à la Nomination des Collecteurs* (1). La Mothe étant de celles « qui doivent avoir sept collecteurs, » il y avait lieu de disposer son tableau de collecte en cette forme :

« Colomne contenant les Gentilshommes, Privilegiez, Septuagénaires et autres qui par leurs Privilèges, pauvreté ou autres motifs doivent estre exemps de la Collecte.	Premiere Colomne contenant les noms des Habitans qui payent les plus gros taux et le Rang pour passer à la Collecte.	Seconde Colomne contenant les Habitans dont les taux sont plus foibles.	Troisieme Colomne contenant les Habitans dont les taux sont médiocres. »

Pour un temps, il n'y eut pas lieu, à La Mothe, d'appliquer ces dispositions. Dès l'année suivante, en effet, un arrêt du conseil d'État (31 janvier 1718) établit, à titre d'essai, une nouvelle manière de lever la taille et la capitation que ce système (2), connu sous le nom de *Dime royale* (*alias*,

(1) *Mes papiers.*

(2) Emprunté à Vauban qui en formulait le plan en 1698 et le publiait en 1707 sous ce titre : « Projet d'une dime royale qui, supprimant la taille, les aides, les douanes d'une province à une autre, les décimes du clergé, les affaires extraordinaires et tous autres impôts onéreux et non volontaires, produirait au roi un revenu certain et suffisant, sans frais et sans être à charge à l'un de ses sujets plus qu'à l'autre, et qui s'augmenterait considérablement par la meilleure culture des terres. » Contrairement aux idées de Vauban, la dîme royale essayée à Niort respectait les privilégiés. (V.,

Taille proportionnelle), remplaçait par des taxes fixes sur l'industrie et sur les bestiaux et par une levée des produits de la terre. Aux termes de l'arrêt, les paroisses de l'élection étant appelées à déclarer, par voie d'option, auquel des deux régimes en présence elles entendaient se soumettre, les procureurs de La Mothe convoquèrent, le 6 mars, une assemblée générale des habitants :

« Ausquelz lesd. sindictz ont remontres avoir receu, de la part de messieurs les commissaires deputtés de sa Majesté en lad. ellection et de M. de la Pottrye (1), son receveur des tailles en icelle, un arrest du conseil d'état du trante un janvier dernier quy ordonne que pour la presante année, dans chascune des paroisses de lad. ellection dont les habittans desireront la [nouvelle] maniere d'imposer la taille et capitation des taillables, elle sera levée, sur chaque taillable, conformement aud. arrest, duquel presantement il en a esté donné communication et lecture ausd habittans afin que lesd. habitans eussent à deliberer sur le contenu d'icelluy... » Le nouvel impôt s'acquittant en nature et semblant offrir, par son mode d'assiette, « la plus juste proportion sy longtemps et sy justement désirée (2), » les Mothais furent « unanimement d'avis d'opter, dès cette presante année, la maniere de lever la taille et la capitation..., et, par ces presantes, font lad. option, suivant qu'elle est establye par led. arrest, comme estant plus aisée à amasser et moins à charge à tout le peuple, representant, cepan-

sur l'application du système dans notre région, *la Dîme royale à Niort et à La Rochelle en 1718*, par M Léo Desaivre, Mém. de la Soc. de Statist. des Deux-Sèvres, 2e s., t. XVII, et Bull., t. VI, p. 25.

(1) Charles Desprez de La Potterie, alors receveur des tailles, fut nommé maire de Niort, le 30 avril 1718.

(2) *Mémoire de Thibault de Boutteville, maire de Niort, 1742*, dans *l'Election de Niort au XVIIIe siècle*, p. 219.

dant, à mes dits sieurs les commissaires, qu'il leur paroist qu'il y auroit de la justice de ne pas prandre la dixiesme partye des foins, puisqu'ilz servent à nourrir les bestiaux quy payent, à cultiver les terres et à les engresser (304) ».

Le droit de lever la dime royale en la paroisse était adjugé au plus offrant et dernier enchérisseur, et l'adjudicataire (1) était tenu de remettre les deniers entre les mains du receveur des tailles de l'élection. Ainsi simplifiées l'assiette et la collecte de l'impôt, plus n'était besoin de réunir les habitants, pour la nomination des collecteurs, pour la confection des rôles, pour l'examen des demandes en radiation ou en réduction : aussi, ne relevons-nous, au cours des six années que dura l'expérience, qu'un *seul* acte d'assemblée, — tant la vie publique n'était alimentée que par les multiples opérations auxquelles donnait lieu l'application de l'ancien régime fiscal.

Il fallut y revenir, « attendu que la dixme royale n'a plus de lieu dans l'élection de Nyort (306) (2) ». Dorénavant, les habitants se réuniront tous les ans, fin de juin ou commencement de juillet, « aux fins de procéder au recollement du tableau et colonnes de lad. paroisse, pour hoster ceux quy sont decedez, devenus septuagennaires, sortis de lad. pa-

(1) Un seul nous est connu par l'acte d'assemblée du 11 juin 1724 : « Ollivier Guitteau, qui a esté adjudicataire le dernier bail de la dixme royalle pendant trois années. » A quel taux se montait l'adjudication ? — Sans doute en trouverait-on le chiffre dans les *Procès-verbaux des adjudications aux enchères de la taille proportionnelle pour trois ans (1721-22 et 23) dans toutes les paroisses de l'élection de Niort*, document qui, en 1880, était aux mains de M. A. Briquet (V. *la Dime royale à Niort et à La Rochelle en 1718*. Bull. de la Soc. de Statist. des Deux-Sèvres, VI, 27.)

(2) « Sy on n'a pas continué à lever la taille en cette manière — dit Thibault de Boutteville en son mémoire — c'est parce qu'en quelques paroisses le prix annuel des adjudications ne suffisait pas pour acquitter en entier la taille et autres impositions dues au Roy. »

roisse, ou qui, par leur grande pauvreté, caducité, infirmité nottoires et certaines, ne sont plus en estat d'estre collecteurs, et, par la mesme raison, ajouter, par article séparé et à la ligne, ceux desd. habitans qui sont devenus sujet à la collecte, soit par leur majorité, mariage ou nouvelle habitation dans lad. paroisse, soit encore par la suppression des privillèges attachés aux charges dont ils estoient pourveus, afin de les employer à compter et à proportion du temps qui s'est écoullé depuis l'année de leur suppression.» Puis, dans une assemblée ultérieure, en septembre, les syndics remontreront « qu'il est temps d'extraire, des collomnes de cette paroisse, les noms des habittans quy doivent passer en charge de collecte l'année prochaine, et que, pour n'estre de leur part en demeure, ils ont presantement represanté le tableau desd. collomnes. — Lesquels habittans, ayant pris communication dud. tableau et lecture d'icelluy, ont extrait dud. tableau les noms des habitans quy doivent passer en charge de collecte l'année prochaine ».

L'on vient de voir les conditions générales d'âge, de séjour, de fortune, d'état civil, de rang social, en vertu desquelles certaines catégories d'habitants étaient en droit de s'exonérer de la collecte. Ce droit, ils n'avaient garde de s'en armer et de se prévaloir de ses avantages lorsque l'assemblée, feignant de les ignorer, ou simplement par inadvertance, leur infligeait cette charge; parfois même, l'immunité était invoquée par des personnes qui n'y avaient aucun titre ou qui, déchues de leur situation privilégiée, n'étaient plus habiles à en revendiquer les prérogatives : d'où des requêtes en décharge portées, soit devant l'assemblée, soit directement au tribunal de l'élection, — procédure que nous retrouverons lors des demandes en exemption de taille dont, au reste, le régime était le même qui gouvernait la décharge de collecte.

Une fois nommés, les collecteurs recevaient, par les soins des syndics, signification de leur élection (1), puis ils prêtaient serment, indifféremment devant le curé ou l'un des notaires de la paroisse, plus tard « devant le subdélégué de l'intendant en ce dit lieu (444) », « de esgaller les ditz deniers au fort portant le foyble, le plus justement et équitablement que faire ce pourra en leur conscience ».

Ces formalités remplies, et leur nomination agréée par l'administration, les collecteurs, avant de procéder à la répartition de l'impôt, provoquaient une assemblée dans laquelle ils déclaraient aux habitants que, « au désir de leur charge et en exécuttant le mandement porté par les commissions des thailles à culs dellivré et envoyé par MM. les eslheuz de Nyort, ilz ont fait leur transport et visitté par lad. parroisse pour voir et recongnoistre ceulx quy doivent estre cotisez es roolles des dittes thailles, y demeurans d'antienneté que nouvellement venus, ceuls quy s'en sont allez demeurer en aultre parr. quy doibvent estre ostez des ditz roolles la pres. année, et, partant, avoir trouvé, pour nouveaux venus quy doibvent et peuvent estre cotisez la pres. année », tels et tels, « et ont requis les ditz assemblez leur donner advis s'ils veullent et entendent les ditz susnommez estre cotisez, la pres. année, es ditz roolles de lad. parr., et encore, s'ils continueront à taxer et cottiser » tels et tels, « quy sont la plus part allez demeurer hors de cette parr., comme ilz ont fait aparoir par les actes repre-

(1) 211. Nomination de collecteurs, « ausquelz les dits procureurs sindicqs feront incessamment signiffier le présent acte, suivant l'ordinaire ».

sentez et signifiez ausditz proc. fabricq. (1), et l'aultre parsus mortz et insolvables, et encores sy les mesmes quy furent mis l'année derniere le soyent cette année. — A quoy tous les ditz habittans ont unanimement esté d'avis que tous les ditz nouveaux venus soyent taxés et cotisez, la pres. année, esd. roolles, et quand ausditz » tels et tels, « ne soyent compris ne cotisez esditz roolles, sans prejudice de les y pouvoir faire comprendre cy après en cas qu'ilz contreviennent à la desclaration, qu'ilz seront sommez faire, d'eslire et obter le lieu de leur demeure pour l'advenir et en avoyr acte du greffe de l'eslection de leur dite demeure et du curé de leur paroisse, suyvant le reiglement; et quand ausditz » tels et tels, « qu'ilz soyent cotisez es ditz roolles de la pres. année, attendu que les actes de publicquation de leur prétendu changement de demeure ne sont faitte dedans le temps ordonné par le reiglement... Et aussy ont esté d'avis, les ditz habittans, que ceulx quy furent desclarés pour exemps mandians, l'année dernière, le soyent encore cette année, sauf » tels et tels, « quy seront cotisez la pres. année. »

Au lieu de statuer, de leur propre chef, sur « les taux perdus et nouvelliers », les habitants, parfois embarrassés et soucieux de dégager leur responsabilité, décideront d'en référer « au conseil (2) et d'en passer par son avis, et, à

(1) Acte de publication d'un changement de domicile : « Pierre Auguay vous fait dire qu'il ne veult et n'entend cy après faire sa demeure ne résidance en ce lieu et parr. de la Mothe, ains s'en va demeurer en la parr. de Exoudun, le tout aux fins que n'ayez à l'advenir à le taxer et cotiser a roolles des thailles de la parr., ce que dessus a esté par moy soubsigné, curé de l'esglise parroichiale de saint Heraye de la Mothe, publyé et proclamé au prosne de la messe parroichiale par moy cellebrée le dimanche, 17e jour de novembre 1642, *ainsi signé* J. Bonniffillaud. »

(2) Ou « à la consultation d'un cellebre avocat qu'ils prandront à cet esfait (458) ».

cette fin, donnent ordre ausd. sindit et collecteurs de s'y transporter et de s'assister, sy bon leur semble, d'un ou deux desd. habittans, après quoy estre la consultation par eux prise communiquée ausd. habittans en assemblée ».

Cette mesure, éventuelle, d'adjoindre aux collecteurs quelques notables qui les assistassent dans leurs fonctions, devint la règle à partir de l'année 1724. Dans l'assemblée du 9 janvier, les collecteurs remontrèrent aux habitants que, désireux de répartir la taille « en leurs âmes et consiances, ils requeroient qu'ils leur plust leurs ayder de leurs avis et cognoissance afin d'oster, autant qu'il seroit possible, tout sujet de plainte et d'imposer chacun suivant ses moyens et facultez, et que, pour cet effet, ils estimoient que, pour le bien du general des habittans, ils debvroient entreux nommer quelques personnes de probitté et antandus quy leurs ayderoyent à faire l'inposition. — A quoy lesd. habittans, ayant meurement reflechy, ont esté d'avis de nommer entreux, non seullement pour cette année, mais pour les années à venir, six d'entreux, qu'ils jugeront les plus capables pour assister les collecteurs,... le tout, pour obvier à la passion ou inperitie des collecteurs et à leur ruine quy souvent leurs arive par l'exercice de la charge de collecte, et pour rendre la justice à un chascun autant qu'il sera possible ; suppliant tres humblement monseigneur l'intendant ou, sy besoing est, messieurs les esleux de l'ellection de Nyort ou nos seigneurs de la cour des aydes, de voulloir approuver et omologuer la presante dellibération ». En vertu de cette décision, que « mon dit seigneur l'intendant a eu la bonté d'approuver par son ordonnance du 15 de ce mois (janvier 1724) », les habitants nommèrent six notables, « auxquels ils ont enjoinf de se joindre incessamment, et à la première requisition verballe, ausd. collecteurs pour les assister de leurs avis en l'imposition (308) ».

Tardive mesure ! Le jour venait où, en dépit de cette garantie appelée, semblait-il, à sauvegarder pareillement les intérêts des habitants et les droits du fisc, l'administration crut devoir s'attribuer la faculté de répartir l'impôt, laissant toutefois aux collecteurs la charge de le percevoir et la responsabilité de sa rentrée au trésor public. Aussi, juste compensation à l'amoindrissement de leurs fonctions, eurent-ils, dorénavant, beau jeu à se disculper d'abus en matière d'assiette. Sur la plainte d'un meunier, « expositive que les collecteurs, par une afectation des plus déplacé, l'auroint, par un double emploi, imposé en deux cotte sur leur rolle pour son moullin », l'assemblée déclare que ces agents, « ayant fait un pareil equiproquo, eux qui connoissent toute la paroisse, le double enplois doit leur rester en pure perte pour leur compte, mais encore les fraits qui en donne lieu par leur inperitie... Il est mesme etonnant d'une infinité de double enplois, confusion, qu'ils ont fait sur nombre d'habitans, ecrassé plusieurs, surchargez les dhommaines qui vont tost devenir abandonnés, à quoi ils auroint deu avoir attention, à penser que les dhomaines abandonnés par la surcharge attiren la disette ; ils protestent se pourvoir aux puissances, representer leur peine, accablement, donnant pouvoir aud. sindicq de le faire aud. puissance pour et au nom desd. habitans.— A l'instant ont comparus [les collecteurs], lesquels, repondant au dires desd. habitans, disent qu'ils auroient raison dans leur objection sy lesd. collecteurs imposoint la taille, mais ils sçavent que ils n'y ont nulle part, mais bien M. du Petit-Château (1), commissaire,

(1) Jean-Madeleine Chebrou, seigneur du Petit-Château, subdélégué de l'intendant du Poitou en l'élection de Niort.

qui impose comme il luy plaist, sans que les collecteurs y ayent nulle liberté de faire de representations, et, quand ils les font, quoyque bien fondés, il les suit quand il luy plaist ; il se fonde sur divers memoire anonime qui luy sont envoyé par des gens qui n'osent se nommer pour appuyer l'injustice de leur mémoire qui cause tous lesd. derangemens (415) » (1).

Et dans l'assemblée suivante, enchérissant sur les plaintes de la communauté, le syndic, après avoir « représenté

(1) Je relève la trace de pareils agissements dans ce curieux procès-verbal qui, vu son caractère personnel, ne pouvait figurer dans les actes d'assemblées générales de la paroisse :

« Aujourdhuy dimanche vingt cinquiesme jour de decembre mil sept cens trente cinq, par devant moy notaire royal soubsigné, sous les hasles du lieu de la Mothe, une heure après midy, où ce sont trouvés plusieurs habitans, c'est presentez le s[r] Jean de Belleville (1), directeur du bureau de la poste de ce lieu, et Ingenieur du Roy, ausquelz habitans il auroit dit qu'il luy seroit venu de plusieurs endroits qu'il auroyt fourny un memoire, contenant les facultez et commerce d'un chascun, à M. le receveur des tailles de l'élection de Niort et à M[rs] les élus, lequel memoire estoit plein de supposition, et comme il a interest de conserver l'amityé des susd. habitans et de ne pas passer dans leur esprit pour une personne qui fourny contreux des mémoires, et qu'au contraire il est et a toujours esté de sentiment de leur faire plaisir, estre bien éloigné du sentiment de leurs nuire, il a requis les d. habitans, s'il y a quelqu'un d'entreux qui est lieu de ce plaindre de sa conduitte au sujet des d. pretendus memoires par luy fourny, qu'il ayent presantement à voulloir le déclarer, offrant de se justifier de manière qu'il n'y ayt aucun soupçons sur luy. — Lesquelz habitans, après avoir ouy la requisition dud. s[r] de Belleville, ont tous unaniment declarez n'avoir point de connoissance qu'il ayt fourny de pretendus memoires à M[r] le receveur des tailles ny à M[rs] les élus, ne le croyant pas capable d'une pareille chose ny d'un esprit à nuire ausd. habitans.... De laquelle déclaration led. s[r] de Belleville m'auroit requis acte pour lui valloir et servir ce que de raison... » *Sig.* DEBELLEVILLE et de 29 habitants dont les deux syndics de la paroisse (acte J. Guillon, no[e] royal, *Cab. du Dr Sauzé*).

(1) A la date du 13 février 1730, les registres paroissiaux de La Mothe mentionnent le mariage de Mre Jean de Belleville, ingénieur du roi, fils de défunt Me Urbain de Belleville et de dame Lucrèce de Rousset, avec d[elle] Coquillon, v[ve] de Salvy Portal, m[e] chirurgien à La Mothe; les mêmes registres signalent, à la date du 10 déc. 1756, l'inhumation dudit Jean de Belleville, « ecuyer ». — Son frère, Jacques, aide-major au fort Barreau, en Dauphiné, recueillit sa succession à La Mothe, le 28 juin 1757.

que la paroisse, depuis l'année 1734, qu'elle estoit imposée à 5500 l., jusqu'à la présente (1749), qu'elle est imposée à 7310 l., a augmenté du principal de la taille de la somme de 1810 l., les autres impositions à proportion », ajoute :

« Cette augmentation excessive accable le general ; de plus, par surcroy de malheur, la taille a esté imposée d'office, les années 1747, 1748 et 1749, par M. Dupetit Château, subdélégué de monseigneur l'intendant à Niort, en vertu des ordonnances qui sont au bas des commissions de chaque année, lequel l'a repartie avec tant de disproportion que les uns sont accablé, les autres soullagés, les dhomaines reduit à estre abandonné, que plusieurs habitans sorte de la paroisse pour éviter le naufrage, les autres au point de le faire, les rolles sont remplis d'abus et de confuzion, chacun pleure, chacun gemist ; tant de desordre engage le dit sindicq à convoquer la presente assemblée au fin de pouvoir porter remede à leur desastre dont on a mis le comble sur la mesure, pour recourir aux puissances pour avoir du soullagement dans leurs aversités, requerant qu'ils ayent à delliberer entreux et acte de ses dilligences. — Tous lesd. habittans ainsy assemblés, après avoir murement examiné sur le party qu'ils ont à prandre, ne connoissant que trop leurs miseres qui les penettre,... et comme le commissaire impose la taille à sa fantaisie sans voulloir ecoutter les collecteurs, s'ils font des representations ils sont menassé de prison, ce qui les force à rester muet,.... de sorte que, premier [que] de delliberer entreux, ils ont fait un examen des rolles et de parties des abus, qu'ils ont tirez pour les inserer icy, laissant une infinité d'autre qu'il faudroit des vollumes entier pour les transcrire ; et voicy en quoy consiste ce qu'ils ont tirez :.. » Suit, en trois grandes pages, le relevé de « parties des abus » des années 1747, 1748, 1749, rôles que « l'on trouve, en outre, remplis d'une infinité d'autres abus, erreur, equiproquo, nom estropié qu'on ne peut découvrir, et *il faut tirer au sort entre les habitans à qui les aquittera,* pour ne point ecrazer de malheureux collecteurs qui n'ont point de part à tous ces desastre afreux. Ce qui fait que led. general, après avoir murement examiné, sont d'avis et ont donné pouvoir au dit sindicq de donner placet, pour et au nom des d. habitans, en cour et aux ministres, pour avoir moderation de la taille excessive qu'il suportent, comme aussy luy donne plain pouvoir de constituer Me René Geoffroy, p[r] au Parlement et cour des Aydes,... et donne pouvoir à icelluy de donner requeste en lad. cour des Aydes et ailleur que besoin sera, que, pour faire les rolles à l'avenir, proportionnellement au bien des taillables, il sera nommé des principaux habitans pour estimer les biens et travailler à l'imposition avec les collecteurs (416) ».

A cet appel désespéré « en cour et aux ministres », il ne fut donné, sur l'heure, qu'une demi-satisfaction ; un subdélégué local, que, dès l'assemblée suivante, nous voyons en fonctions, remplaça, dans certaines de ses attributions, le farouche Chebrou du Petit-Château ; mais, de modération dans la taille, de réformation des abus de la répartition, il n'en fut autrement que par le passé.

C'est alors que, s'avisant des avantages dont bénéficiaient les gens de Saint-Maixent depuis l'établissement de leur *tarif* — droits perçus sur toutes denrées et marchandises entrant en la ville ou en sortant, et ayant pour but de remplacer les impositions royales (1), — les Mothais songèrent

(1) V. Alfred Richard, *Recherches sur l'organisation municipale de la*

à solliciter, pour leur bourg, le fonctionnement d'un semblable régime.

Le 31 janvier 1751, réunis en assemblée générale, les « principaux habitans du dit lieu de La Mothe ont unanimant dit et declaré que, pour prevenir la continuation de la ruine tottale de bien des familles occasionnée par les fortes augmentations des impositions et l'inegalitté de la repartision, les maux que le jet de la taille arbitraire et la collecte causent, faire cesser la hainne et l'innemitié qui se perpettuent dans les familles, excittées par les plaintes et les procez quy s'intentent sur l'innegalitté des taux, pour rappeller un nombre de familles que le fardeau des impositions et la crainte de passer à la collecte ont forcés d'abandonner le dit lieu de La Mothe Saint Heraye, prevenir aussy la sortye de bien d'autres habittans sous mesme pretexte, ce qui feroit tottalement tomber le commerce qui se trouve desjà considerablement diminué, reduiroient le surplus des habittans dans l'impossibilité de payer les impositions et rendroient le dit lieu de la Mothe despeuplés, auquel lieu il y a des marchés et des foires des plus renommées, il estoit necessaire, à l'imitation d'autres lieux du royaume qui se ressentent de la douceur de l'établissement du tarif, notammant des villes de Saint Maixent, Nyort et Parthenay et circonvoisines de La Mothe Saint Heraye, de supplier très respectueusement et avec une entiere soumission Sa Majesté, de vouloir bien convertir la taille arbitraire de ce lieu en une taille fixée et certenne et permettre que

ville de Saint-Maixent, p. 349. — « Le receveur des tailles de l'Election dressait l'état des impôts dus par la ville, et l'adjudicataire du tarif lui en versait en main le montant. S'il y avait un excédent de recettes, ce boni était employé aux besoins communaux. » (*Ibid.*)

le recouvrement en soit fait par la perception de certains droits sur les marchandises et denrées qui entrent à La Mothe Saint Heraye, sur le pied des tarifs qui en sera dressé en conformitté des autres lieux du royaume auxquels Sa Majesté et les rois ces predecesseurs ont eu la bonté de l'acorder. Comme le repos des habitans et le retablissement du commerce en ce lieu de la Mothe Saint Heraye, qui est la plus grande partie clos des murs du parcq du chateau et de la rivière de la Sepvre, ne peut dependre que de l'établissement du tarif qui, d'ailleurs, feroient une esgallité de payements des impositions en ce que chasques habittans ne contribueroient que pour ce qu'ils feroient entrer et acheteroient de marchandises et d'enrées, les dits habittans donnent pouvoir et prient les sieurs Jacques Guibal, Charles Hoissard, François Freté, Jean Baptiste Beranger et Jean Fournier de donner un placet à Sa Majesté, au nom du general des habittans de la Mothe Saint Heraye, et faire tout ce qu'ils jugerons necessaires pour obtenir des patentes afin de commuer et convertir les capittaux de la taille et autres impositions, mesme de la capitation de la noblesse, sur le pied commun de vingt années, en une levée de droits sur les marchandizes et d'enrées qui entrent en ce lieu de la Mothe, pour estre, les dits capiteaux, payé par quartier à commancer pour l'année 1752, et les dits droits levés à commancer au 1er octobre 1751, sur le pied du tarif qui en sera dressé, sauf à le diminuer lorsqu'il plaira à Sa Majesté de diminuer les impositions et dans suprimer partie, et dans le cas qu'il se trouve un excedent sur le produit du dit tarif, les dits habittans demendent que le dit exceddant soit appliqués, sur les ordres de messieurs les intendent commissaires desputés en la generalitté de Poittiers, au reparation et ameublements des cazernes des troupes en quartier à la Mothe ; les dits habitans prient aussy les dits sieurs Guibal, Hoissard, Freté, Beranger et Fournier de ce desputter deux d'entre eux pour aller à Poittiers, auprès de monsieur de Blossacq, intendent de cette province, pour luy remettre coppie de la presente delliberation et luy demander l'honneur de sa protection pour la reussitte du dit establissement.

« Comme il y a à la Mothe une communauté de religieuzes, ordre de saint Benoist, et un curé de la paroisse, les dits habitans consentent qu'ils soient exemps des droits d'entrées pour touttes les d'enrées de leurs consommations, sans pouvoir sans servir pour autres, sous telles pennes qu'il plaira à Sa Majesté d'ordonner.

« Comme aussy les dits habitans consantent que les seigneurs de ce lieu jouissent des mesmes privilleges lorsqu'ils seront dans ce lieu, en cas de résidances seullement.

« Promettant, les dits habitans, de rembourcer aux dits sieurs deputtés les frais de leurs députations et aud. saindicq ceux qu'il fera en conséquance des presentes. »

Cette requête ne fut pas accueillie en haut lieu, et, comme par le passé, la paroisse eut à supporter, avec le fardeau de la taille, l'arbitraire de son assiette. Toutefois, les collecteurs, un moment dépouillés de cette partie de leurs attributions, rentrèrent en possession de répartir les taux, opération difficile à conduire à la satisfaction de tous et périlleuse pour leur bourse. Aussi, appelés « à faire le jet et repartition et ne voullant rien prandre sur leur comte, faire entendre la justice au genneral des dits habitans, au préalable ils requierent qu'ils ayent à leur choisir quatres des principaux pour estre presant à lad. repartition et esviter les malversations qui pourroient se commettre en pareil cas. — Et à l'instant, le general des dits habitans ont d'unanimement delliberé et accordé qu'iceux collecteurs, au moment de la repartition de leurs tailles, se fassent assister, sous le bon plaisir de monseigneur l'intendant, de quatres principaux habitans, pour estre la repartition de la taille faitte en leurs presences, en âme et conscience, et suivant les facultés et exploitations d'un chascun, et, à cette condition, consantent, les dits habittans, qu'iceux dits collecteurs soient et demeurent deschargés et à l'abry de touttes actions d'abus, surtaux et autres, résultant de la repartition d'icelle taille, même que, par leurd. répartition, ils fassent, conjointement avecq les dits quatres notables, telles diminutions et augmentations de taux qu'il leur paroistra necessaire et convenable, sans exception du degré de parenté, collecte ny autrement;... et où mondit seigneur l'intendant auroit la présante delliberation pour agreable, en ce cas les dits habittans ont choisy, pour assister les dits collecteurs », quatre notables, « qui, pour plus grandes certitudes de l'équitté et de la bonne foy d'icelle delliberation, seront tenus de prêter serment par devant monsieur votre subdélégué, monseigneur, en ce dit lieu, ou telles autres qu'il vous plaira à ce commettre, par laquelle affirmation ils jurerons de bien fidellement, en âme et consiance, s'acquitter de la commission à eux confiée, sans aucune parsiallité,... approuvant, les dits habitans, toujours sous le bon plaisir de mon dit seig^r^ l'intendant, ces presentes, n'estant faittes qu'à ces conditions et pour maintenir la paix, l'union et le bon ordre qu'il convient de voir exister dans une communauté (444) ».

Si agenouillée que fût la posture, si discrète que fût la prière, les vœux de nos concitoyens ne furent pas exaucés. L'administration avait son siège fait; son gage — les collecteurs et leurs biens — lui suffisait : tout au plus allégea-t-elle leur charge en les libérant de la levée des *Vingtièmes*, dont les percepteurs furent distincts des collecteurs des tailles (484).

Que l'impôt ait été réparti par des asséeurs distincts, plus tard par les asséeurs-collecteurs, incidemment par le subdélégué, une fois fixés les taux de chaque taillable en la paroisse, le rôle, dûment « vérifié, signé, approuvé et contrerollé par mess. les eslheus de Nyort », était porté à la connaissance des habitants par toutes les voies de la publicité, prônes, affiches et assemblées, « aux fins que nul n'en prétende cause d'ignorance ». C'est alors que se produisaient les réclamations, les demandes en réductions, en exemption; elles abondent en tous les genres et figurent presque à chaque page de nos actes : j'en extrais ces quelques types.

Demandes en radiation des rôles. — Sur la requête de « Micheau Nivard, demandeur en radiation de taux des roolles des tailles de ce dit lieu de la Mothe où il s'estoit, pour l'injure des temps, cy devant refugyé, combien qu'il soit toujours esté taxé en la paroisse d'Exoudung sa demeure accoustumée, les habitans, tous d'un mesme accord, ont dit, veu la demeure dud. Nivard cy devant et de present aud. bourg, qu'ils accordoyent et consentoyent icelluy estre rayé de ses taux et estre renvoyé au dit Exoudung (3) ».

Assignés devant le tribunal de l'élection par « Jean Durivaut, l'un des habitans de lad. paroisse, qui se seroit pourveu en radiation de son taux de taille sous pretexte de sa minoritté, qu'il n'a fait connoistre aud. general qu'avec sa requeste, les habitans ont esté unanimement d'avis et ont donné plain pouvoir aud. sindicq de conparoir sur lad. assignation, soutenir que le dit Durivaut est bien inposez, paraport que l'ayant trouvé à la visitte et inposé en consequence comme habitant, ce qui est dans les règles, nulle personne sans privillege n'estant examp, ils n'ont point esté dans l'obligation de sçavoir l'âge du dit Durivaut qui, estant mineur comme il a depuis prouvé, devoit le faire connoistre avant l'inposition ; c'est à luy à s'imputté de n'avoir pas fait de dilligence, ainsy n'est recevable pour la taxe dejà faite ; quand à l'avenir, les d. habitans ne s'oposent point à ce qu'il ne soit inposé qu'a sa majorité (391) ».

Demandes en adjudication de taux. — Appelés à délibérer sur la requête « de Jacques et Anthoyne Pouhetz, tandant à ce que leurs noms et taux soyent adjugés à cette paroisse ou à celle de Sainct Theasne auxquelles ils sont taxés, ont, iceux abittans assemblés, esté d'advis que les dictz abittans de Sainct Theasne ne peuvent vandiquer les noms et taux desd. Pouhetz, d'aultant que est sûr qu'il y a trois ans escheus de la Nostre Dame de mars dernière passée, qu'ils demeurent et travayllent es moullins à draps de Gauvaing en cette ditte paroisse de la Mothe et est notable qu'ilz font valloir lad. ferme, par le moyen de quoy ils ne peuvent estre taxés es tailles de cette dicte parroisse de Sainct Theasne, suyvant l'édict et arrest du roy, contenant reiglement sur le faict des thailles, veryffyé par la cour des aydes le 21 juillet 1643. (152) ».

Réclamations en surtaux. — Assignés devant le tribunal de l'élection par François Guillaume, m^e orfèvre, réclamant en surtaux, les habitants font valoir « que led. Guillaume travaille de sond. metier d'orfevre, qu'il a une boutique de detail de differentes marchandises et qu'il a cens livres de rente, et qu'il n'est pas surchargé à la somme de vingt livres (351) ».

Aux plaintes de deux contribuables, ils répondent « que, ne pouvant connoistre le motif qui a determiné les collecteurs à augmenter les dits Gaillard et Texier, les dits habitans ont unanimement deliberé entreux de donner un désaveu formel aux dits collecteurs, n'entendent nullement les approuver dans leurs impositions relativement aux dits Gaillard et Texier, sauf à ces derniers à se deffendre ainsi qu'ils adviseront bon estre, à leurs risques, perils et fortune, contre les dits collecteurs qui, de leurs cottés, justifieront aussi, comme ils adviseront bon estre, la justice de leurs impositions, lesquelles ayant été faite à l'insue des dits habitans, ils ne veullent aucunement se rendre partie au procès (473) ».

Modération de taux pour services rendus, pour fixer les étrangers dans la paroisse. — S'ils regimbent parfois contre les demandes en détaxe, les habitants consentent volontiers à dégrever certains des leurs, en reconnaissance de services rendus à la communauté. Ainsi ils cotisent, à cinq sols seulement, Me Philippe Gaultier qui, greffier des tailles de la paroisse au temps de la Ligue, « a esté constitué prisonnyer par ceulx de *l'Union de Poictiers* (1) où ils l'auroyent

(1) Sur autres victimes de *l'Union de Poitiers*, v. « Ordonnance du Bureau des Finances de Poitiers, relative au remboursement, par les habitants de Chantecorps, au profit des collecteurs de cette paroisse, enlevés par les Ligueurs de Poitiers, d'une somme qu'ils avaient été obligés de payer pour sortir de prison, 24 avril 1592 ». (Bull. de la Soc. de Statist. des Deux-Sèvres, t. II, p, 218.) — Cf. également *la Ligue à Poitiers*, par M. Ouvré, Mém. de la Soc. des Antiq. de l'Ouest, 1e s., t. XXI.

mené et detenu par l'espace d'ung mois, où il auroyt faict de grands fraiz et souffert de grandz despans, dommages et intherestz, sans qu'il en eut voullu inquieter ne recourir iceulx contre les d. habitans (7) ». — A cinq sols, également, les sacristains, « en consideration des travaux et des pennes que lesd. sacristains sont obligés pour s'aquiter de leur debvoir jour et nuit pour la paroisse (258) ». — Reconnaissant de ce qu'un garçon de la paroisse a volontairement accepté d'être « soldat de millice de lad. parr., le gennernal des habittans ont consentys que l'année prochaine les collecteurs des tailles réduisent le taux (du père)... et qu'il y demeure ainsy les années suivantes (226) ».

Mus par d'autres considérations — pour accroître le nombre des taillables et, par suite, alléger d'autant la taxe de chacun — ils décident qu'un « sy devant habittant », chassé de la paroisse par le taux excessif de sa taille, « exorbitante par raport à son peu de bien, faculté et commerce, estant de la somme de 65 l. pour la taille seullement », ne sera imposé qu'à 15 l. « au cas qu'il revienne dans la paroisse (300) ». — A la requête d'un étranger, « Me Jacques Cochon, sieur de la Tour (1), lequel a remonstré ausd. habittans qu'il seroit en dessin de venir établir sa demeure avecq sa famille dans cette paroisse sy lesd. habittans voulloient l'imposer à une somme raisonnable », ceux-ci lui garantissent un taux modique, « sans qu'il puisse, par les collecteurs de lad. paroisse, estre augmenté du susd. taux par année (301) ».

Exemptions. — En outre du seigneur, du curé et des nobles résidant en la paroisse, privilégiés par essence et à

(1) Né à Ardin, de Jacques Cochon, s[r] du Vivier, et de Anne Chalmot.

titre permanent (1), certains habitants jouissaient d'une immunité occasionnelle que leur conféraient leur charge ou des offices acquis à prix d'argent. Il n'était si petit bourgeois qui, pour s'affranchir de l'impôt ou de sa collecte, hésitât à payer la finance de quelqu'une de ces innombrables sinécures, dont les noms bizarres ne répondaient parfois à aucune réalité (2), dont le revenu était souvent insignifiant ou nul, mais qui exemptaient ceux qui en étaient pourvus.

Etaient ou se prétendaient, à La Mothe, exempts de la taille et de la collecte :

Jacques Challot, s^r de la Fontayne, en vertu « des lettres ou commissions à luy données et octroyées par mons^gr le prince de Condé, contenant qu'il l'a commis et créé l'ung de ses valletz de chambre (13,56) ».

Pierre Vaudrier, « comme servitteur et gardien du chastel dud. bourg de la Mothe pour monseig^r le baron du dit lieu (85). »

Me Thomas Mousset, « veu qu'il a esté fait seigneur de l'office de contrerolleur des thailles de lad. parr. de la Mothe et que, au moyen d'icelluy, il se jacte d'estre exempt des tailles, suyvant l'édit de creation dud. office (113). »

Me Pierre Conty, « residant domestique de monseig^r le comte de Parabère, baron du dit lieu (119) ».

René Poictevin et Claude Mimault, « se pretendant, l'un

(1) En raison du caractère personnel de la taille, la franchise ne s'étendait pas à leurs fermiers.

(2) A quoi rimait, en 1661, l'office de « héraut d'armes du roi au titre de Valois », dont se prévalait un paisible habitant de La Mothe, Philippe de Mouy, s^r de Montigny ? et quelle pouvait être la fonction de « l'adjudicataire des droits d'échanges honorifiques et de prééminences dans les paroisses de Chastelars..., La Mothe Saint-Héray et Nanteuil » ?

exampt du prevost de la maréchaussée de Saint-Maixent, l'autre archer en lad. maréchaussée (176,177,294) ».

Gédéon Marescal, s[r] de la Roche-Goupilleau, en vertu des « certificatz de servisse qu'il pretant avoir rendeu au roy enses armées et avoir eu divers commendementz en icelle, et ses dits servisses avoir esté de plus de vingtz ans continuels (183) ».

François Guitteau, « M[e] de la poste de ce lieu », se prévalant « tant de lad. charge que de sa quallitté de médecin du roy (185-189) ».

Me Jean Palate, « herpanteur, priseur et mesureur des terres de cette paroisse (275) ».

Autre Thomas Mousset, « sous brigadier des gardes de son altesse serenissime monseig[r] le prince de Conty (410) ».

Etc., etc..

En 1749, « il y a au dit lieu de la Mothe, petit bourg, onze privillegiés qui sont : la poste aux chevaux, le bureau des lettres, l'entrepos du tabac, le controlle des actes des notaires et exploits, le papier marqué, le change, les entre marc des cuirs, le pied fourchu, les cartes, le receveur des consignations, les actes d'exploits d'huissiers,... de sorte qu'il faut que très peu d'habitans soint continuellement chargés (418) ».

Ces exemptions, en effet, étaient au détriment des taillables, qui payaient d'autant plus qu'ils étaient moins nombreux à supporter le taux imposé sur la paroisse. Aussi, les voyons-nous s'élever contre la multiplicité des offices et contester les titres de ces privilégiés d'occasion auxquels, en certaine circonstance (1), la riposte cavalière et le coup

(1) « A monseigneur l'intendant du Poitou à Poitiers.
« Supplient humblement parties des notables, médiocres et pauvres

de bec affilé des Mothais durent faire regretter leur malencontreuse évocation de l'un des abus les plus criants de ce temps-là, l'inégalité des charges.

Enfin, lorsque le rôle des tailles, corrigé, raturé, revenait aux mains des collecteurs, ceux-ci procédaient au recouvrement des taux jetés sur chaque contribuable.

habitants de la Paroisse de La Mothe Saint Héraye, ellection de Niort.

Disant que, vers la fain du mois d'aoust dernier (1747), ils ont eu l'honneur de vous donner leur requeste sur laquelle votre Grandeur promit aux députés et porteurs d'icelle de randre son ordonnance. Les supliants vous exposoient que, quoyque le bourg et la paroisse de ce dit lieu de la Mothe soit d'une petite estandue, les principaux habitants et les plus riches ce dispansoient de payer les taux des tailles, estoient exempts de passer collecteurs, de logemant de gens de guerre et fournissemants aux cazernes, par de prétendus privilèges, et se sont fait quelqu'uns d'eux taccer d'office par feu monseigneur Lenain votre predecesseur.

Jacques Jard, chirurgien, en a esté un sur la répresentation, dit-on, qu'il a rapporté des certifficats de personnes de ses amis qui prouvent que, au dit lieu de la Mothe et paroisses sirconvoisines, il est chirurgien charitable, qu'il voit, traite et médicamante les pauvres gens gratuitement et sans la moindre récompanse.

Sy la requeste et les prétendus sertifficats dud. Jard, qu'il présenta à Monseigneur Lenain, eussent estés communiqués aux habitans de la Mothe, il ne leur auroit pas esté difficile de prouver la fauceté, sauf respecq, des certifficats par luy mandiés, quoyque, dit-on, donnés par gens caractérizés demeurants hors la ditte parroisse de la Mothe, et de prouver que sy le dit Jard ne se fait pas payer pour ses visittes, traitemants et medicamants ches les pauvres, c'est qu'il ne s'y trouve rien à y prandre et quand il y a quelque chose de quelque peu de valleur que se soit il s'en saisit... Les supliants oublioients qu'il avoit aussy exposé estre commis ou recepveur des consignations au dit lieu de la Mothe, qui est un petit marquisat où il y a très peu d'affaires et qui n'a jamais eu un sol de consignations, et a prétendus que cette dignité, jointe avec les certifficats par luy mandiés, le mettoient au rang des Privilegiers.... ..

François Freté, marchand minotier et cabaretier, auquel le sieur Sauzé, son beau-frère, controlleur des actes des notaires, a donné, pour auter de son bureau, le registre des actes d'affirmation de voyages, qui n'en a dellivré aucun quoy qu'il parroisse, dit-on, qu'il en a dellivré un ou deux, des quels il n'a retiré aucunes retributions, estant certain que pendant vingt ans il n'en emploira pas sur son registre six actes..., non plus que le sieur Chameau pour son change, car il seroit nouveau que dans une campagne il y eust un changeur ou du moins qu'il eust des exemptions, », etc , etc.

Jusqu'en l'année 1625, période au cours de laquelle, ai-je dit, les collecteurs, nommés à part des asséeurs, furent au nombre de quatre, voici la marche de cette opération : « C'est à sçavoyr que A. fera la collecte du cartier quy escheyra à la Nostre Dame de mars prochain venant, B. fera la collecte et amas du cartier de la Saint Jehan Baptiste, C. fera la collecte et amas du cartier de Saint Michel, E. du cartier de Nouel ; et feront, les dites parties, chascun en leur dit cartier, le payement au recepveur des dites tailles à Nyort à leurs despens, promettant se desintéresser mutuellement l'un l'aultre de tous evenements durant le dit cartier et se ayder et se fournir de pappier au temps d'hui (1). » A., ayant « fait la collecte et amas de la taille du roy nostre sire pour le cartier escheu, dont pour ce faire il avoyt entre les mains les commissions et roolles de la dite paroisse, suyvant l'accord fait entre les dits collecteurs », les transmettra à B. qui, sa recette effectuée, les passera à C., etc.

A partir de 1625 jusqu'à la fin de l'ancien régime, c'est en commun que les collecteurs procèdent au recouvrement des deniers du roi : à cet effet, « ils seront tous tenus de se promener deux jours de chasque semaine, qui sera le mardy et le vendredy, suivant l'usage ordinaire, qu'ils s'assembleront tous sous les hasles, sçavoir, en hyver à sept heures du matin et en esté commencerons à cinq heures, et continueront successivement à peine, contre ceux qui manquerons, de vingt sols chasques journées, laquelle susdite somme de vingt sols sera et redondera au profit de ceux qui se promeneront, sans que ceux qui serons delinquants y puissent rien pretandre ;... et comme il est d'usage, en

(1) Acte F. Tastcreau, 6 mars 1572.

lad. paroisse, de nommer l'un des collecteurs pour porter les rolles, pour y employer les receus et recevoir les deniers de sa Majesté », ils ont choisi N., « et pour l'indemniser de ses soins et travaux », il recevra « de chascun six livres, comme il est d'usage en lad. paroisse (1). » En dehors de cette rétribution librement consentie par ses collègues au « porteur de rolles », tous les collecteurs touchaient une indemnité pécuniaire qui, fixée à « six deniers pour livre de la taille » au cours du XVIIe siècle, s'élèvera à « six et quatre deniers » ; en outre, « suivant l'ancien usage », ils seront affranchis de l'*ustensile* (220), ou « de fournir des lits aux dragons qui sont en quartier en ce lieu (346) » : — maigre dédommagement à leurs peines, aux procès que leur intentaient les contribuables, voire la communauté, « pour n'avoir point fait leur debvoir », à la détention « es prisons de Niort, à la requeste du s[r] recepveur des tailles, faute de payement des restantz des tailles à luy dheues ». Aussi, quand ils n'avaient pu se faire exempter de collecte devant l'assemblée, pratiquaient-ils un autre moyen de s'affranchir de la corvée : c'était de s'entendre, soit avec leurs collègues, soit avec d'autres habitants, généralement des sergents, qui, moyennant un prix débattu et consenti par devant notaire, les déchargeaient des risques et périls de la perception des deniers royaux (2).

(1) Acte P. Guillon, 6 février 1786.

(2) « Personnellement establis et soubmis m[e] Philippes Dupin, sergent royal d'une part, et le sieur Pierre Poictevin, l'an pres. l'ung des asséeurs collecteurs de la parr. de la Mothe Saint Heraye, d'aultre part, entre lesquels a esté fait l'accord et conventions quy s'enssuyt, scavoyr est que led. Dupin a promis et sera tenu de colliger et amasser pour led. Poictevin les deniers des thailles et aultres subsides telles que icelluy Poictevin est obligé... Icelluy Dupin en indempnisera et garantira led. Poictevin et luy fournira de quittances des recepveurs des thailles, dhuement conterollées, d'aujourd'huy en neuf mois prochain venant, à peine de tous despans, domma-

Le taux de l'impôt royal à La Mothe de 1554 à 1787

Comme complément à la pratique de l'ancien régime fiscal en notre paroisse, il m'a paru intéressant de reproduire tous les chiffres que j'ai recueillis sur le taux de l'impôt royal à La Mothe et sur les frais auxquels donnait lieu son recouvrement : j'indiquerai, au fur et à mesure de leur énumération, les sources où je les ai puisés.

1554

« Tailles [de l'élection de] Nyort pour le quartier de janvier, febvrier et mars mil cinq cens cinquante quatre avant Pasques (1)...

« LA MOTHE ST-HERAYE :

« Les habitans de la ville et parroisse du dit lieu VII^{c} LX^{l} (2). »

A 760 l. par quartier, l'impôt, pour l'année entière, montait ainsi à.................. 3040 l.

1575

« Le rolle de la grande taille, en date du 5e janvier derrer (*le chiffre n'est pas indiqué*).

« Plus ung aultre rolle montnat à la somme de 40 l. 17 s. en quoy lad. paroisse estoyt taxée pour la solde de l'armée du roy estant cy devant en ce pays.

ges et intherestz, et, moyennant ce, led. Poictevin a baillé et payé contant reaulmant et de fait, à icelluy Dupin, la somme de quatre vingtz cincq livres tz qu'il a prinse et serrée... et en a quitté led. Poictevin. Tout ce que dessus a esté respectivement voullu, stipullé et accepté par lesd. partyes...» (10 juin 1635, J. Guillon nor^{e}).

Le prix de décharge, proportionnel aux difficultés que rencontraient les collecteurs à faire rentrer les deniers royaux, est un précieux étalon de la faculté des habitants à acquitter la taille à diverses époques. A 150 l. par collecteur en 1706, il s'élève à 275 l. l'année suivante; en 1716, il est de 180 l. ; il s'abaisse à 49 l. en 1747, il sera de 300 l., pour l'ensemble des collecteurs, en 1785.

(1) A cette époque, encore, l'année commençant à Pâques, c'est au dernier trimestre de l'exercice 1554 qu'il convient de rapporter les chiffres.

(2) Arch. de la commune de Niort, n° 1155.

« Plus ung aultre rolle pour la somme de... 35 l. 6 s. pour les arrérages des moys de janvier et febvrier 1574 pour les garnisons de ce pays de Poictou (1). »

1596

« Pour le principal de la grande taille, six cent trente escus ».....................	1890 l.
« Pour le taillon, quatre vingt quatre escus sept sols (2) »........................	252 l. 7 s.

1619

« Pour la taille et crues..................	1700 l.
« Pour le taillon et equivallant............	359 l. 2 s. 2 d.
« Pour les 3 den. pour livre dhus au recepveur................................	12 l. 12 s. 5 d.
« Pour la verification du roolle de la taille et taillon	17 l. 18 s. 8 d.
« Pour la garnison, solde des prevosts et autres droits..............................	1082 l. 10 d.
« Pour les 4 den. pour livre ordonnés demeurer aux collecteurs....................	50 l. 13 s.
« Pour la verification et signature du roolle de la garnison........................	11 l. 19 s. 2 d. (3) »
En outre, à la fin de l'année, la paroisse fut imposée de la somme de...............	74 l. 13 s. 7 d.

« à quoy elle auroyt esté taxée pour sa part contributive de la somme de 4350 l. t. à quoy le tablyer et eslection dud. Nyort auroyt esté condamnée lever, au présent quartier d'octobre, pour leur part de six vingt dix mille livres ordonné par sa Majesté estre levés et payés à Mr le duc de Rohan pour la recompance du gouvernement de l'isle et chasteau de Mailzay, raze-

(1) Acte F. Tastereau, 28 février 1575.
(2) Acte F. Tastereau, 24 janvier 1596.
(3) Actes R. Guillon, 24 et 28 février 1619.

ment et desmolition du chasteau de Doignon (1). »

1620

« Taille................................	1800 l.
« Taillon, équivallant et solde des prevosts.	371 l. 11 s.
« Pour les 3 den. pour l. du recepveur.....	13 l. 3 s. 3 d.
« Pour droit de verification des roolles de la taille et du taillon.....................	19 l. 19 s. 11 d.
« Au greffier, pour la contresignation et verification desd. roolles.................	15 s.
« Pour l'enregistrement et contreroolle des quittances............................	24 s.
« La grande commission (ou garnison).....	1132 l. 11 s.
« Pour droits de vérification et signature...	13 l. 6 s. 8 d.
« Pour le sceau du roolle.................	2 s.
« Pour le contreroolle des quittances......	8 s.
« Pour le port de la commission...........	12 s. 6 d.
« Au recepveur, pour le droit de quittance par chasque quartier..................	2 s. 6 d. (2) »

1621

« Principal de la taille	1700 l.
« Pour l'équivallant......................	41 l. 12 s.
« Pour le taillon.........................	237 l. 7 s.
« Pour les prevostz.......................	91 l. 12 s. 8 d.
« Pour le recepveur	12 l. 16 s.
« Pour la garnison	1077 l. 17 s.
« Pour la veriffication, signature et contreroolle des ditz roolles	12 l. 18 s. 10 d.
« Pour le contreroolle de chacune quittance.	2 s.

(1) Acte R. Guillon, 20 octobre 1619.— Cette pièce a été publiée dans le *Bull. de l'Hist. du Protestantisme français*, t. III, p. 232. — Cette levée de fonds avait pour objet d'indemniser Henri de Rohan, qui venait d'acquérir d'Agrippa d'Aubigné, au prix de 100.000 l., le gouvernement de Maillezais et son château du Doignon qui, commandant le cours de la basse Sèvre, pouvait, aux mains des ennemis du roi, paralyser l'entreprise sur La Rochelle dont on méditait le siège dès cette époque (V. *Lettre inédite de Th. Agrippa d'Aubigné à M. de Pontchartrain*, Bull. de l'Hist. du Protest. fr., t. I, p. 384).

(2) Acte R. Guillon, 10 février 1620.

« Pour le port de la commission.......... 12 s. 6 d.
« Pour le droit de quittance.............. 2 s. 6 d. (25) »

Cette même année, le 5 août, les habitants assemblés reçurent avis de l'imposition, sur la paroisse, d'une somme extraordinaire dont le chiffre n'est pas indiqué.

1622

« Pour la taille........................ 1800 l.
« Pour le taillon....................... (*en blanc*).
« Pour l'equyvallant.................... (*en blanc*).
« Pour la garnison...................... (*en blanc*).

« desclairant, les d. procureurs, y avoir grandement de la crue et ogmentation la pres. année (35). »

1624

« Extrait veritable de la taille à quoy la paroisse de ce lieu de la Mothe Sainct Heraye estoyt cotisée l'année 1624 :

« Pour le principal..................... 1790 l. 14 s.
« Pour le thaillon...................... 404 l. 18 s.
« Pour la grande commission............. 1324 l. 16 s. (1). »

1625

« Pour le principal de la thaille........... 1900 l.
« Pour le taillon....................... 432 l. 3 s.
« Pour la garnison...................... 1362 l. 1 s.
« et aultres sommes (58). »

1626

« Pour la thaille....................... 1900 l.
« Pour l'esquivallant, thaillon et crue des prevotz............................ 432 .
« Pour la garnison...................... 1221 . 11 s.
« et aultres sommes (68). »

1627

« Pour la thaille....................... 1830 l.
« Pour l'esquivallant, thaillon et crue des prevostz........................... 410 .
« Pour les garnisons et solde des soldatz... 905 l. 17 s.
« avec plusieurs aultres petites sommes (71). »

(1) Relevé sur le *verso* d'un papier dont le *recto* porte : « Cahier de R. Guillon des années 1619 à 1626. »

1628

« Pour la thaille........................	1900 l.
« Pour l'esquivallant, thaillon et crue des prevotz............................	744 l. 17 s. 7 d.
« Pour les garnisons et aultres droits......	897 l. 16 s.
« Et outre, pour M[r] le duc de la Rochefoucault (1)...........................	37 l.
« Et pour Mr de Brassacq (2) pareille somme.	37 l. (84). »

1629

« Pour le principal de la taille............	1890 l.
« Pour l'équivallant, taillon, crue des prevotz, reget de la Rochelle (3)............	768 l. 17 s. 8 d.
« Pour la garnison, reparation de la ville de Sainct Maixant.......................	883 l. 5 s.
« et plusieurs aultres sommes (93). »	

1630

« Pour le principal de la taille............	1920 l.
« Pour le taillon et esquivallant, crue des prevotz, digues de la mer et pond de Chastellerault...........................	719 l.
« avec plusieurs aultres menus droitz (104). »	

1637

« Pour la subsistance..................	270 l. 9 s. 9 d.
« Pour l'entretien du regiment la Melleraye, compagnie des carabins de Courbesant...	269 l. 9 s. 9 d.
« Emprunt levé pour le roy sur la paroisse.	5500 l. (4). »

1642

« Pour la subsistance..................	1278 l.
« Pour la thaille, thaillon, crue extraordi-	

(1) François V, fils de François IV, comte de la Rochefoucauld, prince de Marcillac, baron de Vertcuil, et de Claude d'Estissac, lieutenant-général en Poitou, avait été fait duc et pair par lettres du mois d'avril 1622.

(2) Jean de Galard de Béarn, comte de Brassac, lieutenant-général en Poitou depuis 1622.

(3) V. plus bas, *les Charges militaires.*

(4) Acte P. Tastereau, 15 août 1639. — Le rôle de cet emprunt a été publié par M. J. Richard, sous une date inexacte (1627), dans *le Mellois*, n[os] du 21 et 28 août 1864.

naire des garnisons .... 6290 l.
« Pour la façon des roolles .... 12 l.
« Pour les sindicqz .... 20 l. (121). »

1644

« Pour le principal .... 4313 l. 16 s. 4 d.
« Pour la vérification, controlle, taxation, droictz hereditaires .... 577 l.
« Pour 4 den. pour l. attribués au greffier des roolles des thailles .... 61 l. 14 s. 9 d.
« Pour le droit de collecte attribué aux collecteurs .... 120 l. 18 s. 11 d.
« Pour la nourriture des Espagnolz .... 300 l. (141). »

1645

« Pour le principal .... 4616 l. 1 s.
« Pour les droictz des officiers de lad. eslection .... 582 l. 12 s.
« Pour droictz de collecte .... 127 l. 8 s. (143). »

1646

« En principal .... 5590 l.
« 6 den. pour liv. pour les collecteurs ....
« Pour les maire et eschevins de Niort ..... 64 l. 15 s. 7 d.
« Pour les fuzilliers de M. de Villemontée, en principal .... 450 l.
« 6 den. pour l. pour les collecteurs ....
« 6 den. pour l. pour le receveur .... (146). »

1657

« En princippal .... 7900 l.
« Pour les 3 den. pour l. attribués aux officiers, controlleurs et gardes héréditaires des roolles, créés par édit du mois d'aoust dernier (1656) .... 100 l.
« Pour les 6 den. pour l. pour droict de collecte .... 200 l. (159). »

1658

« Commission de l'année 1658 porte sept

milliers livres, d'une part, et centz cincq livres d'autre (1)....................... 7105 l. »

1659

« En princippal........................ 6400 l. (164). »

1660

« Thaille.......................... 5802 l. (171). » (2)

1661

« Les procureurs ont receu deux commissions des thailles portant en princippal, la première, 6225 l., et, dans la seconde, il restera à esgaller en cette d. paroisse que la somme de........................ 5645 l. (176). »

1662

« Thaille.......................... 5500 l. (180). »

1667

La taille, avec les frais de recouvrement, monte à.......................... 6481 l. 10 s. (3).

1670

« Thailles, en princippal................ 620J l.
« et 6 den. pour l. pour les collecteurs (187). »

1671

« Thailles, en princippal................ 6200 l.
« et 6 den. pour l. pour le droit des collecteurs (192). » ....

1672

« Thailles et subsides.................. 6000 l.
« Pour les estapes..................... 200 l.
« et 6 den. pour droict de collecte (196). » ....

(1) Relevé sur le *verso* de la page précédant l'acte d'assemblée du 19 janvier 1659.

(2) Dans l'assemblée précédente (170), les habitants constatent « qu'il y avoit diminution sur leur parroisse, considerable ».

(3) Acte J. Guillon, 10 sept. 1668.

1673

« Thailles et subsides.................... 6800 l.
« et 6 den. pour l. pour dr. de collecte (199). » (1). ....

(1) Frais faits par les collecteurs pour recouvrer cette taille :

« Pour 12 proces verbaux d'execution et d'emprisonnement.. 74 l.

« Pour 3 journées au sergent des tailles employé avec ses recordz à colliger et amasser lesd. tailles................ 15 l.

A d'autres sergents « pour journées employées à l'amas des tailles ».. 44 l. 10 s.

« Pour leur nourriture.............................. 9 l.

« Plus, auroient fait treize voyages en la ville de Nyort pour faire les payemens au sr recepveur, pour lesquelles journées, despance et de leurs chevaux, auroient employez la somme de.. 45 l.

« Plus, pour location des chevaux.................... 15 l.

« Plus, payé au sr la Barrière de ce lieu pour 2 journées de son cheval outre celles cy dessus.......................... 24 s.

« Plus, pour une autre journée de la jument de Collardeau. 13 s.

« Plus, auroient payé au concierge de Saint Maixant pour la retantion du nommé Frappier, l'un de leurs parsonniers, l'espace de cinq journées et pour sa despance desd. jours... 6 l. 5 s.

« Plus, pour autre retantion de la personne de Jallet, aussy l'un de leurs parsonniers, es prisons dudit St Maixant, pendant 20 journées.. 15 l.

« Plus, pour la despance de quatre mulletz executés sur le sr Bouneau, l'un de leurs parsonniers, et conduitz aud. Nyort.. 6 l.

« Plus, payé du papier marqué pour des executions et arrestz.. 26 s. 4 d.

« Plus, payé au sr Birault, procureur en l'élection dud. Nyort, pour les poursuittes d'un arrest fait sur André Mestayer.. 30 s.

« Plus, payé au nommé Viguier, pour avoir amené aveq sa charrette et bœufs, à la place marchande de ce lieu, les meubles executtés sur la vve Aubert.................... 15 s.

« Plus, auroient payé la somme de.................... 26 l. 8 s. pour les intherestz des sommes de 300 l. d'une part, 150 l. d'autre, et 218 l. encore d'autre, qu'ilz auroient empruntées de divers particulliers pour payer led. sr recepveur des tailles. » (Extrait d'un accord passé, le 27 oct. 1674 (P. Tastereau), entre les collecteurs de l'année 1673 et l'un d'eux « demandeur en garimant de la cause contre luy poursuivye par Jacques Savarit, marchand hostelier du logis où pand pour enseigne *l'Estoile du Nort* aud. Niort, pour avoir payement de la somme de 22 l. pretandue luy

1675

« Taille...............................	7050 l. (203). »

1685

« Lequel roolle se monte dans son total à la somme de 5230 l., y compris les 6 den. pour l., et ce quy doit se payer au s^r^ recepveur des tailles se monte qu'à y compris une somme de 620 l. pour les gratifications et remises accordées aux nouveaux convertis (1). »	5100 l.

1691

« Le roolle de lad. année se monte en son total à 5114 l., et ce qui se doit payer au receveur des tailles ne se monte qu'à....	4900 l. »

1694

« Pour le principal de la taille............	4980 l.
« Plus 6 den. pour l. pour droit de collecte.	......
« 3 den. pour le greffier des rolles.	......
« Pour le controlle des quittances du s[r] receveur..............................	3 l.
« et 6 den. par cotte de chacun taillable (240). »	......

1696

« Pour le principal......................	4280 l.
« et encore 14 den. pour l. de lad. somme, tant pour les 6 den. pour l. attribués aux collecteurs que pour les gages des greffiers des rôles ancien et alternatif.	......
« Pour la finance de greffier alternatif......	997 l.
« et pour le droit de controle............	3 l.
« Pour les taux des Fontaines et Rivières (2).	185 l.

estre dheue par led. (collecteur), pour luy avoir fourny du pain, vin et viande pour sa nourriture, pandant le temps qu'il auroit esté détenu prisonnier es prisons dud. Niort, à la req[te] du s[r] recepveur des tailles, faute de payement des restantz des tailles à luy dheues par luy et ses parsonniers, collecteurs lad. année ».

(1) Accord de collecte (J. Tastereau, 14 février 1686).

(2) « Contribution des paroisses pour être dispensées de la rigueur de

« Pour l'ustancille......................	1620 l.
« Pour les fortifications de la ville de Niort.	38 l. (252). »
« Pour le fourrage......................	433 l. (253). »

1697

L'impôt, dont le chiffre ne m'est pas connu, comprenait « la taille, l'ustencile, le fourrage, les habits des soldats de milice, le payement des officiers du régiment de milice, la capitation et autres (1) ».

1701

« La taille.............................	*(en blanc)*
« Pour l'establissement et subsistance d'un maistre et mestresse d'escolles en ce lieu (2)............................	181 l.
« Pour le remboursement des recepveurs generaux des finances et recepveurs des tailles............................	636 l. (259). »

1702

« Principal de la taille..................	4900 l.
« Pour droit de quittance...............	2 l.
« 6 den. pour l. de la susd. somme de 4900 l.	....
« Pour la veriffiquation des rolles........	13 l. 6 d.
« Pour le droit de seau des d. rolles......	6 l.
« Pour l'avis de controlle des quittances...	3 l. (263). »
« Pour l'ustancille.......................	836 l.
« Pour la capitation.....................	1672 l. 14 s. (3)
« Pour les fortifications des iles du littoral.	25 l. (263). »

1709

« Impositions... exorbitantes... (286).. »

l'édit de 1694 contre ceux qui ont retenu, détourné, dévié les eaux des fontaines, rivieres et escheneaulx dans la généralité. » (Arch. des Deux-Sèvres, C. 47).

(1) Acte J. Palate, 20 janvier 1697.

(2) V. *le Bien public : les Ecoles.*

(3) Acte E. Guillon, 10 mai 1702.

1711

« Augmentation de la taille de cette pres. année qui, avec la perte, s'est trouvée, en cette paroisse, monter à plus de 1600 l. (291). »

1716

« Taille	5000 l.
« Fourrage	313 l.
« Capitation	1500 l.
« Dixièmes	2561 l. 15 s.

« Cette paroisse, quoique des mieux situées de la generalité, n'a pas laissé de diminuer despuis quelques années de 123 feux. M. de Richebourg au département de 1715 la diminua de 300 l. (1). »

1734

« Taille, en principal	5500 l. (416). »

1742

« Taille, en principal	6320 l.
« Capitation	3000 l. (2).

1744

« Taille	6700 l.
« Fourrage	1160 l.
« Ustensile	1595 l.
« Capitation	2715 l.
« Dixièmes	1502 l. 14 s.
« Industrie	957 l. 16 s.
« Logement du commissaire (des guerres).	15 l. 15 s.
« Casernement	170 l.

« Cette paroisse a beaucoup augmenté à la taille depuis 1716, cependant il y en a encore de plus chargées que celle-là, mais le rôle d'industrie y fait une augmentation (3). »

1749

« La paroisse, depuis l'année 1734, qu'elle estoit imposée à

(1) *L'Election de Niort au XVIIIe siècle*, p. 39.
(2) Acte C. Lelièvre, 14 déc. 1742.
(3) *L'Election de Niort au XVIIIe siècle*, p. 302.

5500 l., jusqu'à la présente qu'elle est imposée à 7310 l., a augmenté du principal de la taille de la somme de 1810 l., les autres impositions à proportion (416). »

1753

« Principal de la taille	7360 l.
« Pour les 6 den. pour l. attribués aux collecteurs	184 l.
« Pour droit de quittance	2 l.
« Pour le sceau du present rolle	14 l. 8 s.
« Plus, pour la capitation	3310 l.
« Pour les cazernements	170 l. 16 s.
« Pour les 4 den. pour l. de la dernière somme	2 l. 16 s. 8 d.
« Pour la part de la parr. dans le logement du commissaire des guerres	22 l. 10 s.
« Pour le fourage	880 l. (1)

1781

« Principal de la taille	7170 l.
« Pour impositions accessoires de la taille	3434 l.
« Pour la capitation, y compris les 4 sous pour l. et les impositions établies au marc la livre de la capitation	4207 l. (474). »

1786

« Principal	7170 l.
« Accessoires	3439 l.
« Capitation	4211 l.
« Pour le syndic de la paroisse	30 l. (481). »

(1) « Roolle egallement fait sur tous les manans et habitans de la paroisse de L. M. S. H. pour l'année 1753. » (*Cab. du Dr Sauzé.*)

II. — Les charges militaires.

LOGEMENT DES TROUPES DE PASSAGE

De toutes les charges imposées à la communauté, le logement des gens de guerre chez l'habitant était, sinon l'une des plus onéreuses pour sa bourse, tout au moins l'une des plus redoutées pour les conséquences de cette mise en commun du foyer familial, dont les membres ne conservaient qu'un seul privilège, celui de ne pas être délogés de leur propre lit. Certes, le droit au logement n'était pas alors exercé avec la discrétion et la réserve dont il convient de louer la discipline militaire actuelle : aussi, voyons-nous les habitants, aspirant à s'y soustraire, faire mouvoir, dans ce but, tous les ressorts capables de détourner de la paroisse le flot calamiteux des armées en campagne.

En 1620, c'est au baron de La Mothe qu'ils sont redevables « des exemptions du logement et traictement des gens de guerre de l'armée du roy (22) ». En 1622, ils obtiennent « sauvegarde de M^r le comte de la Rochefoucault, gouverneur de ce pays de Poictou (37) ». L'année suivante, sur le point d'être envahis, les habitants s'empressent d'offrir « du pin et vin à une certaine compagnie de gens de guerre quy voulloyt loger en ce lieu, pour l'empescher de loger (53) ». Deux ans après, c'est leur futur seigneur, Henri de Baudéan, qu'ils supplient « d'obtenir sauvegarde pour empescher du logement d'iceux en cette d. paroisse (64) ». C'est encore à « l'intercession, bienveillance et bonne volonté » des Parabère « à la conservation de lad. paroisse », qu'ils doivent, en 1627, d'avoir « obtenu de

M[r] le duc d'Angoulesme (1), conducteur et lieutenant general pour le roy de son armée en ce pays, une sauvegarde pour empescher que les gens de guerre ne viennent loger en ce lieu »,... et avec quel empressement ils votent, au valet de chambre du seigneur, les « deulx pistolles d'or qu'il auroyt advancé à l'optemtion de lad. sauvegarde (74) ».

RÉQUISITIONS

Au même temps, de 1621 à 1628, c'est-à-dire au cours des prises d'armes qui s'échelonnèrent depuis la levée de boucliers décrétée par la Ligue protestante de La Rochelle jusqu'à la prise de cette ville, la communauté mothaise dut subvenir aux réquisitions, d'ordres divers, nécessitées par les opérations de l'armée royale.

Vers le milieu de l'année 1621, lors de l'investissement de Saint-Jean d'Angély, l'une des places des rebelles, la paroisse dut fournir, au prix de 90 l., un journalier qui servit « de pionnier à Sa Majesté, durant le cours de trois moys, lors du siège que Sa Majesté avoyt devant la ville de Saint Jean, qui estoyt au moys de juillet (27, 28, 30, 31, 34) » (2).

L'année suivante, « pour l'armée du roy conduitte par monseigneur le conte de Soissons (3) au siège de la Rochelle », les habitants durent s'imposer la dépense de

(1) Charles de Valois, fils naturel de Charles IX et de Marie Touchet, né en 1573, mort en 1650. Il porta d'abord le titre de comte d'Auvergne qu'il quitta en 1619, après avoir reçu le duché d'Angoulême.

(2) Ces actes ont été l'objet, de la part du Dr Sauzé, d'une communication à la Soc. hist. de St Jean d'Angély (V. Bull., 1864, p. 260).

(3) Louis de Bourbon, comte de Soissons, « pair et grand Me de France, gouverneur pour le roy en Dauphiné, lieut[t] gen[al] pour Sa Majesté en ses armées de Xaintonges, Aulnis, Poitou et Brouage et paiis circonvoisins (41) ».

76 boisseaux d'avoine,« mesure de Sainctes, à vingt cinq sols le boisseau, quy reviendroyt, pour led. nombre, à la somme de quatre vingtz quinze livres (39, 40) », puis d'une charrette « garnye de six bœufz ou quatre chevaulx (41) », puis,encore, « six pierrieurs, ouvriers et manouvriers, pour parfaire le nombre de deulx centz cinquante que led. tablyer (de Niort) est tenu fournir au camp du roy à Lalleu devant la Rochelle (42) » : en cette circonstance, les habitants s'étant « absentez sans voulloir faire aulcune delliberation ne fournir d'argent (44) », la paroisse dut payer une amende de 17 l. 6 s. 5 d., « par deffault d'en avoir fourny (47) ».

En 1627, La Mothe dut livrer « deulx pionniers, garnis de picq et palles et aultres oultis convenables, pour servir à faire des fortz pour Sa Majesté au siège de La Rochelle, et une charette attelée et en bon équipage, pour mener les bois de chauffage pour l'armée (75, 78) » ; « et pour faire les fraiz et advance des affaires cy-dessus, [les habitants] ont consenty et donné charge aux procureurs d'emprunter à intheretz la somme de deulx centz livres ». Or, les procureurs remontrent qu'il leur sera impossible de trouver prêteur, à moins « qu'il n'y aye quelques cincq ou six des plus moyennez habittans de lad. parr. quy s'oblige avecq eulx à la restitution de lad. somme, ayant, à cette fin, sommé iceulx habittans de ce faire et le consentir », — à quoi ces derniers se refusent catégoriquement (76).

« Apprès qu'il leur auroyt esté impossible d'en pouvoir trouver à emprunter en ced. bourg et parr., quelques demandes et recherche qu'ilz en ayent peu faire », les procureurs « ont déclaré avoir trouvé homme à Saint Maixant quy leur assure de prester à lad. parr. la somme de quatre centz livres en rente constituée au denier seize, moyennant que trois ou quatre des plus fameulx et moyennez de lad. parr., qu'ilz leur ont bien nommez, leurs voullussent, avecq lesd. proc. fabricq., assigner lad. rente annuelle sur leurs biens et s'y voullussent obliger (77) ». Encore une fois, les habitants repoussent cette procédure, mais néanmoins consentent « estre levé, esgallé et colligé, sur tous les contribuables aus tailles, la somme de 500 l. aux fins de fournir et faire les fraiz et payemens des ditz pionniers et charrette, que aultres fraiz qu'il conviendra faire et payer pour l'armée de Sa Majesté (78) ».

A la fin de cette année 1627, nouvelle réquisition de « six jornalliers et d'une charrette attellée, pour estre mené en l'armée du roy devant la Rochelle, pour servir durant deuls mois à commencer dès le 15e dud. present mois (décembre) ». La charrette devant être fournie « avec l'ayde et contribution de la parr. de Mougon », ses procureurs durent, en cette circonstance, comparaître devant l'assemblée générale des habitants de La Mothe, « pour voir faire et donner lad. charrette au rabais et moings disant ». La part contributive de notre paroisse se montant à 1000 l. et la communauté étant dépourvue de ressources, les procureurs emprunteront « deniers pour ce faire où ilz en trouveront (81, 82, 89) ».

L'année suivante, au mois d'avril, « par une commission et contraincte de Mrs les tresoriers generaulx de Poitou en dathe du 10e du pres. mois », La Mothe devra « fournir et advancer pour une quarte partye, la ville de Saint Maixant pour une moytyé, et le bourg et habitans de Champdenier pour l'aultre quarte partye, aux vivres qu'il conviendra pour la nourritture ordonné estre donnée, par estappe assigné es bourgs de Mazière et Sainct Remy, aux gens de guerre pour l'armée du roy au camp du siège de la Rochelle ». En vain les habitants remontrent « qu'il n'est raisonnable que lad. parr. seulle contribue, pour une quarte partye, aux fraiz des logemens quy se feront de tous les gens de guerre descendans vers led. camp, tant pour l'extrême pauvretté des habittans de lad. parr., esloingnée de six lieues des lieux où sont ordonné les dittes estappes, quy est chargée de grosses thailles et subsides, quy n'ont aulcuns deniers commungs ny personne des ditz habittans quy aye la faculté et pouvoir d'en faire aulcune advance », en vain ils supplient les élus « qu'il leur plaise ordonner ung regallement sur la generallité de lad. eslection, à l'instar des aultres eslections (88), »... « Sainct Maixant et Champtdenier auroyent fait signiffyer, et, despuis, leur auroyt esté mandé par lettre de Sa Majesté du 27e dud. mois et an, qu'ilz eussent tous ensemblement à satisfaire incontinant et sans dellay ausdittes commissions sur les pennes y indittes..., quy auroyt causé ausd. proc. de ce transporter aud. Sainct Maixant affin d'en communicquer aux maires et eschevins et sindicqs dud. lieu, pour scavoir le comportement et mettode qu'il y falloyt tenir, lesquelz leur auroyent escript la mettode et ordre par une lettre qu'ilz auroyent escript au general des habittans de lad. parr. de La Mothe, en dathe du jour d'hier (29 avril), signée Greffier maire et Greffier sindicq » : en conséquence, l'assemblée donne charge aux procureurs de se joindre « avecq les ditz de Sainct Maixant et de Champdenier pour l'accomplissement des dittes commissions et mandement (88).» — Or, « estant aud. Saint Maixant », les procureurs auraient « trouvé un expediant par lequel on auroyt promis de descharger les ditz habittans de la parr. de La Mothe dud. fournissement, moyennant la somme de douze solz pour homme par jour » : assentiment unanime de l'assemblée, qui donne « pouvoir ausditz proc. fabricq. de contracter et promettre lesditz douze solz, par homme par jour, à ceulx quy voudront entreprendre led. fournissement à la descharge desd. habittans,... et, pour cet effet, emprunter deniers jusques à la somme de trois centz livres (89) ».

Enfin — épilogue du fameux siège, La Rochelle ayant capitulé (28 octobre) — la paroisse dut « fournir, dedans le 24 du pres. mois (novembre), de quatre journalliers garnis de picqz, palles, hoyaux et aultres ustansilles propres à la desmollition des murailles de la ville de La Rochelle (92) » (1).

Pour en finir avec les réquisitions auxquelles la paroisse dut faire face en dehors de son territoire, il me reste à signaler la fourniture, au magasinier de Saint-Maixent, à la fin d'avril 1696, « de six rations de fourrage par jour, pour partye des fourrages de quatre compagnies du régiment de dragons de Valence qui sont en quartier en lad. ville de Saint Maixent (255) ».

LES MILICES : MILICE BOURGEOISE, MILICE PROVINCIALE

Milice bourgeoise. — En l'année 1669, au lendemain d'un arrêt du conseil d'État (19 sept. 1668) plaçant les milices bourgeoises sous les ordres du lieutenant-général

(1) Par lettres patentes données à La Rochelle, le 11 novembre, Louis XIII avait mandé aux officiers de l'élection de Niort d'envoyer à La Rochelle 200 hommes pour être employés au rasement des fortifications, tant au dedans qu'au dehors de la ville, les tours de la Lanterne, de la Chaine et de Saint-Nicolas exceptées, parce qu'elles étaient jugées nécessaires à la défense du port. (Arch des Deux-Sèvres, C. 11).

de la province, La Mothe vit se former une compagnie de miliciens, composée des habitants de la paroisse, et dont les chefs, choisis parmi les notables, furent élus en assemblée générale.

Par un édit de mars 1694, Louis XIV ayant mis en vente, à titre d'offices héréditaires, les charges d'officiers de milice bourgeoise jusqu'alors réservées à la nomination de la communauté, La Mothe reçut signification d'un « arrest du conseil d'estat, du 24e aoust, et un roolle du mesme conseil, du mesme jour, par lequel les habittans de ce dict lieu, pour estre continuez en la pocession et jouissance de nommer et establir un capitaine major, un lieutenant et autres officiers burgeois, led. general est taxé à la somme de quatre centz livres et les deux solz par livre de lad. somme », dont les Mothais consentent l'imposition « sur les taillables de lad. paroisse, au sol la livre de la taille de la pres. année (245). »

C'était un surcroît d'impôt à leurs charges déjà si lourdes ; aussi accueillirent-ils avec reconnaissance l'offre que firent, en l'assemblée suivante, « Me Pierre Guillon, procureur fiscal de ce lieu, [qui a] remontré que, depuis l'année 1669 jusqu'à l'année 1690, il auroit exercé la charge de capitaine de milice en ce lieu et qu'il prie les habitans de le nommer et continuer en lad. charge, leur offrant de payer, à leur acquit, la somme de 250 l. en principal et les 2 solz par livre ;... et aussy René Jard Bourdinière [qui], ayant fait la fonction d'enseigne dans lad. compagnie de milice, offre de prendre lad. charge, moyennant qu'il payera 150 l. et les 2 solz par l. à la décharge desd. habitans, pour jouir des droits et privileges portés par led. arrest (246) (1). »

(1) A la mort de P. Guillon, « la charge de capitaine major de la com-

Les paroisses d'alentour étaient dotées d'une institution semblable : c'était la *garde nationale* de l'époque.

Pendant la guerre de la succession d'Espagne, lorsque vinrent les grands revers et que la France, épuisée, dut recourir à toutes les forces disponibles, l'on songea à utiliser ces formations pour la défense du littoral, et ces compagnies, réunies, constituèrent le corps de troupes que les papiers du temps désignent sous le nom de *Régiment d'infanterie de Baynault*, sans doute parce que cette localité (1) fut le centre où devaient se réunir, en cas de mobilisation, les milices bourgeoises de la région. — J'ai dit ailleurs (2) la part, plus que modeste, qu'elles prirent, en 1706, à la défense des côtes de La Rochelle.

Milice provinciale. — Avant l'époque (1688) où Louvois traçait le plan d'organisation des milices provinciales, le recrutement des gens de guerre, à La Mothe, s'était fait, soit au moyen d'enrôlements volontaires, soit par racolements individuels, soit par enrôlements forcés sur la réquisition de l'autorité.

L'engagé volontaire devait s'armer et s'équiper à ses frais : Pierre Thibaud, « estant en vollonté de prandre les armes pour aller au service du roy en son armée devant Cambray », achète de Pierre Rougier, marchand à La Mothe, « un cheval de poil gris arnaché de celle et bridon, le prix de six escus deulx tiers, plus une arquebuze à mèche de

pagnie bourgeoise de ce lieu estant vacante,... est intervenu Me Izaac Girault, juge senechal de ce lieu, qui a dit que la veufve de feu Me Guillon luy a cédé lad. charge, et requiert les habitans de consentir qu'il en soyt pourveu. — Tous lesquelz habitants assemblez sont d'avis et consentent... (257). »

(1) Village de la commune d'Exoudun, sur la grande voie allant alors de Poitiers à la mer.

(2) *Vieux papiers : les Milices*. — *Mercure Poitevin*, août 1900.

trois piedz de canon, marchandé à deulx escus trente solz, plus un bas de chausse de carisy, sous coulleur de pouppre, cinquante solz, faisant en tout dix escus solz que led. Thibaud promet payer le jour et feste de Pasques prochain, et plus tost, s'il est de retour de son d. voyage (1) ».

Un autre mode de recrutement consistait à racoler, de gré ou de force, de pauvres diables, moyennant une prime déterminée. Alors, la vie humaine était cotée à bas prix. Pour un écu chacun, l'Etat avait, en 1630, autant de fantassins qu'il voulait. Ce prix doubla, tripla vers la fin du règne de Louis XIII. Stationnaire sous Mazarin, il s'accrut considérablement lorsqu'il fallut combler les vides que créèrent, dans les régiments, les guerres de Louis XIV : en 1691, un Mothais, Jacques Bonneau (2), capitaine au régiment de Picardie, recrutait des hommes à La Mothe sur le pied de 60 livres.

Le contingent fourni par l'enrôlement volontaire et le racolage ne fut pas toujours à la hauteur des besoins militaires, et, pendant la guerre de Trente ans, les populations furent appelées de force à remplir les cadres créés par l'augmentation de l'effectif. Le 27 avril 1636, « en vertu de la commission du roy à eux adressée par M[rs] les président, lieutenant et esluz de la ville de Niort en datte du 12e du pres. mois et an, portant commission pour amasser gens de guerre en toutes les paroisses de lad. eslection, pour partie des recrus de quattorze centz [hommes] que sa Majesté veult et ordonne estre levé pour le régiment de la Frezelière, à proportion des feux dont lad. eslection est compo-

(1) Acte F. Tastereau no[re], 8 sept. 1595.
(2) Fils de Jacques, s[r] du Chesne et du Colombier, et de Suzanne de Lugré.

sée », les habitants de La Mothe durent nommer six d'entre eux, « capables de servir et de porter les armes, lesquelz, une fois nommez, auroyent au greffe de lad. eslection leur nom, surnom, signal, poil, âge et demeure, pour les pouvoir recognoistre.... Et sur les remonstrances fâite par lesd. proc. fabricqueurs qu'ilz n'ont aulcuns deniers entre les mains pour frayer aux fraiz de lad. paroisse ne pour esquipper lesd. soldatz..., lesd. habitans ont consenty qu'ilz emprunte la somme de 40 livres ».

La levée des recrues n'était alors qu'un expédient passager et local. En établissant, par son ordonnance du 29 novembre 1688, les milices provinciales (1), Louvois créa une institution qui, sous Louis XV, devint permanente et générale.

Sous ce régime, les habitants de La Mothe, réunis en assemblée générale, durent choisir dans la paroisse deux (2) soldats, « âgés de vingt ans au moing et au plus de quarante, garçons ou nouveaux mariés », qui, une fois nommés,

(1) La comtesse de Pardaillan (1), femme du lieutenant-général en Poitou, écrivait, le 15 décembre 1688, à un Mothais, M. d'Ariomant (2) : « M. de Pardaillan vient de recevoir un paquet du roi pour faire un régiment de milices dans l'étendue de son commandement. On fera dans toute la généralité de Poitiers quinze compagnies d'infanterie. Ce sera chaque paroisse qui fournira un homme à leurs dépens. Ainsi cinquante paroisses feront une compagnie. Les gouverneurs et lieutenants de roi nommeront les officiers ; et ces officiers seront payés sur la généralité qu'on lèvera sur les taillables, au sol la livre. Voilà encore de l'augmentation sur les tailles ! voilà des fruits de la guerre ! » (*Note sur l'émigration protestante du Poitou*, par M. de la Boutetière, Bull. de la Soc. des Antiq. de l'Ouest, 1re s., t. XIV, p. 354 n.)

(1) Jeanne-Thérèse Mayaud, femme de Alexandre de Baudéan-Parabère, comte de Pardaillan, l'un des fils d'Henri de Baudéan, marquis de La Mothe-Saint-Heray.

(2) Cesar-Henri Birot d'Ariomant, sr des Côtes de Goux, de la Chevalerie et de Beauregard, président du siège royal de Saint-Maixent, fils de Pierre Birot et de Judith Marescal.

(2) Le nombre était déterminé par le taux de la taille ; une paroisse devait autant de fois un milicien qu'elle payait de fois 2000 l. de taille.

étaient conduits « en la ville de Saint Maixent pour passer en revue et estre acceptés par le commissaire des guerres,.. le tout à peyne (par laparoisse) de souffrir garnizon et (par les miliciens) d'estre traitté comme dezerteur (225) ».

Le choix des hommes, ainsi laissé aux habitants, donnait lieu à des brigues, à des marchés scandaleux qui rendirent odieux ce mode de recrutement; aussi, trois ans après l'ordonnance de Louvois, le tirage au sort fut-il substitué à l'élection (ord. du 23 déc. 1691).

En conséquence, les syndics durent faire « une exacte perquisition et recherche, dans lad. paroisse, de tous les jeunes gens quy sont capables et en estat de porter les armes, du depuis l'aage de 20 ans jusques à 40, dont ils dresseront un roolle qu'ils raporteront à la première assemblée à laquelle ilz (les jeunes gens) seront advertis de se trouver pour proposer leurs excuses, sy aucunes ilz ont, et ensuitte tirer au sort,... et aussy d'advertir les plus proches parans de se trouver à lad. assemblée afin que, en leurs absences, ilz soyent obligez de tirer au sort pour eux, et qu'à deffault ausd. parans de s'y trouver, il sera tiré au sort, pour les defaillantz, par le premier passant (237) ».

Au jour fixé, « affiché par lesd. syndics au potheau publicq de ce lieu de La Mothe », les jeunes gens se réunissaient « dans la chambre du *parquet* », sous les halles. Devant eux l'on mettait dans un chapeau des billets en nombre égal aux inscrits. Deux billets *noirs*, ainsi qualifiés parce que le mot *milicien* y était écrit, se trouvaient parmi les autres, blancs: ceux qui les tiraient étaient « recrues de la paroisse ». Pour les consoler des rigueurs du sort, ils recevaient de leurs camarades une somme d'argent, préalablement versée au chapeau d'où étaient sortis les malencontreux billets noirs (1). — Il arrivait qu'un garçon, se dévouant, acceptait délibérément la charge, « moyennant la somme de 100 l. quy luy sera payée par lesd. jeunes gens dans huitaine (241) ».

S'il y a désertion, maladie ou mort en service, la communauté doit, aussitôt avisée, procéder au remplacement (237, 241) ; sinon, et « faute d'avoir fourni et presenté l'un des soldats de milice, un huissier archer auroit establi garnison en cette paroisse (254) ».

L'habillement, l'équipement, l'armement sont à la charge de la communauté ; la fourniture, d'abord faite en nature (2), fut, par la suite, remplacée par une prestation de 18 l. 10 s. par milicien (241). Les frais de tirage et de conduite, avancés par le général, étaient remboursés par l'administration sur présentation de mémoires (277).

De 2 à 3 ans à l'origine, la durée du service fut portée à 6 ans ; ce fut le maximum. Le remplacement fut tour à tour interdit, autorisé, favorisé même par les pouvoirs publics (3).

Licenciées après les traités d'Utrecht et de Rastadt, ce ne fut qu'en l'année 1726 (ord. du 25 février) que ces milices, jusqu'alors simples auxiliaires de l'armée en temps de guerre, constituèrent une réserve nationale d'infanterie en tout temps. Le contingent du Poitou forma les 3 bataillons

(1) Pierre Bonnin, milicien de la paroisse de La Mothe, « tombé au sort du billet», met en dépôt chez sa mère « la somme de 150 l. provenant *en partye* des deniers quy avoient esté mis au chappeau par les garçons de la paroisse ».

(2) Pour deux soldats de milice on employa : « pour des estofes, armes et autres choses necessaires pour habiller et armer lesd. deux soldatz, 117 l. 14 s... (216). »

(3) Louis Goguier s'engage au lieu et place de Chauvineau, « pour la milice et armée du roy, pour la paroisse de Gioux pour l'année 1704, pour faire led. service pendant trois années, conformément aux ordonnances royales », moyennant la somme de 300 l.

de Poitiers, Saint-Maixent et Fontenay : c'est à Saint-Maixent que La Mothe, avec les autres paroisses de l'élection de Niort (1), envoyait ses miliciens (2).

GARNISONS. — DRAGONS. — CASERNES

Garnisaires pour faire rentrer l'argent des contribuables dans les coffres du roi, dragons pour faire rentrer les huguenots dans le giron de l'église catholique, tel fut le régime, vexatoire, ruineux, dont, au cours de longues années, La Mothe eut à supporter l'odieux exercice.

En l'année 1639, la paroisse — avec bien d'autres ! — n'ayant pu achever d'acquitter les dernières tailles, fut prévenue « que le s[r] de Courbesant, cappitayne de certains carabiniers, est en campagne pour contraindre les habittans desd. paroisses de loger à discrétion en icelles ses hommes jusques à parfaict payement (120) ». En 1643, toujours pour hâter la rentrée de l'impôt, « et que mesme le recepveur de Niort auroyt desja fait emprisonner l'ung des

(1) « En execution de l'ord. du Roy du 25 février 1726, il a été levé dans l'élection de Nyort deux cent dix hommes qui ont étés conduits par les sindics et adjoints dans la ville de Saint Maixent pour faire partye du bataillon de six cents hommes qui devoyent s'y assembler. » (Léo Desaivre, *l'Election de Niort au XVIIIe siècle*, p. 156).

(2) L'*Histoire des milices provinciales 1688-1791* (thèse présentée à la Faculté des lettres de Paris, 1881, par M. J. Gebelin) relève, en certaines opérations militaires, la trace de nos soldats provinciaux. En l'année 1690, en Piémont, alors que Catinat battait le duc de Savoie à Staffarde, la milice du Poitou, sous les ordres du marquis de la Carte, tenait libre la vallée de Pragelas (p. 47). En janvier 1746, le bataillon de Saint-Maixent, appelé à l'armée de Flandre, concourait à l'investissement de Bruxelles (p. 193, n. 2). Au mois de juillet 1759, lors du bombardement du Hâvre par les Anglais, c'est aux bataillons de Saint-Maixent et de Blois que fut confiée la mission de garder la plage d'une descente de l'ennemi (p. 218). — Je ne sache pas que nos hommes aient pris part à d'autres opérations militaires, la guerre de Sept ans, du reste, étant la dernière où les milices provinciales furent assujetties à un service actif.

collecteurs, à faulte du payement du premier quartier de la subsistance », La Mothe reçut « quatre compaignies de gens de pied destinés pour tenir garnison avecq la compagnie de carabins de Courbesant, sellon la commission du 2e de janvier 1643, signée du sr de Villemontée, intendant de cette province » : pour subvenir à leur entretien, la paroisse dut s'imposer de 410 livres (134). Un rôle de 1065 l. 2 s. sera nécessité par « la compaignie de cavallerye quy a demeuré en quartier d'hiver en ce lieu et quy a entré le 15e de décembre dernier (1676) et ha sorty le 5e de ce mois d'avril » : sur ce rôle, une somme de 185 l., n'ayant pas été employée à la subsistance de la garnison, fut affectée, en 1681, « par ordonnance de Monseigr de Marillacq, intendant de cette province, en date du 23e de juillet, à la nouriture et entretien des prédicateurs en lad. paroise (210) ».

Cette année-là, en effet, des prêtres étrangers étaient venus prêcher à La Mothe, suscitant de nombreuses abjurations (1) au sein de la population aux trois quarts protestante alors. Il y a lieu de penser que le mouvement, stimulé par l'octroi de certains avantages (2) et par les *bons*

(1) 1150, en 1681, au dire de M. A. Lièvre (*Histoire des Protestants du Poitou*, t. III, p. 336) : au « Pappier des nouveaux convertis dans la paroisse de St-Héraye de la Mothe l'an mil six cent quatre vingt un » (*Reg. paroissiaux*), je n'ai relevé que 110 hommes, 87 femmes, 90 enfants, dont la majeure partie est étrangère à la paroisse.

(2) Henri Rousseau, meunier à La Mothe, déclare, « qu'en execution de son acte de conversion à la religion catholique, apostolique et rom. », il entend « jouir du privilege et benefice accordé par Sa Majesté aux nouveaux convertis, par son arrest du conseil du 18 nov. 1680, par lequel Sa Majesté proroge le payement de leurs dettes durant le cours de trois années à commencer du jour de leur conversion, en payant à leurs créanciers les intherest des sommes dont ils pourroient estre debiteurs. » (J. Palate, nre, 17 avril 1682). — V. aussi, plus haut, *Tailles 1685* : « ... 620 l. pour les gratifications et remises accordées aux nouveaux convertis. »

sur la caisse de Pellisson, dut être singulièrement influencé par l'entrée en scène des trop fameux *missionnaires bottés* de Louvois. Enregistrant, sans passion, l'apparition successive de ces tristes acteurs, nos procès-verbaux témoignent, du même coup, du faix excessif dont ils pesèrent sur la paroisse (1).

En novembre 1686, par ordre du marquis de Vérac,

(1) A rapprocher du *Procès-verbal d'une dragonnade en 1681*, publié par M. Alfred Richard dans les *Poésies de Jean Babu*, p. 45, cette déclaration, du 20 déc. 1681, dans laquelle Antoine Chameau, md à La Mothe, rappelant qu'en sa qualité de « commis à la perception des droits sur les chevaux, mullets et autres bestes de louage », il a « tant sauvegarde que autres exemptions », ajoute :

« Cependant, au préjudice de tout ce que dessus, le sr Huchard, hoqueton de monsgr l'intendant de cette province, n'auroit pas laissé de loger, en la maison dud. Chameau en ced. bourg de La Mothe, le nommé monsieur de la Can, capitaine de cavalerie, avect tout son equipage, lequel capitaine auroit demeuré dans la maison dud. Chameau depuis le 5e octobre jusqu'au 6e novembre, pendant lequel temps led. capitaine, ses vallets, chevaux et chiens luy ont fait dépanse :

« Premièrement, de 38 escus qu'il auroit donné en argent aud. capitaine.

« Plus, qu'ils luy ont bu et consommé pour la somme de 58 l. 10 s. de vin, plus 9 l. 12 s. de pain blanc pour led. capitaine, 3 boisseaux froment et 3 de seigle pour faire du pain pour les vallets et les chiens, vallant led. bled la somme de 15 s..

« Plus, 20 l. tant de chapons que poulles, bœuf et mouton 16 l., 60 livres de chandelle à 7 sols la livre, plomb et poudre 6 l., tabac 5 l., pipes à fumer 30 s..

« ... 20 livres de lard à 6 s. la livre, 6 l., poisson de mer 15 l., 2 livres de sucre valant 30 sols, 20 livres de beurre à 8 s. la livre, 8 l., 2 pintes d'huile de noix pour faire la soupe pour ses chiens 40 s..

« Une charretée de foing, une charretée de paille, 40 l., 20 boisseaux d'avoine, 20 l., 2 cents de fagots et 2 charretées de gros bois, 20 l.

« Nous a aussy desclaré led. Chameau que lorsque le capitaine arriva chez luy, qu'il fit casser la porte de sa maison, et qu'estant entré fit aussy casser la porte de sa boutique, dans laquelle boutique les vallets dud. capitaine prirent pour 5 l. de deniers qui estoient dans le contouer, un manchon de chien, une paire de bas de Saint Maixent neuf et un bonnet de peluche, et, dans la chambre haute, les d. vallets luy ont aussy pris une paire de pistolets et une espée pougnée d'argent, plus six serviettes,... plus ont cassé un cabinet de bois de cormier et quatre armoires et les vitres de lad. chambre, et en outre ont cassé 10 douzaines de verres tant communs que autres... »

lieutenant-général de la province, les habitants durent cevoir et loger « un capitaine réformé de la Cie de Malcoq du régt royal de Piedmon,... et luy fournir le fourrage, le logement et les ustancilles », ce qui coûta à la paroisse 3 l. par jour (212) ».

« Pour le payement de la nourriture et fourrage fourny à deux dragons quy ont demeuré en lad. parr. depuis le 1er décembre 1688 jusqu'au 5 may 1689 », la somme s'éleva à 332 l. 19 s.4 d., sur laquelle le roi fit remise de 75 l. pour les rations de fourrage (215).

Le 12 juin de cette même année 1689, l'assemblée donne pouvoir aux syndics « d'imposer la somme de 600 l. par mois pour le payement des fourrages, ustanciles et autres choses fournis à une compagnye de cavallerye de Baudean, du regiment de Noaille », qui tient garnison en la paroisse du 7 juin au 2 juillet. A celle-ci succède, du 28 août au 27 septembre, « la moytyé de la compaygnye de dragons du sr de Caubec, capitaine au 1er regiment du Languedoc (219) ».

En 1690, on dut lever 300 l., « laquelle somme sera employée au payement des ustencilles quy sont ordonnés estre fournis au colonel du regt de Sibour en garnison en cette paroisse, à commencer du 24e de ce mois (novembre) jusqu'à sa sortie (223) » ; l'année suivante, 400 l. « pour l'entretien de vingt cavalliers de la Cie colonelle du regt de Sybours (227) ».

En 1694, au mois de mai, « il est venu en cette paroisse une compagnie de dragons de M. de Fleury, du regt de Montalais, pour y séjourner jusqu'à nouvel ordre, lesquels sont logés dans les maisons particulieres » : dépense, « levée sur le general », 4 l. 19 s. par jour (242, 245). Au mois de juillet, c'est « l'escadron de Bourgongne, composé de 64 maistres (244) ». L'année suivante, en avril, « c'est une compagnie de chevaux legers quy est en garnison en ce lieu, et que mesme il leur faut fournir de bois et chandelle comme on fait ailleurs (248) ».

Devant ce surcroît de charges à leurs tailles déjà si lourdes, les habitants solliciteront le remboursement de certaines dépenses. Dans l'assemblée du 1er mai 1707, ils délégueront le syndic vers l'intendant, « luy remonstrer très humblement qu'ilz auroient logé, pendant quatre mois et demy, deux compagnies de dragons du régiman de Veracq, quy auroient arrivé en ce lieu le 15e de décembre et auroient party le 28e d'avril dernier, et qu'ilz les auroient nourry sans recepvoir aucune chose de leur paye, et de suplier très humblement mond. seigneur l'intendant de voulloir bien leur faire payer une somme quy leurs est si legitimement dheu et laquelle ilz n'ont ausé demander aux dragons logés chez eux, pour avoir la paix dans leurs maisons, et ont mesme esté obligés de donner aux dragons des quittances, pour n'estre pas insulté par eux et pour les faire sortir de leurs maisons (281) » (1).

(1) A la liste des garnisons à La Mothe, que nous font connaître les procès-verbaux d'assemblées, j'ajoute ces notes, relevées en d'autres actes notariés et dans les registres paroissiaux :

16 oct. 1693 : c[t] de mariage de Pierre Lepied, « cavalier de la c[ie] de m[r] le chevallier d'Aussonne, de présent en quartier à la Mothe ». — 12 avril 1708 : « Pierre Cherbonneau, a present dragon dans la c[ie] du s[r] Cherault en garnison à la Mothe. » — 29 avril 1708 : Testament de Gabriel Laurent, de Couhé, « engagé en qualité de dragon au rég[t] de Villegaignon, de present en quartier d'hiver à la Mothe ». — 15 mars 1712 : c[t] de mariage de Salvy Portal, chirurgien-major au reg[t] de Verthamond, « la c[ie] colonelle est en quartier en ce bourg de la Mothe ». — 8 juin 1721 : « Cie mestre de camp du reg[t] royal Piemont cavalerie, en quartier à la Mothe ». — 7 avril 1734 : « Cie de m[r] le chevalier de Favancourt, reg[t]

Jusqu'à cette époque, en effet, la troupe en quartier était logée chez l'habitant. Pour mettre un terme aux réclamations qui se produisaient fatalement, les syndics se préoccupèrent, tous les ans, de rechercher, par la ville, certains locaux spécialement aménagés pour recevoir les hommes et leurs chevaux. Mais, « lorsque les troupes arivoient, ils avoit beaucoup de difficulté a les caserner, soit par la mauvaise sittuation, soit par le mauvais estat où ce trouvoient les maisons destinées par les sindicq pour servir de casernes,... ce qui causoit presque toujours des plaintes et des disputes, que çela occasionnet des dépenses, lesquelles il falloit recommancer tous les ans,... qu'on estoit obligé d'imposer sur les habitans des trois et quatre cens livres tous les ans pour le payement de ces maisons, ce qui estoit une charge et un grand enbaras pour les d. habitans (337) ». Aussi, « pour éviter l'imposition que coûte, en loyer et reparation, chaque logement, et pour faciliter aux troupes une commodité proche la riviere », convinrent-ils « de prandre, par lad. paroisse, a titre de rente perpétuelle, des maisons dans la rue de la Vieille Église, aux extrémités du bourg proche la rivière, dans lesquelles une compagnie d'homes et leurs chevaux seront logez (343) ». En conséquence, les syndics acquirent, « pour et au nom du general desd. habitans, moyennant la rente seconde, fontière, annuelle et perpétuelle de soixante livres, la maison sittuée en la rue de la Veille Église,.. touchant d'un costé a la maison de Helie Conzay et a la rue du Bourbias, d'autre a la maison de la chapelle Nostre Dame du Pillier, par le devant a lad. rue tendant de celle de Saint

d'Armenonville, en garnison à la Mothe ». — 17 juin 1740 : « reg[t] de Fienne, c[ie] colonelle en quartier à la Mothe. »

Heraye a la métairye de la Cimallière ditte Thibaudière, a main droite par le derrière a l'ecurie et jardin dud. Helie Conzay (1) ».

Cette maison n'étant pas « à baucou près suffisante pour loger une compagnie », la paroisse acquit l'immeuble voisin, moyennant semblable rente de 60 l.; et, pour loger les officiers, « qui ne veullent point loger dans les auberges, cabarets et gens de gros métier, à cause du grand bruit et fracas qui y sont », l'on décida de prendre, « à titre de sous arantement à la rente de 100 l., une maison, grande rue, en estat de loger quatre officiers ... Qu'à cet effet le syndic fasse les remontrances à monseign[r] l'intendant pour avoir son aprobation et de l'imposition de la somme de 100 l. et 60 l. sur le fond des casernements de la province (418) ». — Par son ordonnance du 4 août 1749, rendue sur requête des habitants (2), l'intendant autorisa la paroisse

(1) Acte C. Lelièvre no[re], du 4 déc. 1731. — Cette maison et son écurie sont actuellement occupées par le s[r] Frappier : sur la paroi intérieure de l'une des fenêtres du fenil, je relève cette inscription tracée dans la pierre, BLEMONT DRAGON 1760.

(2) « A Monseigneur de Beaumont, intendant de la generalité de Poitiers.

« Supplient humblement le general des manants et habitants de la paroisse de la Mothe Saint Héraye.

« Disans qu'au dit lieu de la Mothe Saint Heraye il y a presque toujours une compagnie de cavallerie ou dragons en quartier, ils n'ont qu'une maison en cazerne qui ne peut loger les chevaux ny les hommes d'une compagnie.

« Ils ont trouvé une maison joignant cette cazerne, que P. Conzay veut donner à la rente de 60 livres, au moyen de quoy on logera toute la compagnie d'hommes et une chambre pour le marechal des logis qui contiendra sa troupe; il ne s'agit que de faire construire une écurie accollée au mur de l'ancienne écurie pour loger tous les chevaux, on estime cette reparation 200 livres.

« La difficulté se trouve au regard des officiers de mesme ne voulans point loger aux auberges, cabarets ny chez les artisants de gros metiers.

« Ce lieu de la Mothe n'est qu'un bourg où il y a plusieurs exempts qui

à acquérir et spécifia qu'à sa décharge les rentes « seront payées chaque année aux propriétaires sur les deniers provenants de l'imposition du cazernement ».

III. — La corvée des chemins.

Des actes ici analysés, seuls, une requête du syndic de La Mothe à l'intendant, en date du 26 octobre 1753 (1), et deux procès-verbaux d'assemblées en l'année 1778 (470,

ne logent point, en sorte que le peu qui reste est continuellement fatigué de logements.

« Les habitans ont trouvé une maison pour 90 l. de rente, du s[r] Bernard, propre à loger quatre officiers, mais sans écurie... Le s[r] Jean-Louis Vuiber en a une qui est infiniment au-dessus, où il y a quatre chambres hautes, cour, écuries, mais il ne veut la donner qu'à la rente de 100 l..

« Ils auroient convoqué le general qui a deliberé de prendre la maison de 90 l. ou, si votre Grandeur vouloit leur accorder celle dud. s[r] Vuiber de 100 l., comme la plus belle et plus commode.

« Ce consideré, Monseigneur, il vous plaise, vû le dit acte d'assemblée, autoriser le dit general à prendre la maison du dit Conzay et, pour le plus grand bien et commodité des officiers, à prendre celle du s[r] Vuiber comme plus belle et plus commode.

« Ordonner que le porteur de l'acte d'assemblée en passera acte, soit par notaires, ou sous signature privée, avec les propriétaires, et au cas que l'acte soit par devant notaires, comme il est au proffit des troupes de Sa Majesté qui n'est point sujette au controlle et insinuation envers ses sujets, ordonner qu'il en sera affranchi ou controllé gratis comme propre affaire de Sa Majesté, et là où vous feriés quelque difficulté, ce qu'ils n'estiment pas, ordonner qu'en vertu de votre ordonnance le traité en sera passé par devant votre subdélégué comme affaire de police, dont le traité, de luy signé, paraphé, sera passé triple pour en rester un à la paroisse, les deux autres aux arrantataires.

« Ordonner qu'il sera, au desir du dit acte d'assemblée, imposé une somme de 200 l. sur led. general pour la confection de lad. écurie.

« Comme aussi que les rentes seront imposées sur le fond des cazernements de la province, comme le sont toutes les autres en pareil cas, ce faisant ils priront Dieu pour la conservation de votre Grandeur.

« Joignent les suppliants un certificat de monsieur de Vossay, capitaine en quartier en ce dit lieu de La Mothe, qui atteste que la maison du s[r] Vuiber est la plus commode et la plus logeable, icelluy du 30 juillet 1749. »

Suit autorisation conforme de l'intendant, en date du 4 août 1749 (*Orig. Cab. du Dr Sauzé*).

(1) V. *les Procureurs de la communauté : Gages*, p. 78. n.

471) signalent la contribution de la paroisse à la confection des grands chemins, en vertu du régime de la corvée royale qui, d'ailleurs, ne remonte pas au delà des premières années du XVIIIe siècle (1).

C'est sur les routes de Poitiers à La Rochelle et de Poitiers à Saintes — c'est-à-dire bien en dehors du territoire de la paroisse qui, au reste, ne comportait que des chemins vicinaux et, à ce titre, négligés par l'administration — que s'exécutaient les travaux, sur lesquels étaient dirigés, chaque année, sur un point donné, à jour fixé par l'intendant, les corvéeurs de La Mothe.

Pour s'alléger de ces travaux, « qui fatiguaient extrêmement le pays (les miserables artisans, tant de la ville que de la campagne, étant obligez de donner ci-devant six journées, n'ayant le plus souvent de pain chez eux) (2) », la communauté mothaise fit marché, en l'année 1778, « avec six journalliers de Chenay et de Bagnault, pour faire la corvée et pionnage qu'étoient obligés de faire lesd. habitans sur le grand chemin de Saint Jacques (3), moyennant la somme de six cent livres (471) ».

(1) On percevait antérieurement (depuis 1693) une taxe dite des *Ponts et chaussées*, qui fut momentanément supprimée. Au XVIe siècle, l'entretien des chemins était pris sur la taille.

(2) « Réponses aux observations demandées par M. Randon, receveur-général des finances du Poitou, au s[r] Garran, receveur des tailles de l'élection de Saint-Maixent, 1776 », dans le *Mémoire statistique de l'élection de Saint-Maixent*, publié par M. Alfred Richard, p. 188.

(3) Ainsi nommait-on, parce qu'il se trouvait compris dans l'itinéraire des pèlerins qui, jadis, du Nord se rendaient à Compostelle, le chemin qu'a remplacé la route actuelle de Poitiers à Saintes. C'était la grande voie entre Paris et l'Espagne ; c'était, comme l'appellent les guides de l'époque, « le grand chemin de monseigneur Saint Jacques en Galice ». Comme toutes les routes qui menaient aux lieux de pèlerinage, ce chemin était bordé de commanderies, de maladreries, d'hospices, fondés en vue de subvenir aux besoins des pèlerins. Les Templiers y avaient une maison à la Crozillère

Antérieurement à cette époque, je relève, dans un acte d'assemblée de la paroisse d'Exoudun, en date du 12 octobre 1738 (1), qu'alors les habitants de La Mothe durent aider à la réfection du pont d'Exoudun, « qui se trouve sur un grand chemin, est fondu, a besoin de plusieurs réparations et dont le rétablissement ne se fait que par la corvée ».

Ajouterai-je — bien que hors d'œuvre à la corvée royale — que, dans l'assemblée du 6 janvier 1619, saisis d'une « requeste pour certain pont necessaire à fayre au lieu appelé la Brumaudrye (2), joignant au chemin tendant de ce dit lieu de La Mothe à Sainct Maixent, lequel chemin est sy mal aisé à passer et inaccessible qu'il ne peut passer personne à pied et à cheval », les Mothais consentirent les réparations à la charge de la paroisse, « sauf de ce quy est comte des particulliers, quy doibvent faire partye à leurs despens des dictes reparations et au droict de leurs dommaynes », — contribution restreinte que voulut généraliser Turgot, par son projet d'édit de janvier 1776 où, montrant l'injustice vexatoire des corvées et prônant la confection des chemins à prix certain, il affirmait que les propriétaires seuls doivent payer pour les routes (3).

d'Avon (canton de La Mothe Sainte-Heray) (1). Chenay et Chey bénéficiaient d'une aumônerie qui, vers la fin du XVIIe siècle, fut réunie à l'hôpital de Lusignan (2). Chey possédait en outre une maladrerie qui a laissé son nom à l'endroit où se croisent actuellement les routes de Poitiers à Saintes et de Saint-Maixent à Ruffec.

(1) « Procès-verbal de remise des maisons des Templiers aux chevaliers de Saint-Jean de Jérusalem dans le Poitou (20 mai 1313) », publié par M. Ch. Tranchant dans le *Bull. de la Soc. des Antiq. de l'Ouest*, 2e s., t. II, p. 452.

(2) Adrien Lavergne, *les Chemins de Saint-Jacques en Gascogne*.

(1) J. O. Richard, nor[e] royal.

(2) Lieu-dit qui s'étend du *Bourbias* aux *Fontaines*.

(3) L'on sait qu'une déclaration du roi du 27 juin 1787, rendue en conformité de l'arrêt du Conseil du 6 novembre 1786, ordonna la conversion de la corvée en une prestation pécuniaire qui, en Poitou, fut évaluée au 9e de la taille (*Procès-verbaux de l'assemblée provinciale du Poitou*).

D. — LE BIEN PUBLIC

I. Foires et marchés. — II. Garde des moissons. — III. Ecoles. — IV. Biens de la communauté. — Comptes de gestion.

I. — Foires et marchés.

Lorsque j'aurai signalé l'assemblée du 17 mars 1619, à laquelle fut communiquée « commandement de paier à Me Nicollas Moussault, commis du sr Douelle, commis par le roy à la recepte generalle des confirmations, la somme de trante livres tz à quoy lad. paroisse auroyt esté condampnée par messieurs les conseillers de Sa Majesté en la chambre de son trésor du pallais à Paris, pour les frais, sallaires et vacquations et voiages faitz contre les d. habittans pour le recouvrement de ce dont ilz auroyent esté taxés pour les droicts des foires et marchés », il nous faudra descendre jusqu'à l'année 1752 pour rencontrer, dans nos actes, la trace des légitimes préoccupations qu'inspiraient aux Mothais le bon renom et l'assidue fréquentation de leurs foires, mis en échec par des prétentions rivales.

Le 12 mai, en assemblée générale, sur le *bruit* que la ville de Saint-Maixent aurait obtenu « un arrest du Conseil pour l'etablissement de plusieurs foires et marchés, lesd. habittants disent que cy l'arrest avoit lieu, cellà leur feroit un tort considerable et à leurs foires et marchés, qui est des plus encien et très entique, pour le commerce de tous les bestiaux qui est la seulle ressource desd. habittants, pour quoy et à ses cauzes ils sont imposés à plus de douze mille livres de tailles; que sy on ne leur rend pas leurs foires et marchés, comme ils l'ont toujours possédés, en restreignant la ville de Saint Maixant dans ses droits ordinaires, lesd. habittants de la ville de la Mothe Saint Heraye serons obligés d'abandonner leurs maisons et leurs biens, ce quy est prouvé par l'abandon que plusieurs habittants ont fait, quy ont sorty de lad. ville pendant le temps que les dits marchés et foires ont estés en souspans lors de la maladie épidemique des bestes à cornes (1) : au moyen de quoy lesd. habitants consantent qu'il soit formé opposition au susd. arrest ».

La protestation des Mothais n'arriva pas à temps : le 18, le roi signait des lettres patentes, « portant permistion d'establir trois foires royalles à lad. ville de Saint Maixant, la première le premier mardy d'après la my caresme, la segonde le premier jour du mois de may et la troisième le six décembre ». Avant d'enregistrer les lettres, le Parlement ayant ordonné, par arrêt du 30 juin, une information, dans les paroisses circonvoisines, « de la commodité ou incommodité que peut avoir l'etablissement des dittes trois foires », les habitants de La Mothe, réunis à cet effet le 30 juillet, considérant qu'il y a à La Mothe, « depuis plusieurs siècles », une foire, « le même jour de mardy d'après l'amy caresme, qu'on appelle *marché de Poissy*, pour l'aprovisionnement de la ville de Paris, l'Hôtel Dieu et les Invalides,... le tout attesté par les marchands et commissionnaires qui aprovisionnent lad. ville de Paris », que

(1) Je n'ai relevé, ailleurs, nulle trace de cette épizootie et de ses conséquences au point de vue du commerce local.

cette foire est établie « le dit jour de mardy d'après l'amy caresme pour que les bœufs et moutons gras ayent le temps de se rendre commodement au marché de Poissy », remontrent, en outre, « l'incomodité de Saint Maixent pour en sortir les bœufs gras, pour monter la montaigne appelée *la Cueille poitevine* que les bœufs ne sçauroit monter, et que les marchands seroient obligés de leurs faire faire un grand détour pour les pouvoir faire rendre », et concluent à ce que les lettres patentes « n'ayent aucun effet pour ce quy est de l'établissement de la foire dud. jour de mardy d'après l'amy caresme,... et, à l'égard des autres deux foires des premier jour de may et six decembre, il estoit fort inutille d'en demender l'établissement, puisque lad. ville de Saint Maixent a et jouit desd. foires de temps immémorial (1) ».

Faisant droit à ces observations, qu'appuyait une requête présentée au roi par le comte de Carvoisin et le marquis de Pérusse, alors seigneurs par indivis de la terre de La Mothe, et par les habitants de la paroisse, des lettres patentes de Sa Majesté, en date du 2 avril 1753 (2), données en

(1) Sans doute les gens de Saint-Maixent n'étaient pas aussi convaincus de l'*immémorialité* de leur foire du 1er de mai, car, l'année suivante, 1753, cette réclame, sous forme de placard, était livrée à la publicité :

On fait sçavoir au Public que, le premier May prochain 1753, se tiendra à Saint Maixent en Poitou l'une des Foires ROYALLES *dont l'établissement a esté Ordonné par Arrest du* CONSEIL.

Les dittes Foires seront Franches pour touttes Especes de Bestiaux, à l'Egard des Marchandises elles seront aussi Franches à l'Exception du droit de tarif qui se payera à proportion de ce que les Marchands en Vendront. (*Cab. du Dr Sauzé*).

(2) « Louis par la Grace de Dieu Roy de France et de Navarre, à nos amés et feaux conseillers les gens tenans notre cour de Parlement à Paris, Salut. Nos chers et bien amés Charles Louis s[r] de Carvoisin, Brigadier de nos armées, enseigne de la première compagnie de nos mousquetaires, chevalier de notre ordre Royal et militaire de St Louis, et Renée Jeanne Charlotte D'artaguiette son épouse, Louis Nicolas Descars, s[r] de Perusse, colo-

conformité d'un arrêt du Conseil d'Etat du 13 mars, maintinrent au bénéfice des Mothais la foire du premier mardi d'après la mi-carême, ordonnant « que la foire qui se de-

nel au corps des grenadiers de France, et Marie Jeanne Victoire D'artaguiette son épouse, seigneurs et proprietaires du marquisat de la Mothe Ste Heraye, et les habitants du bourg de la ditte Mothe Ste Heraye, nous ont fait representer que, depuis mil quatre cent quatre, il y a des foires et marchés à bœufs et autres bestiaux toutes les semaines au dit la Mothe Ste Heraye, où les marchands s'y rendent de touttes parts, surtout depuis le commencement du caresme jusqu'à la St Jean Baptiste, pour l'approvisionnement de notre bonne ville de Paris, que ces foires et marchés sont l'unique ressource des habitants pour gagner leur vie et payer environ douze mil livres d'impositions, et que, faute de secours, ils seroient obligés d'abandonner led. lieu, que cependant les exposants ont appris que la ville de St Maixent a obtenu, le quatre janvier mil sept cent cinquante deux, un arrêt de notre conseil qui luy permet d'établir trois nouvelles foires, la première le mardy d'après lamy carême, la seconde le premier may et la troisième le six decembre de chaque année, et qu'il a été expédié sur cet arrêt des lettres patentes ; les exposants sont intéressés à empêcher que la première de ces foires ait lieu, par le prejudice qu'elle causeroit aux foires et marchés qui se tiennent precisement ce jour-là en leur d. bourg de la Mothe Ste Heraye, pour quoy les dits exposants ont formée opposition à l'exécution dud. arrêt, opposition d'autant mieux fondée que, dans la publication qui a été faitte dans plusieurs paroisses des environs pour être informée du commodo vel incommodo, l'on a affecté de n'en point faire dans celle des exposants, par la crainte sans doute qu'ils ne fissent connoitre l'inconvenient d'une pareille foire, laquelle, si elle existoit, contribueroit à la perte des habitants du dit bourg de la Mothe Ste Heraye lequel deviendroit desert ; de tous les tems les bœufs et autres bètes à cornes onts été conduits de touttes les provinces du Poitou aux foires et marchés du dit la Mothe Ste Heraye, qui y ont été établis par les Roys nos predecesseurs, lesquels de règne en règne les ont confirmés aux auteurs des exposants, lesquels ont mesme payé des droits de confirmation ; led. bourg de la Mothe Ste Heraye est accessible de tous còtés, commode par sa scituation, par les paturages abondans qui l'environnent ; les marchands y trouvent ce qui leur est necessaire et sont plus à portée qu'en touts autres lieux pour conduire leurs bestiaux à Paris ; et comme notre intention, en accordant des foires à une ville où il n'y en a jamais eù, n'est pas de faire tomber celles des villes et bourgs voisins anciennement établies, nous avons, par arrêt rendu en notre conseil le treize du present mois de mars, maintenu les dits exposants dans la possession de faire tenir une foire et marché public le premier mardy d'après la my carême et ordonné que la foire qui se devoit tenir le dit jour à St Maixent, en execution dud. arrêt du quatre janvier mil sept cent cinquante deux, se tiendra le lundy d'après la my caresme, voulant que le dit arrêt soit au surplus executté selon sa forme et teneur, et avons ordonné que sur le dit

voit tenir led. jour à Saint Maixent se tiendra le lundy d'avant la my caresme. »

Protestation des gens de Saint-Maixent, qui se pourvoient devant l'intendant en réformation de l'arrêt du 13 mars. Riposte des Mothais formant opposition au dit pourvoi par délibérations du 15 août 1753 et 21 janvier 1754, et faisant observer, relativement aux certificats arrachés aux paroisses voisines par le maire de Saint Maixent à l'appui de sa requête en réformation, « que touttes les dittes paroisses sont toutes de l'élection et subdellegation de Saint Maixent et subordonnées au s[r] Picoron, maire et subdellegué de Saint Maixent, qui les tient dans la crainte et dans le respec, ce qui leur a fait donner aveuglement les pretendus certifficats, qu'il avoit envoyé tous dressés aux sindics de chaque paroisse qui les ont fait signer de porte en porte,

arrêt obtenu par les exposants touttes lettres necessaires seroient expediées, lesquelles ils nous ont très humblement fait supplier de vouloir bien leur accorder. A ces causes, de l'avis de notre conseil qui a vu led. arrêt rendu en iceluy le treize du present mois de mars dont expedition est cy attachée sous le contre scel de notre chancellerie, nous avons, conformement à iceluy, par ces presentes signées de notre main, maintenu et maintenons les dits exposants dans la possession de faire tenir au dit lieu de la Mothe Ste Heraye une foire et marché public le premier mardy d'après la my caresme, et avons ordonné et ordonnons que la foire qui se devoit tenir led. jour à St Maixent, en execution de notre dit arrêt du quatre janvier mil sept cent cinquante deux, se tiendra le lundy d'après la my caresme, Voulons au surplus il soit executé selon sa forme et teneur. Si vous mandons que ces presentes vous ayés à faire registrer et du contenu en icelles mesme au dit arrêt faire jouir et user les exposants pleinement et paisiblement, cessant et faisant cesser tous troubles et empêchemens contraires, commandons au premier nôtre huissier ou sergent, sur ce requis, de faire pour l'execution des presentes et du dit arrêt tous exploits, signiffications, commendemens et autres actes de justice requis et necessaires, de ce faire luy donnons pouvoir partout notre royaume, pays, terres et seigneuries de notre obéissance, sans pour ce demander notre permission, visa ny pareatis, car tel est notre plaisir. Donné à Versailles le deuxième jour d'avril l'an de grâce mil sept cent cinquante trois et de notre règne le trente huitième, signé Louis, par le roy, Rouillié, avec paraphe » (Extrait des registres du conseil d'Etat, copie Gaultier. — *Cab. du Dr Sauzé*).

quoyque ce soit contre leurs propres interés, comme on va le démontrer par les observations de chasques paroisses...» — Suit l'examen détaillé de 29 paroisses (1), curieux mémoire statistique où sont notés la qualité du terroir, le mode de culture, la spécialisation de l'élevage, le nombre et l'importance des foires de ces circonscriptions; — « sur touttes lesquelles observations lesd. habitans supplient très respectueusement monseig[r] de Trudaine (intendant du Poitou) et nos seigneurs du Conseil d'executer dans tous ses points l'arrêt du 13 mars 1753 (430). » — Ainsi fut-il jugé en haut lieu.

L'année suivante, 1755, c'est à une requête de la ville de Melle tendant « à ce qu'il plust à Sa Majesté accorder à la ditte ville une foire à touttes sortes de bestiaux et marchandises, qui se tiendra au dit lieu tous les samedis de l'année », que les Mothais, réunis en assemblée le 4 juillet, déclarent faire opposition, « à cause du prejudice qu'icelles causeroient au commerce, non seullement de la Mothe, mais à tout le païs, n'y ayant que trop de foires aux environs qui se détruisent les unes les autres et ruinnent le commerce ». — A noter, dans le procès-verbal, le soin que mettent les habitants à déclarer « que, s'il y a quelqu'un (d'entre eux) quy y ayt consenty en son particullier à la sollicitation des habitans de Melle, cella ne peut prejudicier en rien aud. general », seul et souverain maître de ses délibérations.

(1) Saint-Romans, Thorigné, Augé, Pamproux, La Chapelle Saint-Projet, Exireuil, Baussay, Sainte-Néomaye, Azay, Chantecorps, Saivre, Romans, Souvigné, Reigné, Saint-Martin-les-Saint-Maixent, Breloux, Nanteuil, Goux, Exoudun, Chavagné, Aigonnay, Prailles, Cherveux, Saint-Eanne, Clavé, Saint Georges en Gastine, François, Saint-Cristophe-sur-Roc.

II. — Garde des moissons.

Les *messiers*, commis à la garde des fruits de la terre, étaient élus par les habitants, qui les nommaient, chaque année, en assemblée générale ; une fois désignés, ils prêtaient serment entre les mains du sénéchal, devant lequel leurs procès-verbaux faisaient foi.

Ces agents relevant de l'ordre judiciaire, c'est en vertu d'un arrêt du Parlement, transmis au procureur fiscal de la baronnie de La Mothe par les soins du procureur du roi au siège de Saint-Maixent dont ressortissait notre haute justice, que la communauté était appelée à nommer, « en la forme et manière accoutumée, telz nombre d'habitans qu'il sera jugé à propos, suivant l'estandue du terrouer, pour y faire, incontinant après leur ellection, les fonctions ordinaire de messiers et veiller à la conservation des grains et autres fruits et enfin des vignes, le tout jusques à ce que la recolte en soit faicte », l'arrêt leur enjoignant « d'empescher qu'il en soit faict aucun degast, et aux juges et officiers des lieux et mesme aux prevostz des marechaux, lieutenans et autres officiers du roy, de leur donner, en cas de besoin, l'ayde et le secours necessaire et de punir les delinquans suivant la qualitté du délit ». En conséquence, les Mothais, assemblés à cet effet vers la fin de mai ou dans les premiers jours de juin, nommaient six messiers, l'un « pour le quartier de la Villedieu des Coutz », l'autre « pour le quartier de la Barrière », les derniers « pour les autres quartiers de lad. paroisse (243, 250) ». Sans doute, ces utiles auxiliaires étaient salariés, pour le moins, indemnisés ; toutefois, en aucun des comptes de la communauté mothaise, je n'ai trouvé trace de rémunération sous quelque forme que ce soit (1).

III. — Les écoles.

Dans la dernière moitié du XVIe siècle, La Mothe possédait au moins une école, entretenue par la fabrique au moyen des revenus d'une fondation pieuse établie en la paroisse : c'est dans ces conditions que, par contrat du 19 octobre 1577 (F. Tastereau, no[re]), Me Pierre Deluzannes affermait à des laboureurs « touttes les terres arables estant des appartenances de la chapelle de Saint Crespin desservye en l'esglise de la Mothe Saint Hérayе (2), à luy baillée comme regent des escolles pour instruire en lettres les enfans dudit lieu de la Mothe ».

Le bail, fait pour trois ans, touchait à sa fin, lorsqu'un événement fortuit détruisit, dans sa source, le bienfait de cet établissement. Une commission, nommée par les Grands Jours séant à Poitiers (1579), parcourait nos paroisses, alors désolées par les guerres de religion, « pour voir, visiter, s'enquérir et informer de plusieurs points concernant le rétablissement du service divin et de l'état des églises et maisons presbytérales (3) ». A La Mothe, les cérémonies

(1) Dans *la Vie agricole sous l'ancien régime dans le Nord de la France*, M. de Calonne écrit, p. 182 : « La rétribution du messier se composait jadis de la centième gerbe de tout le produit du canton confié à sa garde ; il avait en outre 9 sols et 7 deniers par chaque procès-verbal. Plus tard, à ce mode de rémunération on substitua un salaire fixe en nature, puis un salaire fixe en argent. »

(2) Ces terres, affermées 20 l. alors, étaient situées près le village de Brieuil, dans la paroisse de Chenay : n'étaient compris au bail 4 boissellées de terre aux Petits-Silliers et les prés de la dite chapelle, terres et prés situés dans la paroisse de La Mothe.

(3) *Inventaire sommaire des archives départementales des Deux-Sèvres: Suppléments*, par M. Berthelé, C. 388 (p. 61).

religieuses avaient été forcément interrompues (1) et, sans doute, l'édifice cultuel avait eu à souffrir, car, « pour faire face aux dépenses de la restauration de l'église de La Mothe, conformément à la décision prise, à la suite de la visite de cette église, par Joseph Le Bascle, seigneur des Deffends, lieutenant au siège royal de Saint-Maixent, et René Taveau, chanoine de l'église de Poitiers, commis et députés par les Grands Jours (2) », l'on dut, à défaut de ressources disponibles, aliéner les biens de la chapelle de Saint-Crépin. Mis en vente en l'année 1582, ils furent adjugés à Gabrielle de Rochechouart (3), femme de Louis de Saint-Gelais, seigneur de Lansac, alors baron de La Mothe-Saint-Héray. Par contre-coup, disparut l'école paroissiale, frustrée des revenus qui jusqu'alors l'avaient entretenue.

Certes, à défaut de la fondation de Saint-Crépin, les écoles ne manquèrent pas à La Mothe où, de 1586 à 1789, j'ai relevé une liste, assurément incomplète, de 42 personnages, qui, sous les qualifications diverses de régent, maître des écoles, maître écrivain, instructeur ou précepteur de la jeunesse, dispensèrent aux enfants de la paroisse les notions élémentaires — lecture, écriture, calcul, enseignement religieux — qui formaient la base du programme scolaire au temps passé. Mais, de gratuite qu'elle avait été grâce à la dotation de la fabrique, l'instruction fut dès lors à la charge des habitants qui durent payer, sous le nom d'*écolage*, une

(1) Le 24 juillet 1575, le curé de la paroisse, ayant à publier la prise de possession du prieuré de N. D. de Fontblanche (par. d'Exoudun), « laquelle publicquation on prescript fayre au prosne de la grande messe de ce lieu de la Mothe », fit constater par un notaire (F. Tastereau) qu'il ne pouvait remplir cette formalité, « pour ce que, au moyen des guerres et troubles quy sont en ce paiis de Poictou, ne se dict messe en la dicte esglise ».

(2) *Invent. somm. des Arch. départ. des Deux-Sèvres*, C. 388 (p. 61).

(3) *Ibid.*

rétribution dont ils fixèrent le taux, d'accord avec le régent des classes.

J'avoue qu'en dépit de mes recherches je n'ai pu rencontrer, à La Mothe, un seul de ces actes d'assemblées où sont fixées les obligations réciproques liant, sous l'autorité d'un contrat, l'instituteur et la communauté (1). Néanmoins, de notes recueillies en dehors de nos procès-verbaux, il apparaît que la rétribution scolaire mensuelle varia de 8 à 12 sols au cours du XVIIe siècle (2). Si le maître a des pen-

(1) J'ai été plus heureux dans la paroisse de Lezay, où je relève cette assemblée, réunie, le 28 février 1723, à la requête du curé, du syndic et des habitants : « Lesquels ont dit que Me Pierre Picard, cy devant m[e] d'écolle de la paroisse de Chenay, c'est presenté à la presente assemblée pour requerir, dud. s[r] Laurenceau (curé) et habitans, de luy vouloir accorder les droits de sacristin de la ditte paroisse, ensemble d'estre m[e] d'escolle pour l'instruction de la jeunesse de lad. paroisse, et, pour cet effet, a representé deux certificats, le premier de monseig[r] l'ilustrissime et reverendissime evesque de Poitiers, portant permission d'enseigner en la paroisse d'Azay, du 7 janvier 1715, le second du s[r] Papineau, curé de Chenay, qui certifye qu'il a instruit la jeunesse et qu'il est de bonne vie et mœurs, en datte du 21 du pres. mois... Lesquels (habitants), avecq led. s[r] Laurenceau et sindicq, ont, sous le bon pleisir de mon dit seig[r] l'evesque de Poitiers, consenty et consentent par les pres. que led. Picard soit et demeure sacristin et m[e] d'escolle de lad. paroisse de Lezay vaquant par la mort de Pierre Quaintard, à la charge touttesfois d'estre assydu et attaché aux messes, vespres, pour l'administration des sacrements, au cœur, et toutes autres ceremonies requizes, de monter attentivement et avecq soin l'orloge, enseigner avecq grand soing la jeunesse à lire, escrire et leur donner tous les principes et enseignements de la relligion catholique, apostollique et romayne, enseigner tous les pauvres gratis et avec douseur, consentent qu'il plaize à mon dit seig[r] eveque de Poitiers luy accorder les gages attribués à la maitrize d'escolle, consentent qu'il jouissent des esmoluments attribués au sacristin, promettant en outre le garentir du payement de taille à l'exeption de cinq sols qu'il payera par chascun an sans pouvoir estre augmenté, ce rezervant, led. s[r] curé et habitans, en quas d'inexecution de la part du d. s[r] Picard des conditions cy dessus, de l'otter pour prendre tel autre qu'ils advizeront... » (Marsault, no[re], *Cab. du Dr Sauzé*).

(2) Voici les frais d'étude du fils d'un boucher, suivant le compte que rend son tuteur en 1678 : « En 1666, envoyé led. mineur à l'école et fourni d'écritoires et papier et des plumes et plusieurs chartes, 6 l. — En 1667, payé au régent, qui a enseigné à lire et à écrire, 10 sols par mois pendant 8 mois; à Rouhault, libraire, 20 sols pour un Psaume. — En 1668, payé

sionnaires, parfois venus de loin pour profiter de son enseignement — et le cas, tout à l'honneur de la science pédagogique de nos régents, est assez fréquent à La Mothe — il perçoit, de ce chef, une somme annuelle de 60 à 70 l. par élève (1). — C'est à ces sources que s'alimentait le budget des maîtres d'école, lesquels jouissaient en outre de certaines faveurs, décharge de tout ou partie des impôts, exemption du service militaire et du logement des gens de guerre.

En l'année 1698, une déclaration royale du 13 décembre, ordonnant « qu'il sera étably des maistres et maistresses d'écoles dans plusieurs lieux de la generalité pour instruire les enfans », prescrivit d'allouer aux régents un traitement fixe que la communauté dut s'imposer. Réunis à cet effet en assemblée générale, le 13 février 1701, les Mothais consentirent qu'il fût levé, « sur les habitans taillables, au marcq la livre de leurs tailles, la somme de cent quatre

au régent 4 l. pour 8 mois... ». — Même mention pour les années suivantes jusques et y comprise l'année 1673, soit 8 années d'école qui reviennent, avec l'achat d'une Bible payée 9 l. 10 s., au prix total de 44 l. 10 s.

La rétribution scolaire, fixée uniformément à 10 s. par mois dans l'exemple précédent, est parfois établie d'après le degré d'instruction à donner à l'enfant. En 1694, un laboureur « fait marché » avec le précepteur de la jeunesse, qui s'engage à recevoir son fils pendant trois ans, à raison de 3 l. pour la première année, consacrée à la lecture, et 6 l. « pour chacune des deux autres qu'il apprendra à écrire ». L'enfant apportera « un livre des Alphabets, un peigne et deux chartes, le peigne 5 sols, les chartes 3 sols » ; plus tard, il aura « 6 chartes, une paire d'heures et 12 mains de papier » qui lui coûteront 3 l.

(1) Louis Texier, fils de feu Me Philippe Texier, vivant sr de Chantelay, demeurant chez sa mère à Saint-Maixent, ira pensionnaire en la maison de Me Mathurin Dumoullin, précepteur de la jeunesse à La Mothe, un an entier, « pour, par led. Dumoullin, apprendre à son possible aud. Texier, les sciences humaynes de lisre, escripre, arismeticquer, tant que pourra le porter led. Texier, ... nourry, couché, blanchi, herbergé, comme le cas le requiert... et, en outre, promettre exercer la religion catholique, apostolique et romayne et l'en nourrir en icelle au mieux que faire ce pourra », moyennant 65 l. t. payées d'avance (acte J. Guillon nore, 12 août 1640).

vingt une livres », contribution de la paroisse à la somme de 250 l. jugée nécessaire « pour la subsistance des maistre et maistresse d'écoles qui doivent instruire les enfans de la paroisse de la Mothe Saint Héraye, Bougon et Salles » (1).

(1) « De Par le Roy.

« *Gilles de Maupeou, Chevalier, Comte d'Ableiges, Conseiller du Roy en ses Conseils, Maistre des Requestes ordinaire de son Hostel, Commissaire départy par Sa Majesté pour l'execution de ses Ordres en la généralité de Poitiers.*

« Le Roy ayant, en consequence de l'Article IX de la Declaration du 13 Decembre 1698, ordonné qu'il sera étably des Maistres et Maistresses d'Ecoles dans plusieurs lieux de la Generalité pour instruire les Enfans, et principalement ceux dont les Peres et Meres ont fait profession de la Religion Pretendue Reformée. Et Sa Majesté voulant pourvoir à la subsistance des dits Maistres et Maistresses d'Ecoles conformement à ladite Déclaration, a ordonné par un Arrest du Conseil du 26 octobre 1700, qu'à l'avenir et jusqu'à ce qu'autrement par Sa Majesté en ait été ordonné, il sera annuellement imposé et levé conjointement avec la Taille et sans retardement d'icelle, sur les Habitants taillables des Paroisses de la Generalité de Poitiers comprises dans le dit Arrest, et dans ceux des 7 Decembre de la dite année 1700, 11 janvier et 4 octobre 1701, jusqu'à la concurrence de cent cinquante livres pour un Maistre d'Ecole, et de cent livres pour une Maistresse, pour leur subsistance.

« Veu les dits Arrests et les Commissions sur iceux des mesmes jours à Nous adressées, et scellées du grand Sceau de Cire jaune.

« Nous Intendant et Commissaire susdit ordonnons, conformement ausdits Arrests, aux Collecteurs de la Paroisse de *Salles*, Election de *Poitiers*, de l'année prochaine mil sept cens deux, d'imposer et lever sur tous les Contribuables aux Tailles de la dite Paroisse, au Marc la livre de leur Taille, la somme de *trente livres*, à laquelle nous avons trouvé revenir ce que la dite Paroisse doit porter pour sa part de la somme de *deux cent cinquante livres*, pour la subsistance des Maistre et Maistresse d'Ecoles qui doiven instruire les Enfans des Paroisses de *la Mothe Ste Heraye, Bougon et Salles*, laquelle sera par les dits Collecteurs payée au Receveur des Tailles de la dite Eslection en exercice l'année prochaine mil sept cens deux, et par luy remise suivant nos Ordonnances particulières ausd. Maistres et Maistresses d'Ecoles, conformement ausdits Arrests du Conseil, dont ils rendront compte par devant Nous, sans estre tenus de le faire à la Chambre des Comptes. Enjoignons aux Collecteurs de proceder incessament à l'Imposition et levée de la dite somme, à peine d'en répondre en leur propre et privé nom, et d'y estre contraints par les voyes ordinaires et accoutumées, comme pour les affaires de Sa Majesté. Fait à Poitiers en nostre Hostel le douzieme Novembre 1701.

« De Maupeou, Par Monseigneur, Maucourt. » (*Placard, mes pap.*).

Il y a lieu de croire que le produit de l'écolage, joint aux bénéfices que les maîtres prélevaient sur leurs pensionnaires, constituait alors un revenu sérieux, puisque, dans la circonstance, déjà signalée (1), où les ressources de la paroisse se trouvèrent insuffisantes pour exécuter les travaux de clôture du cimetière, les régents en exercice, satisfaits « de ce qu'ils peuvent recepvoir de leurs ecolliers », firent abandon des « deniers quy auroient estés imposés sur les habittans par les collecteurs des années 1700, 1701 et 1702, pour l'entretien des maistres d'escolles de ce lieu ».

Sous le régime de l'édit de Nantes, catholiques et réformés, à La Mothe, eurent leurs écoles confessionnelles sous la surveillance du curé et du ministre protestant de la paroisse. « Apprendre à prier Dieu, » telle est la brève formule de l'enseignement huguenot, tandis que le régent papiste s'engage à « exercer la religion catholique, apostolique et romayne et nourrir en icelle au mieux que faire se pourra ». Alors, le personnel enseignant se recrutait en grande partie parmi les praticiens, notaires et procureurs (2), auxquels leur instruction professionnelle tenait lieu de brevet de capacité. Si, jusqu'à la Révocation, il fut exclusivement laïque, même au temps où le régent était aux crochets de la fabrique, par contre, au dernier siècle de l'ancien régime, l'élément religieux participa, concurremment avec le civil, à l'instruction des enfants de la paroisse. Mais l'ingé-

(1) V. *Rapports avec l'Eglise : Cimetières.*

(2) Entre autres : Pierre Deluzannes, régent de l'école St-Crépin en 1575, se qualifiait notaire de la baronnie; Pierre Challot, notaire royal, est instructeur de la jeunesse en 1641; également, Charles Goy, notaire royal (1661), Jacques Baron, procureur du marquisat de La Mothe (1668), etc...

rence cléricale n'eut pas le loisir de s'étendre, bridée qu'elle fut par les protestations, intéressées d'ailleurs, de la communauté, dont se fait l'écho, à la date du 16 juillet 1753, cet « Acte d'assemblée *contre* le sieur curé », intéressant à plus d'un titre et, particulièrement, par le nombre exceptionnel — 101 — des assistants :

« Lesquels habitans ainsy assemblés, ayant une parfaite connoissance que le sieur curé de cette paroisse a fait fabriquer dans une maison particulière une requeste adressante à monseigneur l'intendant de cette generalité, expositive que lad. paroisse demendoit un troisieme prestre, tant pour faire les fonctions de sous vicaire que de regent ou precepteur pour l'instruction de la jeunesse, que pour cet effet il suplioit la grandeur de monseigneur de voulloir bien luy accorder par chacun an une somme de cent livres, pour estre jointe au capital de la taille de lad. paroisse et imposés sur le general. Ledit sieur curé, pour mieux réeussir à son entreprise, a fait avertir, dans la maison où elle a esté fabriquée, nombre d'habitans les uns après les autres et entre autres ceux qui ont des enfans desja sous l'estude du sieur Gallais, diacre, et autres, en leur faisant entendre à chacun en particullier que c'estoit un bien pour la paroisse, et sous ce prétexte la plus part ont signé aveuglement et d'autres se sont retirés sans signer, et faisoit deffences aux uns et aux autres de non en parler ; non contant de ce proceddé, il a chargé le sieur Mounier, vicaire, de cette requeste, afin de se transporter dans les maisons de plusieurs particulliers accompagné du sieur Gallais, qui ont mandiés, même sur l'heure de la nuit, le seing de plusieurs pauvres habitans qui ont signés sans connoissance de cause ; led. sieur curé, qui voyoit n'avoir pas assé de signatures, s'est chargé luy même de cette requeste pour le faire signer à plusieurs qui l'ont fait, soit parce qu'ils sont privillégiés, soit par respect humain et par crainte; que la majeure partie de ceux qui ont signez cette requeste, qui sont le sieur Jean Girault, Jean Bourgueil, Philippe Freté, Pierre David Fouquault, Louis Auguste Amiot, Jean Briault et autres, après avoir seu qui contenoit icelle, ont estez faché d'avoir laché leur seing et ont, par ces présentes, réclamé contre et s'en desiste comme l'ayant fait sans connoissance de cause.

« Lesquels habitans ainsy assemblés ont unanimement délibéré sur l'exposé cy dessus et remontrent très respectueusement et avec une parfaite soumission à votre grandeur, qu'il n'y a jamais eu dans cette paroisse qu'un prestre et que, s'il y a eu un vicaire anciennement, il desservoit la chapelle du prieuré de Fontblanche (1) apartenant au seig^r.evesque d'Angoulesme qui donnoit cent cinquante livres au curé pour en faire le service... Que la majeure partie de ceux qui ont signé cette requeste, pour avoir un précepteur ou sous vicaire, ont des enfans actuellement sous la regence du sieur Gallais qu'il nourrisse et paye, et d'autres qui envoye leurs enfans à l'instruction à raison de trente, quarante et cinquante sols par mois, ce qui luy fait un benefice considérable ; que la vollonté est libre aux particulliers d'envoyer les enfans à l'estude ou de les en priver, au moyen de quoy lesd. habitans se trouveroient chargés d'une imposition de laquelle la majeure partie n'en tiroient aucuns fruits et se trouveroient vexés d'une imposition qui leur seroit toute la vie à charge, en estant dejà accablés plus

(1) Membre de l'abbaye de la Couronne, au diocèse d'Angoulême.

qu'ils ne peuvent surporter et miserables par les travaux des corvées des grands chemins, qui leur forment une seconde taille qui les met hors d'estat de pouvoir faire subsister leurs familles. Que, d'ailleurs, la grande secheresse,qui a continué du depuis le mois de mars, a tottallement bruslé les prez hauts et a laissé peu de foings dans les prez de rivieres, esgallement les bleds qui ont aussy variés, n'en ayant poin recueilly pour trois mois de nourritures pour les habitans, ce qui occasionnera à la majeure partie des laboureur d'abandonner leur metairie,et les maîtres privés de leurs prix de fermes.

« Tous ces motifs font suplier la grandeur de Monseigneur de voulloir bien leurs accorder une diminution sur la repartition de la taille prochaine, attendu leur pauvreté, n'ayant recueilly que très peu de bleds et point du tout de legumes, qui est un grand secours pour les laboureurs et journalliers ; que même les habitans declarent qu'ils se contentent de deux messes et que la troisième qui est demandée leur paroit inutile, n'ayant dans lad. paroisse qu'environ quatre cens feux, qui ne doivent pas beaucoup occuper deux prestres, et icelle d'une petite estandue. Or, si la taxe que demende led. sieur curé luy estoit accordée, ce seroit encore une nouvelle charge à l'habitans qui luy deviendroit perpetuelle, ce qui ne peut se faire que du consentement du general, par une acte de deliberation, et non par une requeste dont les seings ont estés mandiez, à laquelle les habitans et soussignez supplient très humblement votre Grandeur de n'y avoir aucunes attantions comme estant contraire à la presente deliberation, en vertu de laquelle il vous plaira recevoir leur opposition, pour icelle requeste leur estre donnée en communiquation au cas qu'elle parvienne a votre Grandeur, pour y repondre ce qui sera jugé necessaire (1) ».

IV. — Biens de la Communauté. — Comptes de gestion.

Pour acquitter les dépenses de toute nature, consenties, plus souvent à contre-cœur, par l'assemblée générale des habitants, de quelles ressources disposait la communauté mothaise ?

L'inventaire de ses biens sera bref.

La halle, avec ses droits de vente et d'étalage, appartenait au seigneur (2). L'église et le presbytère étaient biens ecclésiastiques. Le domaine de la fabrique, aliéné pièce par pièce, « ne vaut pas cent solz de rente » en 1703 (271). A défaut de biens fonds, la paroisse possède-t-elle au moins des communaux, ce patrimoine des déshérités ? — « Le general des habitans de cette paroisse n'a aucun droit d'usage sur aucunes terres, prés, bois et autres domaines », répond l'assemblée du 11 mars 1691 à l'enquête de l'intendant prescrivant « de faire declarer par les habitans sy, dans cette paroisse, il y a des usages quy appartiennent en commun au general ».

Donc, notre paroisse était plutôt pauvre ! — C'est, d'ail-

(1) A travers les 83 signatures de l'acte, je relève ces annotations : « L. Ferruyau, *je revocque la precedante acte* (la requête du curé) *que j'aves sinné.* — Dufour, *intendant du seigneur, pour les meunier et metayer dud. seigneur qui ne sont que trop chargés à la taille et qui n'ont pas besoin de precepteurs.* »

(2) «... Et avons en notre lieu de Sainct Heraye un fort beau marché ou affluent grand nombre de bœufs, veaux,... et autres bestes, avec une halle en laquelle est scituée notre parquet et minage, plusieurs bancs de boucheryes, merceryes, drapperyes, poissonneryes et autres espèces de marchandises, qui tous nous font debvoir et redebvances... » (Aveu rendu, le 16 août 1578, à l'abbé de Saint-Maixent, par Louis de Saint-Gelais, baron de La Mothe, pour sa châtellenie de Saint-Héray).

leurs, la plainte monotone inscrite à chaque page de ses archives et clamée à tout propos. Aussi, pour la moindre dépense, fallait-il, « faulte de deniers communs », emprunter ou s'imposer : « emprunter à intheretz tollerables où les procureurs les trouveront, sinon, qu'ilz obtiennent lettres d'assiette pour icelles faire esgaller sur les habitans, à la charge qu'ilz seront tenus rendre conte d'icelles sommes et autres affaires qu'ilz ont geré, à la fin de leur charge. »

Ce sont ces comptes de gestion qu'il me faudrait dépouiller pour établir le bilan de la communauté mothaise. Ils sont trop rares, à ma connaissance — trois en tout, — pour être utilisés dans ce but. Mais,la production de deux d'entre eux s'enchaînant l'un à l'autre — les exercices 1690-91 et 1691-92 — apparaîtra, je l'espère, un complément nécessaire à cette dernière partie,consacrée à l'administration des affaires publiques de la paroisse.

« Aujourd'huy dixneuf[e] septembre mil six centz quatre vingtz onze, par devant nous no[res] royaux... sont comparus en leurs personnes Pierre Girard et Pierre Bonneau, cy devant procureurs sindicqs de cette paroisse de Lamothe St Heraye, lesquelz auroyent entrez en charge le 17 septembre 1690 et en auroyent estez deschargez le 16e du pres. mois, d'une part, et Pierre Mimault, cellier, et Louis Motein, marechal, a presant procureurs sindicqs de lad. paroisse, establis en lad. charge le d. jour 16e du pres. mois, d'autre part.

« Entre lesquelles partyes a esté fait ce quy suit, savoir est, qu'en concequence de l'acte d'assemblée de lad. paroisse du 16e du pres. mois, quy descharge lesd. Girard et Bonneau et quy crée et establit lesd. Mimault et Motein et quy porte que lesd. Bonneau et Girard leur rendront compte de ce qu'ilz pouroyent avoir entre les mains restant des sommes qu'ilz avoient jettez, imposez et amassez sur lad. paroisse, ce qu'ilz ont cejourd'huy fait en presence de Me Jacques Bonneau, senechal de ce lieu de la Mothe.

« Et par icelluy compte les d. Bonneau et Girard ont fait voir qu'ilz avoyent imposez et levez, sur lad. paroisse, la somme de 300 l. par deux divers roolles, en concequence du pouvoir à eux donné par acte d'assemblée du 26 novembre 1690 ; plus, de 68 l. qu'ilz auroyent amassez desd. habitans pour les soldatz de milice, leur en auroyent donné ausd. soldatz celle de 60 l. et leur seroit resté entre leurs mains celle de 8 l. ; plus, auroyent aussy jettez, imposez et amassez, sur lad. paroisse, la somme de 398 l. 2 s., en concequence et par vertu de l'acte d'assemblée du 25e aoust dernier : les trois sommes cy dessus revenant en tout à celle de 707 l. 2 s., de laquelle somme ilz ont fait voir qu'ilz en ont mis et employez, pour les affaires necessaires de lad. paroisse, les sommes quy suivent :

« Premierement, la somme de 220 l. 3 s. 6 d., savoir 207 l. au s^{r} de Sybours, colonel, quy auroit demeuré en quartier d'hiver en ce lieu pendant 69 jours quy auroient commencé le 23e novembre 1690 et quy auroient finy le 1er feuvrier 1691, pour 6 l. de fagotz, 4 l. de gros bois, pour 60 s. de chandelles et 3 s. 6 d. pour la quittance du tout, les d. 207 l. à raison de 3 l. par jour : le tout pour ustancilles dud. Sybours.

« Plus, la somme de 37 l. au s^{r} recepveur des tailles de Niort, en concequence de l'ord^{ce} de monsieur l'intendant, du 29e novembre 1690, pour l'habillement, chaussure et armement des soldats de milice.

« Plus. 15 s. 3 d. donnés à un procureur à St Maixent

pour deffendre au procez intenté par la veufve Gonnor.

« Plus, 41 s. donné à un notaire pour façon de l'un des rooles pour faire lesd. amatz.

« Plus, 50 s. pour façon d'un autre roolle.

« Plus, 9 s. pour un acte d'assemblée du 11e mars dernier.

« Plus, 8 s. pour un autre acte d'assemblée du 21e janvier dernier.

« Plus, 5 s. pour un autre acte d'assemblée du 18e mars dernier.

« ... 12 s. pour depance faite par l'un des soldats de milice à St Maixent, pour passer en reveue, le 23 mars dernier.

« ... 9 sols pour autre depance par led. soldat aud. St-Maixent, le 24e dud. mois.

« ... 16 s. 8 d. pour autre depance faite par les d. soldatz aud. St-Maixent, le 9e avril dernier.

« ... 17 s. pour autre depance faite par les d. sindicqs le jour du depart des d. soldatz, le 17 avril dernier.

« 25 s. pour un sacq pour un des soldatz.

« 9 l. 10 s. pour avoir conduitz les d. soldatz à Poitiers lors de leur départ.

« 15 s. pour un fourreau d'espée cassé par l'un des d. soldatz.

« 35 s. pour avoir esté à Niort presenté reqte pour faire vizitter le dhommage de la paroisse commis par la gelée et gresle le 25e de may dernier.

« 6 l. pour le procès verbal de vizitte et depance des commissaires le 29e dud. mois de may.

« 3 l. 11 s. pour avoir esté à Niort presenté autre reqte

pour vizitté le dhommage commis par la gresle en lad. paroisse le 22 aoust dernier.

« 3 l. 9 s. pour avoir eslé à Poitiers le 26e aoust dernier pour avoir des ordres pour le pain de munition.

« 11 l. 3 s. pour la depance faite par l'esleu et commissaire pour la vizitte dud. dhommage dud. 22 aoust dernier.

« 19 l. 2 s. pour quatre chemises, 2 paires de soulliers, tournure, deux justaucorps, quatre cravates et façons, tout fourny ausd. soldatz.

« 3 l. 9 s. pour façon de bottes de foin, 55 l. 13 s. pour 336 rassions d'avoyne, 57 l. 9 s. pour 336 rassions de foin, le tout fourny au sr Moyne, le marechal des logis de la cie colonelle du regt de Sybours, dont la moityé de la cie est icy dès le 23 aoust dernier.

« 1 l. 6 s. 8 d. donné au sr Deschamps pour une coppye et papier du procès verbal de vizitte desd. dhommages.

« 31 l. donné au sr Moyne pour 20 jours, pour luy et le cornette de lad. cie, pour ustancilles, à raison de 22 s. par jour pour eux deux, suyvant la quittance dud. Moyne de cejourd'huy, passée par Tastereau, et 4 s. pour lad. quittance.

« Touttes lesquelles sommes, cy dessus mises et employées, ont estez allouées ausd. Girard et Bonneau, lesquelles reviennent touttes ensemble à la somme de 411 l. 14 s., laquelle deduitte sur celle de 706 l. 2 s. dont ilz estoyent chargez et avoyent levez sur lad. paroisse, se sont encore trouvez debteurs et redevables à lad. paroisse de la somme de 234 l. 8 s., laquelle somme a esté, par lesd. Bonneau et Girard, baillée et payée comptant, reellement et de fait ausd. Pierre Mimault et Louis Motein, a presant sindicqs de lad. paroisse, lesquelz l'ont prinse et serrée et s'en sont contentez et en ont quittez lesd. Bonneau et Girard, lesquelz en demeurent bien et valablement deschargez envers lad. paroisse, et ont aussy, lesd. Bonneau et Girard, remis es mains desd. Mimault et Motein tous les actes, ord^{ces} et commissions et autres papiers quy concernent lad. paroisse, lesquelz Mimault et Motein les ont prins et deschargez lesd. Bonneau et Girard... Fait et passé... » etc. (1).

L'année suivante, le 30 octobre 1692, les syndics en fin de charge, rendant compte, dans les mêmes formes, à leurs successeurs, « tiennent compte à lad. paroisse, premierement, de 234 l. 8 s. », reliquat du précédent exercice, « plus de la somme de 207 l. pour le remboursement du fourrage fourny à 12 chevaux de la c^{ie} colonelle du régt de Sybours, plus la somme de 41 l. 9 s. 6 d. pour le remboursement du fourrage fourny à deux cavalliers de lad. c^{ie} pendant les mois de novembre et décembre 1691 et 23 jours du mois de janvier de la prés. année 1692, lesd. trois sommes revenant ensemble à 482 l. 17 s. 6 d. » dont voici l'emploi :

« 86 l. 17 s. pour du fouin fourny a 12 chevaux de lad. c^{ie} colonelle pendant 42 jours a raison de vingt livres (de foin) pour chaicun par jour, led. foin au prix de 18 s. le quintal, revenant à la somme cy dessus.

« 88 l. 18 s. pour 112 boisseaux d'avoyne fourny ausd. chevaux pendant lesd. 42 jours, à raison de 12 rassions par jour, lad. avoyne au prix, savoir, 22 boisseaux à 15 s. faisant 16 l. 10 s., 82 à 16 s. faisant 65 l. 12 s., et 8 à 17 s. faisant 6 l. 16 s., le tout revenant à lad. somme de 88 l. 18 s.

« 10 s. 4 d. pour l'acte de nomination des collecteurs, du

(1) J. Tastereau no^{re}.

23e septembre 1691, 11 s. 8 d. pour signiffication d'icelluy, papier et controlle, 3 s. pour enregistrement d'icelluy.

« 3 l. 9 s. payé à celluy quy auroit abotellé led. foin cydessus.

« Payé au sr Moyne, marechal des logis de lad. cie colonelle, la somme de 46 l. 8 s. pour ustancilles, suyvant sa quittance.

« 180 l. 16 s. payé à deux cavalliers de lad. Cie colonelle, quy auroient estez en quartier d'hiver pendant 84 jours, à raison, savoir, les 20 premiers jours, de 20 s. par jour pour chaicun, et les 64 autres jours, à 22 s. par jour pour chaicun.

« 3 l. 5 s. à la Treuille, cordonnier, pour une paire de soulliers pour Chaintrier, milicien.

« 15 s. pour un voyage et une quittance pour avoir le remboursement cy dessus, le 3e decembre 1691.

« 3 l. 5 s. payé à la Treuille pour une paire de soulliers pour Bonnault, milicien.

« 4 l. payé à Dardin pour l'escurye où estoyent lesd. chevaux cy dessus.

« 16 l. pour avoir esté à Poitiers, à Rouvre et à Traversay pour chercher Bonnault, milicien (en fuite).

« 15 s. pour avoir mené les miliciens à St-Maixent, pour passer en revue, le 22 janvier 1692.

« 3 s. 4 d. pour un acte des pertes et deschetz de lad. paroisse.

« 45 s. pour une espée achée par Chaintrier, milicien.

« 15 s. pour un voyage fait pour payer les habitz des miliciens.

« 12 s. donné aux miliciens pour aller à St-Maixent passer en revue, le 1er mars 1692.

« 12 s. donné aux miliciens pour aller à St-Maixent passer en revue, le 15e dud. mois de mars.

« 18 s. payé à Picard, armurier, pour avoir racomodé le mousquet de Chaintrier, milicien.

« 48 s. donné ausd. miliciens le 8 avril 1692.

« 37 l. payé au sr Cortial, receveur, pour les habillements desd. miliciens.

« 3 l. payé à Moyze Uzé pour soulliers pour lesd. miliciens.

« Touttes lesquelles sommes cy dessus se sont trouvées monter et revenir à pareille somme que la recepte quy est de 482 l. 17 s. 6 d., sauf l'erreur du calcul ; ainsy la recepte ne doit rien à la mise ny la mise à la recepte, de sorte que lesd. [syndics] demeurent quittes et deschargez de tout ce qu'ilz auroyent touché, receu et heu entre leurs mains, apartenant à lad. paroisse, et de tout ce qui regarde et concerne leur syndicquat (1). »

Luxe de citations,... indigence de fonds ! — me reprochera-t-on, sans doute : — j'en conviens. Malhabile au maniement des idées générales, insuffisamment informé pour aborder le côté comparatif des institutions, je ne tenterai pas de tirer un enseignement de ces pages, où se reflète plutôt la chronique que l'histoire de la communauté mothaise. — Rechercher, noter, transcrire, tel a été mon seul souci, laissant à l'historien la tâche d'utiliser ces matériaux, d'extraire, du document brut, le trait essentiel qu'il saura mettre en

(1) J. Tastereau nore.

œuvre. Sans doute, la moisson de faits pertinents semblera maigre, mais il y a lieu d'espérer qu'il surgira, de chaque région, un contingent de témoignages, dont le groupement méthodique constituera l'élément fondamental de l'enquête à laquelle nous convia le Comité des Travaux historiques. Puisse cet essai, médiocre satisfaction au vœu dont se fit l'écho notre Société, susciter parmi ses membres une production de travaux, plus dignes de retenir son attention, de mériter ses suffrages !

ÉTAT SOMMAIRE

DES

ACTES D'ASSEMBLÉES GÉNÉRALES

DES HABITANTS DE LA PAROISSE DE LA MOTHE-SAINT-HÉRAY

1588-1788

ANALYSÉS AU COURS DE CE TRAVAIL (1)

---

1. — *13 mai 1588.* — *14* (2). — *o* (3).

Sollicitée, par les procureurs, de leur indiquer « comment ilz se doivent gouverner » en certains procès intentés à la paroisse « par aulcuns demandeurs en adjudication de taulx », l'assemblée « dict qu'il en faloyt communiquer à messieurs les officiers de justice de ce lieu pour en avoyr leurs avis ».

2. — *1er octobre 1595.* — *25.* — *o.*

Les frais d'un procès, perdu par la paroisse, sont mis à la charge des procureurs-fabriqueurs, attendu que la communauté « a succombé par leur paresse et négligence » à poursuivre la cause.

3. — *29 octobre 1595.* — *21.* — *o.*

Sur la requête d'un habitant d'Exoudun, « demandeur en radiation de taux des roolles des tailles de ce dit lieu de la Mothe où il s'estoit, pour l'injure des temps, cy devant refugyé, combien qu'il soit toujours esté taxé en la paroisse d'Exoudung, sa demeure

(1) Je transcrivais ces dernières pages, lorsque je mis la main sur 5 procès-verbaux (J.-O. Richard nore), ignorés jusque-là : ils figurent dans cet Etat sous les nos *460 bis*, *467 bis*, *467 ter*, *468 bis*, *468 ter*.

(2) (3) Ces deux chiffres indiquent, le premier, le nombre des présents nominativement inscrits, le second, le nombre des signataires : à leur défaut, un (?) indique que l'acte est muet à leur égard, ou que j'ai omis, en son temps, de les noter.

accoustumée », l'assemblée consent la radiation « afin d'obvier à procès ».

4. — *10 décembre 1595. — 24. — o.*

L'assemblée consent un emprunt « pour faire les poursuittes et dilligences de plusieurs procès, qui importent grandement au proffit et utilité de la paroisse, laquelle, pour sa pauvreté, stérilité du temps, grandes charges d'imposts et corvées de gens d'armes, est desnuée de tous moyens et que, au besoing, on ne peult trouver deniers pour icelle soulager, comme il est advenu, puis un mois en çà, pour le portage d'ung sac de procès à Paris, et, à faulte de payement de la somme de 4 escus pour le dit portage, la dite paroisse est mulctée et condampnée en 53 escus 51 sols tournois... ».

5. — *14 janvier 1596. — 31. — o.*

Philippe Gaultier, procureur fiscal de la baronnie, s'étant fait pourvoir de l'office de greffier des tailles de la paroisse, l'assemblée rappelle que la communauté en est le seul propriétaire, « par les finances qui en ont esté payées aux despens commungs de lad. paroisse, dès lors de la création dud. office. »

6. — *21 janvier 1596. — ?. — o.*

Nomination de 6 asséeurs des tailles pour l'année 1596.

7. — *29 janvier 1596. — 36. — o.*

Le titulaire actuel de l'office de greffier des tailles de la paroisse (v. 5) est sommé par l'assemblée de s'en défaire « en la main et domayne des manans et habitans, et, moyennant ce, et aussi en considération que cy devant il a esté constitué prisonnyer pour les thailles par ceulx de l'union de Poictyers qu'ils demendoyent et ont contrainct cette ditte paroisse leur payer, où ilz l'auroient mené et detenu prisonnyer par l'espace d'ung moys, où il auroyt faict de grandz fraiz et souffert de grandz despans sans qu'il en eust voullu inquieter ne recourir iceulx contre les d. habitans, que, on roolle de la grande taille, il soyt seulement taxé et cothisé à 5 solz,... le cours de la vye dud. Gaultyer. »

8. — *1er février 1596. — 45. — o.*

Nomination de 4 collecteurs des tailles pour l'année 1596.

9. — *Même date. — ?. — 3.*

Consultés sur une cote douteuse, dont « la connoissance ne leur estoyt encore apparente ne cogneue », les habitants, « pour esviter à procès », prononcent la radiation.

10. — *20 février 1596.* — *24.* — *5.*
Examen du compte de gestion des précédents procureurs : demande de pièces justificatives pour « vallablement debattre les articles contenus en icelluy. »

11. — *6 janvier 1619.* — *23.* — *2.*
L'assemblée consent un emprunt de 19 l. 10 s. 5 d. pour payer les frais d'un procès. — Le chemin de la Brumaudrie sera réparé aux dépens de la paroisse, « sauf de ce quy est comte des particulliers, quy doibvent fayre partye à leurs despens des dictes reparations et au droict de leurs dommaynes ».

12. — *10 février 1619.* — *30.* — *6.*
Nomination de 6 asséeurs et de 6 collecteurs pour l'année 1619.

13. — *13 février 1619.* — *18.* — *6.*
L'assemblée affirme à nouveau ses droits, encore contestés, sur l'office de greffier des tailles de la paroisse, « dont y a procès pendant et indecis au siège et eslection de Nyort ». — Elle donne son avis sur « les taux perdus et nouvelliers » et consent l'exemption de taille du s^r Challot, pourvu d'une commission de valet de chambre du prince de Condé.

14. — *17 mars 1619.* — *10.* — *10.*
Un emprunt de 30 l. est consenti pour acquitter « les frais, salaires, vacquations et voiages faitz contre les d. habitans pour le recouvrement de ce dont ils auroyent esté taxés pour les droict de foires et marchés ».

15. — *20 mai 1619.* — *19.* — *20.*
« Veu qu'ils n'ont deniers appartenant à lad. paroisse et qu'il leur en est dheu par icelle, » les procureurs sont autorisés, par l'assemblée, à faire égaller sur les habitants une somme de 60 l. « pour certains grandz fraiz pour la conservation de lad. paroisse. » — Nomination de 2 procureurs-fabriqueurs.

16. — *11 août 1619.* — *13.* — *4.*
Poursuite et revendication du taux d'un ancien habitant, « comme n'ayant an et jour qu'il fut demeurant hors lad. paroisse lorsqu'il a esté cotisé ».

17. — *17 novembre 1619.* — *34.* — *1.*

Nomination de 6 asséeurs et de 4 collecteurs pour l'année 1620. — « N'ayant deniers entre leurs mains appartenant à la paroisse et n'avoyr aussy moyen d'en faire l'advance», les procureurs sont autorisés à emprunter « jusques à la somme de 15 l. », destinée à payer les frais de séjour d'un élu de Niort, « lors de sa visitte et recherche des deschets et pertes de lad. paroisse,... et pour faire quelques honnestetez et presantz ausditz sieurs eslheuz, [afin] d'avoyr esgard ausdittes pertes et deschetz ».

18. — *17 février 1620.* — *22.* — *16.*

Confection du rôle des tailles : avis sur les contribuables à employer et à retrancher.

19. — *24 mai 1620.* — *22.* — *5.*

Examen de deux requêtes en adjudication de taux. — L'assemblée consent l'imposition d'une somme de 253 l. 12 s. 5 d., due aux précédents procureurs pour avances faites au cours de leur charge.

20. — *8 juin 1620.* — *21.* — *6.*

Nomination de 2 procureurs-fabriqueurs.

21. — *19 juillet 1620.* — *17.* — *10.*

L'assemblée accepte la proposition de Pierre Conty déclarant « qu'il seroyt d'ung de demeurer en lad. par. de la Mothe, moyennant que lad. par. le cotisast, par chascun an, à la somme de 15 l. pour le principal de la taille et à mesme raison des autres subsides ».

22. — *13 septembre 1620.* — *20.* — *14.*

Don d'une pipe de vin au seigneur de La Mothe « en recongnoissance des benefices et exemptions qu'il luy auroyt pleu nous faire du logement et traictement des gens de guerre de l'armée du roy et aultres faveurs qu'il auroyt fait » : à cet effet, « et pour aultres frays », emprunt de 140 l.

23. — *22 novembre 1620.* — *35.* — *15.*

Nomination de 6 asséeurs et de 4 collecteurs pour l'année 1621. — Refonte de la cloche qui, « thumbée du clochier, ce seroyt rompue en plusieurs piesses » : pour se procurer la somme de 36 l. exigée par les fondeurs, les procureurs feront « rendre compte à certains particulliers des deniers qu'ilz ont entre leurs mains appartenant au commung de lad. par. et par eulx cy devant recueillis et colligez sur les d. habittans durant le temps que le sieur de Bonnivet (1) et monseigneur le prince (de Condé) avoyent des trouppes en ce pays, pour faire des baignons (2) et pain de munition, quy n'avoyt esté fait. »

24. — *29 septembre 1620.* — *18.* — *12.*
Sommés d'acquitter les frais d'un procès, les procureurs «ayant desclaré n'avoyr deniers ne fruitz quy appartiennent et dépandent de lad. fabrice et paroisse », les habitants se refusent à en délibérer ; mais ils consentent un emprunt de 60 l. pour la refonte de la cloche « et aultres menuz fraiz qu'il conviendra pour icelle. »

25. — *7 février 1621.* — *37.* — *17.*
Commission de la taille. — Confection du rôle : avis sur les contribuables à employer et à retrancher.

26. — *3 mars 1621.* — *31.* — *18.*
Examen d'une requête en radiation du rôle des tailles.

27. — *31 mai 1621.* — *29.* — *17*
Nomination de 2 procureurs-fabriqueurs. — Réquisition d'un pionnier, scieur de long, pour le service du roi : emprunt de 150 l. à cet effet. — Revendication du taux d'un particullier par la paroisse, « en laquelle il a, de plus an et jour, son train et famille. »

28. — *2 juin 1621.* — *24.* — *13.*
Le scieur de long, commis par la précédente assemblée, ayant fait défaut, les habitants en désignent un autre, qui fera « le service nécessaire pendant trois moys », à raison de 90 l. par mois.

29. — *5 août 1621.* — *17.* — *10.*
En vertu de deux commissions de l'élection de Niort, datées du

(1) Henri-Marc-Alphonse-Vincent Gouffier, sgr de Bonnivet, avait pris parti pour Condé dans les troubles de la minorité de Louis XIII. (V. *Essai sur l'histoire de la ville de Poitiers, depuis la fin de la Ligue jusqu'au ministère de Richelieu,* par M. Ouvré, Mém. de la Soc. des Antiq. de l'Ouest, 1re s., t. XXII).

(2) Ce sont nos *beignets :* à cette époque, « les *beignones*, faites avec des pommes », figuraient, « le premier dimanche de caresme », au menu des religieux de Saint-Maixent (V. Alfred Richard, *Chartes et documents pour servir à l'histoire de l'abbaye de Saint-Maixent*, Arch. hist. du Poitou, XVIII, 317).

2 et du 22 juillet, levée, sur la paroisse, d'une somme extraordinaire dont le chiffre n'est pas indiqué.

30. — *3 octobre 1621. — 20. — 9.*

Le scieur de long, fourni par la paroisse, « n'ayant servy l'espace d'ung moys et s'estant retiré sans congé et permission, aussy tost le siège dud. Saint Jehan estant finy », devra se contenter des « trante livres par luy receus, aveq les habitz et fraiz et despans, par luy faictz, payez ».

31. — *8 décembre 1621. — 23. — 15.*

L'arrangement ci-dessus n'est pas accepté par le scieur de long qui, se prévallant d'une obligation de 90 l. à lui consentie par le général, « auroyt, par vertu de lad. obligation et à deffault de payement de lad. somme, fait emprisonner » l'un des procureurs « es prisons du chastel de ce d. bourg de la Mothe où il est detenu fort estroitement » : pour l'en tirer, l'assemblée décide de payer la somme réclamée.

32. — *2 janvier 1622. — 26. — 9.*

Les procureurs fourniront aux élus les pertes et déchets de la paroisse et leur feront un présent.

33. — *9 janvier 1622. — 31. — 7.*

Nomination de 6 asséeurs et de 4 collecteurs des tailles de l'année 1622.

34. — *16 janvier 1622. — 28. — 24.*

L'un des collecteurs élus étant insolvable, ses co-parsonniers exigent qu'il en soit nommé un autre à sa place. L'assemblée se partage : les uns sont d'avis « de ce consulter à des conseils », « plusieurs aultres ont dict qu'ilz s'opose à ce qu'il en soyt nommé aultre pour n'estre la coustume de faire deulx nominations », quelques-uns « ont dit qu'ilz sont d'advis qu'il soyt nommé ung aultre collecteur », enfin certains « se sont absentez sans donner leur advis » : en somme, pas de décision.

35. — *24 février. — 24. — ?.*

Commission de la taille, où il y a « de la crue et ogmentation la pres. année ». — Confection du rôle : avis sur les contribuables à employer et à retrancher. (*Le dernier feuillet de cet acte manque.*)

36. — *1er mai 1622. — 21. — 16.*

Poursuivie, à la requête des anciens procureurs, en payement de la somme de 249 l. 1 s. 10 d. qu'ils auraient avancée au cours de leur gestion, la communauté consent à son égallement sur les taillables de la paroisse.

37. — *16 mai 1622. — 32. — 9.*

Nomination de 2 proc.-fabriq. : exempts de cette charge, le *commissaire des tailles*, un *garde du lieutenant du roi en Poitou*, le *me visiteur et jaugeur;* les procureurs sont choisis parmi les collecteurs de l'année précédente. — L'assemblée octroie 4 l. « pour le vidimus de la sauvegarde de Mr le comte de la Rochefoucault, gouverneur de ce pays de Poitou, pour le bien et profit de la paroisse. »

38. — *3 juillet 1622. — 19. — 15.*

Requisition d'avoine « pour l'armée du roy au siège de La Rochelle » ; « pour ce faire et aultres affaires de lad. parr. », les procureurs emprunteront 100 l.

39. — *10 juillet 1622. — 20. — 0.*

Les procureurs, « c'estant mis en debvoir d'emprunter lad. somme et, pour ce faire, en auroyent requis et pryé les habitans, quy ont le plus de facultez et deniers entre les mains, de leur en prester, quy les en auroyent reffuzés,... ont sommé tous lesd. assemblez de leur fournir de lad. somme. — Tous lesquelz ce sont absentez sans donner aulcun advis. »

40. — *31 juillet 1622. — 19. — 12.*

Ne pouvant trouver à emprunter la somme de 100 l. votée pour la réquisition d'avoine, l'assemblée décide qu'un rôle de pareille somme sera fait et égallé sur la paroisse, « et encore de la somme de 6 l., pour faire reparer et recouvrir le clochier de lad. parr. quy en a besoing ».

41. — *11 septembre 1622. — 17. — 8.*

Réquisition, pour l'armée au siège de La Rochelle, d'une charrette attelée de 6 bœufs ou de 4 chevaux : Emprunt de 60 l. à cet effet.

42. — *2 octobre 1622. — 21. — 12.*

Réquisition de 6 pionniers pour le siège de La Rochelle : l'assemblée délègue un de ses membres vers le baron de La Mothe, « pour prendre son advis comme l'on ce gouvernera à l'execution de lad. commission. »

43. — *7 octobre 1622. — 20. — 6.*

Sur l'avis du baron, « qu'il estoyt besoing, voulloyt et entendoyt que l'on heust à exécuter lad. commission le plus promptement que faire se pourroyt », l'assemblée décide « de s'assurer de six jornalliers et composer avec eulx, pour leur payement, jusques à la somme de 16 s. à chascun d'eux pour chascun jour durant 15 jours, et de chercher à emprunter, pour faire led. payement et fraiz, jusqu'à la somme de 100 l. ».

44. — *9 octobre 1622. — 18. — 0.*

Les procureurs, n'ayant « peu trouver, en aulcune façon que ce soyt », de bailleur de fonds, demandent l'avis de l'assemblée « et de fournir d'argent. — Tous lesquelz d. habittans se sont absentez sans voulloir faire aulcune delliberation ne fournir d'argent. »

45. — *6 novembre 1622. — 21. — 13.*

L'un des procureurs étant mort « puis ung mois en çà », l'assemblée procède à son remplacement, « veu qu'il y a de grandes affaires en la paroisse ».

46. — *20 novembre 1622. — 36. — 10.*

Nomination de 6 asséeurs et de 4 collecteurs pour l'année 1623.

47. — *8 décembre 1622. — 19. — 10.*

Les procureurs emprunteront 60 l. pour payer : 1° 17 l. 6 s. 5 d. « à quoy lad. parr. auroyt esté taxée par deffault d'avoir fourny les 6 manouvriers au siège de La Rochelle », 2° un présent aux élus « pour avoir esgard aux pertes de la paroisse », 3° « et aultres affaires qu'il conviendra en lad. paroisse ».

48. — *13 février 1623. — 18. — 15.*

Confection du rôle des tailles : Avis sur les contribuables à employer et à retrancher ; refus d'exempter, cette année-ci, le s^r Challot, jusqu'alors privilégié par son office de valet de chambre du prince de Condé.

49. — *12 mars 1623. — 18. — 5.*

A défaut de fonds pour rembourser les emprunts contractés, les procureurs poursuivront leurs prédécesseurs « de rendre leur conte dedans huitayne, ensemblement tous aultres habitans quy ont cy-devant recueilly et levé deniers sur lad. parr., pour des particullières affaires d'icelle, et quy n'en ont encore rendu et tenu conte »

50. — *23 avril 1623. — 17. — 15.*

Harcelée par ses créanciers, la paroisse charge ses procureurs d'emprunter « où ilz trouveront, sinon, et à faulte de ce faire, qu'ilz obtiennent lettres d'assiette sur les habitans, le plus tost et aux moindres fraiz que faire ce pourra ». — Revendication du taux d'un contribuable, cotisé en une autre paroisse, « pour y avoir plus d'ung an et jour qu'il est demeurans et recéans en icelle ».

51. — *5 juin 1623. — 22. — 9.*

Nomination de 2 proc.-fabriq.. — L'un des habitants demande à acquérir l'ancienne église Saint-Héray.

52. — *23 juillet 1623. — 23. — 13.*

Pour rembourser aux anciens procureurs la somme de 125 l. qu'ils ont avancée au cours de leur gestion, l'assemblée décide d'en solliciter lettres d'assiette sur la paroisse.

53. — *26 novembre 1623. — 22. — 16.*

Nomination de 6 asséeurs et de 4 collecteurs pour l'année 1624. — Délivrance, aux élus, des pertes et déchets de la paroisse, « et, en ce faisant, leur faire des presens comme l'on a coustume ». — Emprunt de 60 l. pour employer aux affaires de la communauté, payer entre autres, à un cabaretier, 22 l. 14 s. « pour du pin et du vin qu'il auroyt fourny à une certaine compaignie de gens de guerre de l'armée du roy, quy voulloyt loger en ce lieu, pour l'empescher de loger ». — L'aliénation de l'emplacement de l'ancienne église est consentie au prix de 60 s. de rente annuelle et perpétuelle.

54. — *27 mai 1624. — 21. — 13.*

Nomination de 2 proc.-fabriq. : ils sont proposés à l'assemblée par les procureurs en fin de charge.

55. — *3 septembre 1624. — ? — ?.*

Lecture d'une ordonnance « de la part de M. Robert Frenicle, s[r] de Bessy, conseiller du roy, trésorier gén[al] de France en Poitou, commissaire deputté pour sa Majesté pour le regallement des thailles et reformation des abus et malversations, commises au fait d'icelles, es eslections de Nyort, la Rochelle, Fontenay et Sable d'Olonne, en date de ce jourd'huy », enjoignant aux habitants de faire « en nostre hostel, sis au bourg de la Mothe », déclaration des biens qu'ils possèdent ou dont ils jouissent.

56. — *8 septembre 1664. — 16. — 13.*

Rejet, à nouveau, de la demande en exemption de taille du sieur Challot, pourvu d'un office de valet de chambre du prince de Condé, « attandu que ses lettres ne sont autanticques, pour n'avoir esté passée en la chambre des contes, ne ses actes de *servivit*, et, outre, qu'il exerce des charges de notaire royal, greffier des eaux et forêts et postullant en la cour de la chastellanye de Salles ».

57. — *9 septembre 1624. — 13. — ?.*

Il y a lieu de demander le remboursement de l'office de *greffier des tailles*, appartenant à la paroisse, que remplace l'état de *commissaire des tailles* nouvellement créé. (*La fin de l'acte manque.*)

58. — *11 janvier 1625. — 31. — 16.*

Commission de la taille. — Nomination des asséeurs-collecteurs de l'année 1625 : opposition des habitants au mode, nouveau, de commettre aux mêmes personnes le soin d'asseoir et de colliger la taille ; requête, dans ce sens, aux officiers de l'élection.

59. — *19 janvier 1625. — 39. — 15.*

Nomination de 6 asséeurs et de 4 collecteurs, suivant l'ancienne coutume en la paroisse.

60. — *21 janvier 1625. — 29. — 15.*

Deux des collecteurs nommés s'étant pourvus devant le tribunal de l'élection pour se faire décharger, l'assemblée donne pouvoir aux procureurs d'y comparaître et de justifier la nomination faite le 19 janvier. — Emprunt de 30 l. « pour la poursuite des dites affaires ».

61. — *24 janvier 1625. — 23. — 20.*

Avant de comparaître à l'assignation devant les élus de Niort, les procureurs ayant pris l'avis de leur conseil « et trouvé que led. procès estoyt doubteux », l'assemblée renonce à le poursuivre et procède à la nomination de 2 nouveaux collecteurs.

62. — *26 janvier 1625. — 12. — 17.*

Confection du rôle des tailles : avis sur les contribuables à employer et à retrancher.

63. — *9 février 1625.* — *17.* — *10.*

Revendication du taux d'un ancien habitant, qui a abandonné la paroisse depuis moins d'un an et jour.

64. — *25 mars 1625.* — *11.* — *16.*

Pour exempter la paroisse du logement des gens de guerre « quy descendent en ce pays » et obtenir sauvegarde, l'assemblée, réunie « à la diligence des manans et habitans de la parr. », députe deux de ses membres vers le comte de Parabère, gouverneur de Cognac, fils du baron de La Mothe.

65. — *27 avril 1625.* — *24.* — *19.*

Nomination d'une commission pour « oyr et arrester » le compte de gestion des procureurs.

66. — *19 mai 1625.* — *17.* — *14.*

Nomination de 2 proc.-fabriqueurs.

67. — *8 décembre 1625.* — *22.* — *20.*

Recherche des pertes et déchets de la paroisse : présents aux élus. — La nomination des asséeurs-collecteurs est repoussée « jusques à la reception des commissions des thailles et garnisons ». — Réclamations contre les taux imposés par « les commissaires pour la reformation des taxes », et maintien des taux fixés par les asséeurs de la paroisse, « comme ayant congnoissance des biens et traffics d'un chaicun ». — Emprunt de 60 l. pour les affaires de la paroisse.

68. — *15 février 1626.* — *43.* — *17.*

Commissions de la taille et de la garnison. — Nomination de 8 asséeurs-collecteurs pour 1626. — Approbation du compte des anciens procureurs à qui il est dû, pour avances faites au cours de leur gestion, la somme de 257 l., qui sera égallée sur tous les habitants.

69. — *18 février 1626.* — *22.* — *9.*

Confection du rôle des tailles : avis sur les contribuables à employer et à retrancher.

70. — *18 octobre 1626.* — *17.* — *12.*

Chevauchée d'un élu de Niort, M. Devilliers, s[r] de Chantemerle, « affin de faire la recherche des déchetz et pertes advenus en lad. parr. cette pres. année ». — Emprunt de 100 l. « pour voir les d.

s[rs] eslheuz ct payer ce que doibt lad. parr. pour quelques honnestetez et recongnoissance qu'il a esté besoing faire à personnes signallées et de meritte, quy auroyent, par leur faveur et puissance, apporté ung grand bien et soullagement à icelle ».

71. — *7 mars 1627.* — *32.* — *6.*
Commissions de la taille et de la garnison. — Nomination de 8 asséeurs-collecteurs pour 1627.

72. — *10 mars 1627.* — *29.* — *11.*
Décharge de collecte en faveur de l'un de ces derniers, « d'aultant qu'il ne peult estre thaillable en icelle parr. que l'année prochaine, parce qu'il n'y a que trois quartiers d'an, environ, qu'il est demeurant ». — Confection du rôle des tailles : avis sur les contribuables à employer et à retrancher.

73. — *24 mai 1627.* — *23.* — *8.*
Nomination de 2 proc.-fabriqueurs.

74. — *8 août 1627.* — *18.* — *14.*
Répondant à la réclamation d'un habitant qui se plaint d'être surtaxé, l'assemblée en rend responsables les asséeurs-collecteurs, « attendu que s'il y a heu de la faulte et du manque, il vient et a esté fait par iceulx sans l'advis, assistance et delibération de la generallité ». — Emprunt de 60 l. pour les affaires de la paroisse : payer, entre autres, au valet de chambre de M. de Neuillan, gouverneur de Niort, « deulx pistolles d'or » qu'il aurait avancées « à l'optemtion d'une sauvegarde pour empescher que les gens de guerre ne viennent loger en ce lieu ». — L'assemblée adjure les procureurs « d'avoir esgard à faire racqmoder l'orollogo publicque commung de ce lieu, ensemblement la couverture du clochier dont il est couvert, et, pour ce faire, faire revenu et recherche des debvoirs et arrerages dheuz à la fabrice et faire faire bail à ferme, au plus offrant, du revenu d'icelle ».

75. — *6 octobre 1627.* — *24.* — *11.*
Réquisition de deux pionniers et d'une charrotte pour le siège de La Rochelle. Où trouver l'argent nécessaire ? les procureurs « desclairant n'en avoir, ne mesme peu trouver à emprunter la somme de 60 l.» précédemment votée : l'assemblée les engage « à s'esmoyer et pourvoir de personnes quy les puissent assister et prester argent ».

76. — *10 octobre 1627. — 19. — 19.*

Réquisition de deux pionniers et d'une charrette (*suite*) : les habitants consentent bien à ce que les procureurs empruntent 200 l., mais ils refusent d'y souscrire personnellement.

77. — *12 octobre 1627. — 11. — 0.*

Un habitant de St-Maixent s'est offert à prêter à la paroisse « 400 l. de rente constituée au denier seize », moyennant que 3 ou 4 « des plus fameulx » de La Mothe s'obligeassent avec les procureurs : l'assemblée fait la sourde oreille et se disperse sans donner d'avis.

78. — *17 octobre 1627. — 26. — 17.*

La paroisse a pu fournir les deux pionniers ; elle doit encore la charrette. Pour faire l'argent nécessaire, à défaut de bailleur de fonds qu'elle ne peut trouver, la communauté s'impose d'une somme de 500 l., « levé, esgallé et colligé, le plus promptement que faire ce pourra, par les collecteurs de lad. parr. sur tous les habittans contribuables aux tailles d'icelle ».

79. — *28 octobre 1627. — 18. — 14.*

La charrette pour l'armée : ce service se fera au prix de 300 l., « et, comme aultre foys, faire lever et esgaller sur la paroisse lad. somme ou emprunter deniers ».

80. — *30 octobre 1627. — 9. — 8.*

La charrette pour l'armée : l'assemblée consent que, sur le prix convenu de 300 l., il soit délivré aux conducteurs une somme de 150 l. « et outre, en desduction du parsus, une charrette garnye de ce quy luy convient et aultres arnois pour leurs monstures ».

81. — *5 décembre 1627. — 22. — 14.*

Autre réquisition, à la charge des paroisses de La Mothe et de Mougon, de 6 pionniers et d'une charrette pour l'armée : les procureurs de La Mothe devront assigner leurs collègues de Mougon « à jeudy prochain, heure de deulx heures apprès midy, on parquet dud. lieu de la Mothe, pour voir faire donner lad. charrette au rabais et moings disant ».

82. — *9 décembre 1627. — 5. — 0.*

En présence des procureurs de Mougon, il est procédé au bail au rabais de la charrette : vu le petit nombre des assistants « et que la nuict est survenue, a esté continué lad. assignation à demain ».

10 décembre 1627. — 23. — 14.

« Et advenant led. jour de landemain », la fourniture de la charrette, « attellée et garnye, propre à faire le service de l'armée du roy l'espace de deuls mois, à commencer dès le 15e dud. pres. mois et an », est adjugée à la somme de 610 l.

83. — *6 janvier 1628. — 19. — 14.*

Recherche des pertes et déchets de la paroisse ; « et, en les présentant ausditz s^rs^ eslheuz, les supplyer d'y avoir esgard et les voir particullierement avecq quelques honnestetez et en faire les fraiz convenablement ».

84. — *12 mars 1628. — 38. — 12.*

Commissions de la taille et de la garnison. — Nomination de 8 asséeurs-collecteurs pour 1628.

85. — *15 mars 1628. — 13. — 18.*

Confection du rôle des tailles : avis sur les contribuables à employer et à retrancher.

86. — *2 avril 1628. — 24. — 14.*

Adjudication du bail à ferme des biens de la fabrique, moyennant un prix annuel de 17 l., somme qui sera employée, annuellement, moitié à l'entretien de l'horloge, le quart au sacristin, l'autre quart à la couverture du clocher.

87. — *25 avril 1628. — 7. — 7.*

Avec Saint-Maixent et Champdeniers, La Mothe devra fournir des vivres aux gens de guerre allant vers La Rochelle et les faire rendre aux étapes de Mazières et de Saint-Remy : pour échapper à cette corvée, l'assemblée représente « l'extreme pauvreté des habittans de lad. parr,... quy n'a aulcuns deniers commungs ny personne des d. habittans quy aye la faculté et pouvoir d'en faire aulcune advance ».

88. — *30 avril 1628. — 24. — 24.*

L'administration exigeant « de satisfaire incontinant et sans dellay ausdittes commissions », les procureurs ont dû se transporter à St-Maixent pour s'enquérir, près du maire et des échevins de cette ville, « du comportement et mettode qu'ils y debvoyent et falloyt tenir », lesquels auraient écrit, à ce sujet, aux habitants de La Mothe, une lettre dont il est donné communication à l'assemblée.

89. — *2 mai 1628.* — *15.* — *23.*

Toutefois, les habitants, préférant traiter à forfait, promettent, « à ceulx quy voudront entreprendre led. fournissement à la descharge de la paroisse, douze solz par homme et par jour..., et, pour cet effect, emprunter deniers jusques à la somme de 300 l. » — Les procureurs en fin de charge rendront, par devant le curé, compte de leur gestion à leurs successeurs. — L'assemblée autorise le payement des charretiers envoyés à La Rochelle, « attandu qu'il leur a esté fourny de leur acte de *servivit.* »

90. — *13 juin 1628.* — *14.* — *11.*

Nomination de 2 proc.-fabriqueurs.

91. — *9 juillet 1628.* — *21.* — *13.*

Les procureurs de l'exercice 1625-1626 réclament le remboursement des avances qu'ils ont faites au cours de leur gestion : l'assemblée autorise les procureurs en charge à solliciter des lettres d'assiette, sur la paroisse, de cette somme qui s'élève à 116 l.

92. — *26 novembre 1628.* — *15.* — *12.*

Pertes et déchets. — Nomination des asséeurs-collecteurs repoussée au jour où la paroisse recevra la commission de la taille. — Désignation de 4 journaliers, requis pour la démolition des forts de La Rochelle.

93. — *25 mars 1629.* — *33.* — *5.*

Commission de la taille. — Nomination de 8 asséeurs-collecteurs pour 1629.

94. — *27 mars 1629.* — *12.* — *11.*

Confection du rôle des tailles : avis sur les contribuables à employer et à retrancher.

95. — *6 mai 1629.* — *13.* — *10.*

Réclamations au sujet de l'assiette de la taille : les asséeurs sont responsables, « attandu que s'il y a heu de la faulte et manque, ce a esté par eulx qu'elle a esté faite, tant par le mauvais rapport que mauvaise visitte et certitude de la demeure d'iceulx [réclamants]. »

96. — *4 juin 1629.* — *16.* — *15.*

Nomination de 2 proc.-fabriqueurs.

97. — *15 juillet 1629.* — *16.* — *?.*

Au sujet d'une requête en radiation de taux, présentée par Louise et Marie Drouhet (1), qui ont abandonné La Mothe pour Saint-Maixent, l'assemblée blâme les collecteurs qui, là encore, auraient négligé « de sçavoir véritablement ceulx quy estoyent demeurans et thaillables en icelle parr. et ceulx quy s'en estoyent allez demeurer en aultre parr. et ne debvoyent estre cotisez... » (*Manque la fin de l'acte.*)

98. — *? 1629. — ?. — 9.*

(*Manque le commencement*)... Pour assoupir le procès qu'intentent à la paroisse les ci-devant demandeurs en radiation de taux, l'assemblée, sur l'avis de son conseil, donne charge aux procureurs « de s'accorder, s'il y a moyen, avecq les dittes Drouhettes. »

99. — *14 octobre 1629. — 21. — 10.*

Les procureurs ayant déclaré « avoir recherché les dittes Drouhettes pour tascher à s'accorder et sortir amiablement avecq icelles, à quoy ilz n'ont pu parvenir et obtenir », l'assemblée prend leurs taux à sa charge et, pour les acquitter et payer les frais du procès, consent un emprunt de 100 l. — Recherche des pertes et déchets, « en fournir et, en ce faisant, voir de quelque honnesteté lesd. s[rs] eslheuz affin de les prier d'avoir esgard à icelles et à leur diminuer les tailles ».

100. — *28 octobre 1629. — 5. — 0.*

La somme de 100 l., précédemment votée, étant loin d'être suffisante, les procureurs demandent l'autorisation d'emprunter « jusques à 300 l., tant pour les dittes causes que pour faire les affaires de lad. paroisse, et, pour cet effet, qu'il y heust quelques quatre ou cincq desd. habittans des plus moyennez quy s'obligent avecq eulx, n'en pouvant trouver à emprunter aultrement, ou bien quy leur en prestassent » : sur ces mots, les habitants s'enfuient.

101. — *1er novembre 1629. — 15. — 11.*

L'assemblée, réunie, en vertu d'une ordonnance du président de l'élection de Saint-Maixent, aux fins de trouver l'argent nécessaire pour payer les frais de procès de la paroisse, proteste contre l'ingérence des élus de Saint-Maixent, « comme estimés juges incompétens à la paroisse de la Mothe ».

(1) De la famille du célèbre patoisant, Jean Drouhet, apothicaire à Saint-Maixent.

102. — *25 novembre 1629.* — *28.* — *13.*

Nomination des asséeurs-collecteurs de 1630. — Recherche des pertes et déchets : « voir les d. s[rs] eslheuz avecq honnesteté et les supplier avoir esgard ausdittes pertes pour le soullagement de lad. paroisse. »

103. — *24 février 1630.* — *20.* — *9.*

Les habitants consentent l'octroi d'une somme de 30 l., sur 60 qu'il demande, à un m[e] horloger de Pamproux, « pour avoir habillé, accomodé et mis en ordre l'orologe de ce bourg,... combien qu'ilz n'eussent donné charge de faire lad. besongne et n'en ayent veu aulcune chose. » — Les procureurs rendront compte de leur gestion devant le sénéchal de la baronnie assisté de 4 notables.

104. — *17 mars 1630.* — *22.* — *14.*

Commission de la taille. — Une somme de 668 l. 19 s., due aux anciens procureurs, sera levée sur la paroisse par lettres d'assiette que ces derniers obtiendront « où il appartiendra. »

105. — *24 mars 1630.* — *17.* — *3.*

(*Cet acte, incomplet des signatures, ne porte même pas celle du notaire, R. Guillon, qui l'a rédigé.*)

Confection du rôle des tailles : avis sur les contribuables à employer et à retrancher. — L'un des asséeurs étant malade, ses coparsonniers demandent qu'il soit pourvu à son remplacement : l'assemblée n'en tient compte.

106. — *? 1630.* — *?* — *8.*

(*Manque l'en-tête*).

Il y a lieu de fournir les pertes et déchets de la paroisse et de nommer les asséeurs-collecteurs ; mais l'assemblée n'est pas en nombre, « la plus grande partye des aultres habittans et des plus aparans et personnes d'avis et conseil estans absens de ce lieu pour quelques urgentes affaires des seigneurs circonvoisins ».

107. — *24 novembre 1630.* — *27.* — *4.*

La paroisse fournira ses pertes et déchets par devant Me Pierre Huet, écuyer, s[r] du Plessis et de la Gandissière, lieutenant en l'élection de Niort, « en ce lieu de la Mothe où est à present led. sieur... et, en fournissant d'iceulx, voir les d. s[rs] eslheuz avecq quelques honnestetez et, pour cet effect, emprunter la somme de 20 l. à intherestz tollerables ». — Nomination des asséeurs-collecteurs de 1631.

108. — *20 janvier 1631. — 11. — 7.*
L'un des collecteurs nommés a assigné le général devant le tribunal de l'élection aux fins d'être déchargé de l'assiette et collecte, comme ayant abandonné la paroisse : l'assemblée, étant peu nombreuse, se refuse à délibérer et requiert une autre convocation « à jeudy mattin, jour de marché, où il se pourra trouver plus de peuple ».

23 janvier 1631. — 25. — 9.
« Et advenant le jeudy..., et avoyr fait sonner la cloche aux fins de se trouver et assembler pour la deliberation des affaires et procez mentionnez par le susd. acte, et ce à peine de 10 l. d'amande contre les dillaians et mancquans », l'assemblée, délibérant, rejette la demande en décharge de collecte.

109. — *6 avril 1631. — 21. — 8.*
Une sentence de l'élection, du 29 mars, ayant prononcé la décharge de collecte refusée par les habitants, l'assemblée se résout à nommer un autre collecteur.

110. — *14 mai 1631. — 12. — 14.*
Confection du rôle des tailles : avis sur les contribuables à employer et à retrancher ; nombre excessif des mendiants (106 familles), « que lesd. asséeurs ne doibvent taxer la pres. année ».

111. — *9 juin 1631. — 15. — 7.*
Nomination de 2 proc.-fabriqueurs.

112. — *29 juin 1631. — 11. — ?*
Une sentence de l'élection a condamné la paroisse aux dépens d'un procès que lui avaient intenté deux anciens habitants, demandeurs en radiation du rôle des tailles, « et desclaré l'exécution des meubles desditz nulle, tortionnaire et abusifve, et ordonné qu'il leurz seront rendus, ensemblement ce qu'ilz auroyent payé de leur taulx ». Les procureurs réclament, à cette fin, une somme de 60 l., « ayant pareillement desclaré n'avoir deniers de leur part pour faire les d. affaires... Et, ce faisant, sont tous lesd. habittans absentez sans voulloir faire aulcune deliberation... » (*Les dernières lignes manquent.*)

113. — *? mai 1632. — ? — 5.*
(*Manque le commencement.*)
Confection du rôle des tailles : avis sur les contribuables à

employer et à retrancher ; «.. tous lesquelz assemblez se sont absentez sans deliberer, pour ne c'estre trouvé à lad. assemblée le nombre de presentz qu'il convient,... et ont requis lad. assemblée estre continuée à lundy prochain ».

12 mai 1632. — 15. — 18.

« Et advenant le lundy », l'assemblée, réunie « pour la delliberation et resolution des affaires cy dessus », donne son avis sur les taux perdus et nouvelliers : répondant à la demande d'un habitant, contrôleur des tailles, « quy se jacte d'estre exempt de tailles, suyvant l'édit de création dudit office,... lesd. habitans ont dit n'avoir encores veu pratiquer led. édit » ; toutefois, « pour s'empescher de procès », ils consentent exemption pour l'année en cours, sans préjudice pour l'avenir.

114. — *20 mai 1635. — 14. — 12.*

Confection du rôle des tailles : avis sur les contribuables à employer et à retrancher.

115. — *28 mai 1635. — 14. — 12.*

Le seigneur de La Mothe revendique la propriété d'un terrain vague sis au pied du *Barrabas* : l'assemblée, déclarant « que oncques lad. place est appartenu à aulcuns desd. habitants, ny à avoir ny pretendre aulcune chose, n'empesche que monseig[r] le marquis de ce lieu s'en approprye par droict seigneurial, comme place vacquante ». — Blâme aux procureurs, qui ont négligé la poursuite d'un procès. — Nomination de 2 proc.-fabriqueurs.

116. — *28 mars 1636. — 11. — 19.*

Sur la demande « du sieur de Gimat (1), l'ung des gentilz hommes de mons[r] le gouverneur de Poictou », l'assemblée consent à ce qu'il lui soit fait « quelque honnesteté » — 36 l. — pour s'être employé « à obtenir des s[rs] esluz diminution des thailles et estre soulagez d'icelles ». — « Pauvreté universelle » de la paroisse, nécessitant la nomination de 16 collecteurs, « contre l'arrest des commissaires du roy, et que neantmoings est ainsy fait pour faciliter le recouvrement des deniers de Sa Magesté quy aultrement ne se fust peu faire ».

(1) En 1670, un « Pierre de Gimat, éc., s[r] de Soubadec (?), capitaine des gardes de monseig[r] le comte de Parabère », faisait son service au château de La Mothe.

117. — *27 avril 1636.* — *17.* — *13.*

En vertu d'une ordonnance royale, du 12 avril, « pour amasser gens de guerre pour partie des recrus de quattorze centz [hommes] que Sa Majesté veult et ordonne estre levé, pour le régiment de la Frezelière, à proportion des feux », l'assemblée désigne 6 habitants de la paroisse : « pour esquipper les soldatz cy dessus nommez », les procureurs demandent une allocation de 200 liv.; l'assemblée ne consent qu'un emprunt de 40 l.

118. — *4 juillet 1638.* — ? — ?

Nomination d'asséeurs-collecteurs au nombre de 16, « attandu les grandes charges de la paroisse ».

119. — *21 septembre 1638.* — ? — ?

Sur la requête, en exemption de taille, de Pierre Conty, fondée sur ce qu'il est actuellement « résidant domestique de monseig[r] le comte de Parabère, marquis de la Mothe », l'assemblée consent la décharge; sa taxe sera rejetée sur le général.

120. — *1er mai 1639.* — ? — ?

Il reste à payer un reliquat de tailles des années 1634 et 1638, plus une somme de 20 l. « attribuez aux sindicqs des paroisses, de droitz fixes et hereditaires » : faute d'acquitter ces sommes, les habitants sont prévenus que le « s[r] de Courbesant, cappitayne de certains carabiniers, est en campagne pour contraindre les habittans de loger à discretion ses hommes jusques à parfaict payement. — A quoy lesd. assemblez ont dict leur estre impossible, et, neantmoings, pour ne point paroistre rebelles », ont nommé des asséeurs-collecteurs, qui jetteront et amasseront les dites sommes sur tous les taillables de la paroisse.

121. — *8 décembre 1641.* — *14.* — *7.*

Commission de la taille. — Nomination d'asséeurs-collecteurs remise à huitaine.

15 décembre 1641. — *15.* — *7.*

« Et advenant le 15e dud. mois et an », l'assemblée désigne les collecteurs de 1642.

22 décembre 1641 — ? — *10.*

« Et advenant le 22e... », l'assemblée, « pour la revocquation legitime de la nomination de (deux collecteurs) ayant, par lesd. habittans, esté ouy en leurs excuses », consent leur décharge et en nomme deux autres.

122. — *29 décembre 1641.* — *11.* — *10.*

Confection du rôle des tailles : avis sur les contribuables à employer et à retrancher. — Il est dû aux anciens procureurs, pour avances faites au cours de leur gestion, une somme de 215 l., qui sera égallée sur les taillables de la paroisse.

123. — *26 janvier 1642.* — *10.* — *?*

Requête en adjudication de taux, présentée par un contribuable imposé en deux paroisses. (*Manque la fin de l'acte.*)

124. — *9 février 1642.* — *15.* — *12.*

Sommés de payer au fisc une somme de 216 l., dont, toutefois, remise leur avait été faite sur la taille de 1638, « lesquelz habittans, ayant heu advis de lad. sommation, ont recouvert l'original de lad. remise », des mains de l'un des collecteurs de l'année 1638, « lequel original ilz ont mis presentement es mains desd. proc. fabricq., signé dud. s[r] de Villemontée (intendant), et en teste est escript : expedyé le vendredy 9e juillet 1638, à Niort ».

125. — *16 février 1642.* — *17.* — *10.*

Requête en adjudication de taux.

126. — *23 février 1642.* — *12.* — *7.*

L'assemblée repousse une demande en modération de taux, disant que le contribuable aurait dû se pourvoir « vers messieurs les esleus auparavant le get desd. thailles et en requerir la diminution qu'ilz heusent jugé à propos, ce sans quoy les asséeurs collecteurs n'ont peu ne dheu faire aultre diminution que celle quy luy eschoyoit au sol la livre ».

127. — *18 mai 1642.* — *13.* — *10.*

Accord mettant fin au procès suscité par la réclamation ci-dessus : le contribuable payera les frais et sa cote entière pour l'année présente, « sauf à se pouvoir prevalloir de lad. sentence pour l'advenir. »

128. — *9 juin 1642.* — *17.* — *7.*

Nomination de 2 proc.-fabriqueurs.

129. — *21 septembre 1642.* — *?* — *?*

Les collecteurs chargés de lever la somme de 215 l. due à d'anciens procureurs (**122**) représentent « que lad. somme ne se peult en aucune façon amasser sans retardement notable des deniers de Sa Majesté qu'ilz n'ont encores peu colliger mesme jusques au tiers, et, partant, sy sont contrainctz d'amasser lad. somme, les deniers du roy ne pourront estre colligés, partant, protestent, contre lesd. habittans, dud. retardement et de tous despens. — A quoy les habittans ont dit qu'ilz ne pouvoyent dire aulcunes choses, attendu le consentement par eulx donné par acte faict par lesd. habittans... » (*Manque la fin.*)

130. — *23 novembre 1642. — 4. — 3.*

Commission de la taille : sur le point d'en nommer les asséeurs-collecteurs, et « d'aultant que lesd. habittans se sont tous absentez », les procureurs « ont continué lad. assemblée à d'aujourdhuy en huict jours, où ilz protestent nommer et eslire, pour leur descharge, en cas que lesd. habittans ne ce veuillent faire. »

30 novembre 1642. — 2. — 6.

« Et advenant le dernier de novembre », les procureurs, constatant l'absence des habitants, désignent 12 asséeurs-collecteurs, dont la nomination est confirmée par quelques retardataires, survenus en fin d'assemblée.

7 décembre 1642. — ?. — 16.

« Et advenant le 7e décembre,... aux fins de la révocation légitime de la nomination de (deux collecteurs) ayant, par lesd. habittans assemblés, esté admis en leurs excuses », il est procédé à leur remplacement. — Confection du rôle des tailles : avis sur les contribuables à employer et à retrancher.

131. — *18 janvier 1643. — 15. — 13.*

Discussion sur un taux contesté entre les paroisses de Souvigné et de La Mothe. — La commission de la Subsistance, en date du 22 décembre 1642, montant à 1278 l., est présentée à l'un des collecteurs « qui l'a refusé,... dont acte ».

132. — *1er février 1643. — 14. — 6.*

Sur le refus des collecteurs de l'année 1642 « de prendre la commission de la subsistance, disant que ce n'est à eulx de l'avoir et colliger, ains aux nouveaux asséeurs et collecteurs quy seront ordonné pour la pres. année 1643 », l'assemblée décide de « se pourvoir par devant monseig. de Villemontée ou son subdélégué, pour ordonner plus clairement dud. esgallement. » — Revendication d'un taux, réclamé par une autre paroisse.

133. — *22 février 1643. — 13. — 8.*
Autre demande en adjudication de taux.

134. — *22 mars 1643. — 17. — 8.*
Sur le refus des habitants de nommer des asséeurs-collecteurs pour 1643, « et que mesme le recepveur de Niort auroyt desja faict emprisonner Hustache Ripault, l'ung des collecteurs de ce lieu, a faulte de payement du premier quartier desd. subsistances », les procureurs les nomment « de leur part, pour empescher que les deniers du roy ne soyent retardés ».

135. — *5 avril 1643. — 18. — 15.*
La nomination, faite par les procureurs, ayant « esté desclaré nulle, par ordonnance de messieurs les eslheus de Niort, et esté ordonné qu'il seroyt proceddé à aultre nomination », l'assemblée désigne 12 asséeurs-collecteurs.

8 avril 1643. — 13. — 13.
« Et advenant le 8e de apvril... », sur l'opposition faite à leur nomination par 3 collecteurs, l'assemblée, « pour obvier à procès », consent à les descharger et les remplace.

136. — *12 juillet 1643. — 20. — 12.*
La communauté a été assignée, le 9 juillet, devant la cour des Aides, à la requête d'un habitant, me Gabriel Gaudin (1), « tant, pour luy que pour son frère Jouachain, pour voir entheriner certaines lettres par eux obtenu du roy, le 2 janvier 1643,... par lesquelles lettres est mandé à nosd. seigneurs des aydes quy leur appert que iceulx Gaudin, leur père, aeil, bisaeil, fussent nés et extraict de nobles et anthiennes rasses et lignées,... ils ayent à les faire jouir et user plainement et paisiblement de tous et chascuns les privilleges, franchises, immunités de noblesses dont ont jouy leurs predecesseurs et quand jouissent les aultres nobles du royaul-

(1) Gabriel Gaudin, sr des Nègres, avocat au siège de Lusignan, substitut, puis, procureur fiscal de la baronnie de La Mothe, était fils de Pierre, sr des Rigaudières, avocat à Lusignan, et de Marie Robineau. Gabriel Gaudin mourut en l'année 1646, laissant, de son mariage avec Marie Poitevin, 4 enfants: Gabriel, Marguerite, Philippe, Suzanne.

me, et [les procureurs] requierent sur ce l'advis desd. habittans, quy ont dit avoir congneu me Pierre Gaudin, père des exposans, quy estoyt en quallité de advocat et procureur au siège royal de Lusignan, deceddé peult avoir 12 ou 15 ans, congnoissent aussy led. me Gabriel Gaudin, acesseur en ce siege du marquizat de La Mothe St Heraye, auparavant procureur et nottaire aud. marquizat, et rezidant en ce lieu y a environ 20 ans et y thaillable; pour le père dud. feu me Pierre Gaudin et autres aeuilz desd. exposans, n'en ont heu aulcune congnoissance comme estant aparés de quelques tiltres de noblesse par les exposans allegués. Ilz offrent d'abondant s'assembler pour deliberer plus amplement et sont d'advis, quand à present, que lesd. procureurs requierent aultre communicquation des tiltres justificatifz des faitz mis en avant ».

137. — *30 août 1643.* — *19.* — *11.*

Sur une lettre de leur procureur au parlement de Paris, représentant la communauté y assignée par les Gaudin, les habitants déclarent « que s'il se trouve que lesd. Gaudin justiffye, par tiltres suffisans, leurs predecesseurs nobles et que d'iceulx ilz soyent descendus, ilz se rapportent au jugement de nos seigneurs des aides où le procès est pandant ». — Demande en radiation de taux: les habitants « ont dict n'avoir donné charge aux asséeurs collecteurs de cotiser (le réclamant) et les desavouent ».

138. — *31 janvier 1644.* — *19.* — *9.*

Demande en radiation de taux, repoussée.

139. — *17 mai 1644.* — *24.* — *16.*

Nomination de 2 proc.-fabriqueurs.

140. — *30 octobre 1644.* — *16.* — *9.*

Pertes et déchets. — Nomination des asséeurs-collecteurs ajournée, « jusques à ce que les commissions soient venues. »

141. — *20 novembre 1644.* — *15.* — *10.*

Commission de la taille. — Nomination, par les procureurs, des asséeurs-collecteurs pour 1645.

22 novembre 1644. — *14.* — *10.*

« Et advenant le 22e novembre », l'assemblée décharge de collecte deux des habitants ci-dessus nommés et procède à leur remplacement.

142. — *16 juin 1645.* — *15.* — *11.*

La communauté a été assignée, en la personne de ses procureurs, devant les élus de Saint-Maixent, par les frères Gaudin, « pour voir produire tesmoings pour justiffier la genealogie par eulx fournye au procès qu'ilz poursuive pour estre reabillités en noblesse » : les habitants répondent que les élus de St-Maixent ne peuvent en connaître « pour n'estre leurs juges, ains ceulx de Nyort, sous l'eslection duquel les d. habitans sont, et, partant, ne peulvent faire aulcune response à la genealogie, quy n'est de leur congnoissance et siance. » — Nomination de 2 proc.-fabriqueurs.

143. — *3 décembre 1645.* — *13.* — *7.*

Commission de la taille. — Election des asséeurs-collecteurs : l'assemblée n'ayant pu les nommer tous en une seule séance, requiert « estre sursis jusques à huictaine ».

10 décembre 1645. — *15.* — *5.*

« Et advenant le 10e du pres. mois,... et parce que les d. habittans ont dit n'en voulloir nommer deulx autres,... avons remis et continué lad. assemblée... »

17 décembre 1645. — *13.* — *8.*

« Et advenant le 17e de décembre... », l'assemblée complète la nomination des asséeurs-collecteurs de l'année 1646.

144. — *24 décembre 1645.* — *11.* — *10.*

Confection du rôle des tailles : avis sur les contribuables à employer et à retrancher.

145. — *27 mai 1646.* — *16.* — *9.*

Nomination de 2 proc.-fabriqueurs.

146. — *24 février 1647.* — *5.* — *2.*

Commission de la taille. — Nomination des asséeurs-collecteurs de 1647 : « et parce que trop peu d'habittans se sont trouvés à lad. assemblée et que nul n'a voullu nommer, les d. proc. fabricq. ont remis et continué la pres. assembléeà d'aujourdhuy en huict jours».

3 mars 1647. — *15.* — *9.*

« Et advenant le 3e mars... », l'assemblée nomme 11 asséeurs-collecteurs.

147. — *10 mars 1647. — 19. — 17.*

Confection du rôle des tailles : avis sur les contribuables à employer et à retrancher.

148. — *9 août 1648. — 12. — 12.*

Nomination des asséeurs-collecteurs, « laquelle n'ont peu fayre pour le peu d'abittans assemblés,... et, pour lad. eslection, continuer lad. assemblée à huyt ou quinze jours » (*L'acte de la seconde réunion ne m'est pas connu.*)

149. — *18 octobre 1648. — 11 — 10.*

(*Cette réunion et la suivante continuent une assemblée du 4 octobre dont je ne possède pas l'acte.*)

« Et advenant le 18e du mois d'octobre,... en execution de l'assemblé du 4e du pres. mois », les habitants procèdent à la nomination des asséeurs-collecteurs de 1649.

25 octobre 1648. — ? — 15.

« Et advenant le 25e de octobre... », les collecteurs ci-dessus nommés représentent que l'un deux, « pour son extrême pauvreté, est résollu à quitter cette paroisse et aller travailler hors d'icelle » : l'assemblée en nomme un autre.

150. — *6 décembre 1648. — ? — 17.*

Confection du rôle des tailles : avis sur les contribuables à employer et à retrancher.

151. — *24 janvier 1649. — ? — ?.*

« Les d. procureurs expose que, pour plusieurs considérations intéressantes et nécessaires au publicq, et particullierement pour empescher les inquisitions que les ennemis de l'estat pourroyent fayre en ce lieu, il fault fayre quelques retranchementz aux advenues et environs de ce bourg, et mesmement, pour advertyr et assembler tous lesd. abittans aux confrerie necessayre, il est besoing d'avoir une cloche, laquelle, non seullement servyra dedans ces rencontres à tout le publicq, mais aussy en touttes les aultres assamblées qu'il conviendra fayre... » (*La suite manque.*)

152. — *2 mai 1649. — ? — 11.*

L'assemblée revendique le taux d'un particulier, qui travaille en la paroisse depuis 3 ans passés, s'appuyant sur « l'édict et arrest du roy contenant reiglement sur le faict des thailles, veryffyé par la cour des Aides le 21e juillet 1643. »

153. — *30 mai 1649.* — ? — *13.*
Nomination de 2 proc.-fabriqueurs.

154. — *20 juillet 1653.* — *19.* — *19.*
Les habitants, appelés à « consentyr ou deffandre » l'enterinement de lettres de noblesse, en date du 4 décembre 1652, obtenues par un Mothais, Pierre Conty, sr de Laubouinière-Cimalière, « ont déclaré que, pour l'intherest quy leur touche, ils n'entendent empescher l'intention de Sa Majesté et ensuitte l'entherinement desd. lettres patantes. »

155. — *? 1656.* — ? — *14.*
(*Le commencement de l'acte manque.*)
Confection du rôle des tailles : avis sur les contribuables à employer et à retrancher.

156. — *28 mai 1656.* — *13.* — *11.*
Demandes en radiation et en adjudication de taux.

157. — *18 juin 1656.* — *18.* — *14.*
Nomination de 2 proc.-fabriqueurs.

158. — *26 novembre 1656.* — *19.* — *10.*
Nomination des asséeurs-collecteurs de 1657.

159. — *26 décembre 1656.* — *21.* — *19.*
Commission de la taille. — Confection du rôle : avis sur les contribuables à employer et à retrancher.

160. — *27 mai 1657.* — *14.* — *7.*
Demande en adjudication de taux. — Nomination de 2 proc.-fabriqueurs.

161. — *30 décembre 1657.* — *14.* — *5.*
Nomination des asséeurs-collecteurs de 1658 : «... lesd. habitans ont dit ne pouvoir, quant à present, faire lad. eslection et ont requis lad. assemblée estre continuée à huictayne,.. ce quy a esté accordé par lesd. proc. fabricq. »

6 janvier 1658. — *11.* — *8.*
« Et advenant le 6e de janvier.. », l'assemblée nomme les asséeurs-collecteurs.

162. — *10 février 1658.* — *20.* — *10.*
Confection du rôle des tailles : avis sur les contribuables à employer et à retrancher.

163. — *30 juin 1658.* — *16.* — *11.*
Nomination de 2 proc.-fabriqueurs.

164. — *19 janvier 1659.* — *24.* — *9.*
Nomination des asséeurs-collecteurs de 1659.

165. — *26 janvier 1659.* — *21.* — *15.*
Confection du rôle des tailles : avis sur les contribuables à employer et à retrancher.

166. — *23 mars 1659.* — *19.* — *0.*
Demande en radiation de taux.

167. — *15 juin 1659.* — *16.* — *12.*
Nomination de 2 proc.-fabriqueurs.

168. — *3 août 1659.* — *18.* — *11.*
Demandes en adjudication et en radiation de taux : blâme aux collecteurs, auxquels « les habitans ont dit n'avoir donné charge de taxer (l'un des réclamants) en leurs roolles, ains seullement ceux que leur commission ordonnoit, ce que n'estant, s'en doivent imputer la faute ».

169. — *25 janvier 1660.* — *15.* — *8.*
Les collecteurs, visés dans la précédente délibération, ont assigné le général, devant le tribunal de l'élection, en restitution des taux ainsi mis à leur charge : l'assemblée « baille advis aux proc. de lever les actes faitz par les d. habittans concernant l'advis, donné aux d. collecteurs, de ceux qu'ilz debvoient employer et hoster de leurs roolles, comme aussy de l'acte qu'il auroient donné sur la demande en radiation,... et, conformement à icelluy, fournir de desfenses pour les d. habittans. »

170. — *11 février 1660.* — *22.* — *19.*
Suite du procès : les habitants, « considerant qu'iceulx collecteurs l'ont jetté (le réclamant) dans leurs roolles par presipittation et sans leur ordre,... partant, (ils sont) bien fondés en l'oposition qu'ilz font que le taux soit jetté sur eux, le tout sans prejudice, ausd. habittans, de se rendre partye denontiatrice, contre lesd. asséeurs,

en abus qu'ilz ont faict, proceddant à l'assiette desd. thailles, en ce qu'ilz ont deschargé leurs plus proches parans et amis au prejudice de divers particulliers, lesquels divers particulliers entendent en fournir les moiens au s^r procureur du roy pour en faire suitte ainsy qu'il advisera bon estre. »

171. — *7 mars 1660.* — *21.* — *13.*
Nomination des asséeurs-collecteurs de 1660.

172. — *14 mars 1660.* — *22.* — *20.*
Confection du rôle des tailles : avis sur les contribuables a employer et à retrancher.

173. — *18 avril 1660.* — *18.* — *12.*
Suite au procès **169, 170** : les habitants, persistant dans leurs précédentes délibérations, « sont d'avis que lesd. procureurs employent, pour moyens de production, l'advis qu'ilz ontcy devant donné par acte de lad. paroisse du 11e febvrier dernier ».

174. — *23 mai 1660.* — *18.* — *13.*
Nomination de 2 proc.-fabriqueurs.

175. — *26 décembre 1660.* — *16.* — *11.*
Les asséeurs-collecteurs ont reçu une commission du roi, datée du 18 août 1660, leur mandant d'imposer sur les contribuables 4 deniers par livre de la taille de la présente année : l'assemblée leur donne avis de faire publier cette commission et d'en opérer le recouvrement, selon les intentions de Sa Majesté.

176. — *13 mars 1661.* — *21.* — *18.*
Commission de la taille. — Nomination des asséeurs-collecteurs de 1661. — Deux demandes en décharge de la taille, produites, l'une par un exempt du prévôt de la maréchaussée de Saint-Maixent, l'autre par un archer de ce corps : l'assemblée est d'avis que les procureurs se consultent « avecq personnes capables pour, suivant l'advis quy leur sera donné, estre faict droit sur les d. exemptions ou continuation au get des d. thailles ».

177. — *25 mars 1661.* — *21.* — *16.*
Confection du rôle : avis sur les contribuables à employer et à retrancher ; les demandes en exemption ci-dessus sont repoussées, « conformement au désir des déclarations du roy sur le fait des aides ».

178. — *12 juin 1661.* — *15.* — *11.*

Nomination de 2 proc.-fabriqueurs. — Demandes en radiation de taux, repoussées.

179. — *25 septembre 1661.* — *?* — *?.* (*Convoquée, par les marguilliers, à la porte de l'église.*)

Il y a « urgence à faire à l'église certaines reparations ». Les marguilliers ayant déclaré qu'ils n'ont aucuns deniers entre les mains et qu'il est impossible d'en trouver « à cause de la pauvreté presque universelle desd. habittans », l'assemblée décide l'aliénation, au prix de 45 l., d'une place vide, « au devant la grande porte de lad. eglise », laquelle, autrefois, faisait partie des anciens cimetières.

180. — *8 janvier 1662.* — *17.* — *12.*

Commission de la taille. — Nomination des asséeurs-collecteurs de 1662.

181. — *12 février 1662.* — *22.* — *17.*

Confection du rôle des tailles: avis sur les contribuables à employer et à retrancher.

182. — *4 juin 1662.* — *15.* — *11.*

Nomination de 2 proc.-fabriqueurs. — Requête en adjudication de taux.

183. — *25 juin 1662.* — *19.* — *16.*

Requête en adjudication de taux (*suite*). — Demande en exemption de taille, présentée par Gédéon Marescal, s[r] de la Roche-Goupilleau, basée sur ses états de service à l'armée « et avoir eu divers commendementz en icelle » : les habitants consentent sa décharge « pour l'advenir. »

184. — *17 avril 1667.* — *20.* — *20.*

L'assemblée consent l'entérinement des lettres de fondation « en datte du mois de décembre 1663,... du couvent de Nostre Dame de l'Incarnation de ce bourg de la Mothe St Heraye,... pour n'estre, led. couvant, en aulcune manyere d'hommajable ny prejudiciable à ced. bourg et parroisse, au contraire cy estre très utille et necessaire pour plusieurs raisons ».

185. — *? novembre 1668.* — *21.* — *18.*

(*Les premières lignes manquent.*)

Confection du rôle des tailles : avis sur les contribuables à employer et à retrancher. — Demande d'exemption, présentée par un habitant se prévalant « tant de sa charge de m[e] de poste de ce lieu que de sa quallitté de medesin du roy » : l'assemblée charge les procureurs de prendre l'avis d'un conseil.

186. — *9 décembre 1668. — 18. — 13.*

Sur le vu de la consultation prise par les procureurs, l'assemblée décide le maintien du m[e] de poste sur les rôles de la paroisse.

187. — *27 décembre 1669. — 11. — 13.*

Commission de la taille. — Confection du rôle : avis sur les contribuables à employer et à retrancher. Les procureurs ayant communiqué « la déclaration du roy portant la confirmation des privilèges et exemptions accordés aux maistres des postes du royaume, à eux signiffiée par (le réclamant ci-dessus) », l'assemblée consent qu'il « soit rasiez et biffez sur les roolles, à la charge qu'il ne fera aucun traficq ny commerce que ceux quy luy sont accordez par lad. déclaration ».

188. — *26 janvier 1670. — 14. — 9.*

Demande en radiation de taux, repoussée sur ce que le réclamant n'a pas fait, en son temps, la déclaration de son délogement.

189. — *22 juin 1670. — 21. — 19.*

Les procureurs demandent à être remplacés dans leur charge : l'assemblée les y maintient, comme ne l'ayant pas exercée le temps prescrit qui est « pour le moings un an ».

190. — *31 août 1670. — 19. — 13.*

Nomination de 2 proc.-fabriqueurs.

191. — *21 septembre 1670. — 21. — 8.*

Nomination des asséeurs-collecteurs de 1671, faite, partie par les procureurs, partie par les habitants. — « Cahier des pertes, deschetz et ruines arrivés, la pres. année, en cette parroisse. »

192. — *21 décembre 1670. — 19. — 20.*

Commission de la taille. — Confection du rôle : avis sur les contribuables à employer et à retrancher.

193. — *23 août 1671. — 18. — 13.*

Demande en radiation de taux, repoussée.

194. — *20 septembre 1671.* — *17.* — *12.*
Nomination de 2 proc.-fabriqueurs.

195. — *11 octobre 1671.* — *19.* — *15.*
Pertes et déchets. — Nomination des asséeurs-collecteurs de 1672.

196. — *8 décembre 1671.* — *18.* — *17.*
Commission de la taille. — Confection du rôle : avis sur les contribuables à employer et à retrancher.

197. — *3 avril 1672.* — *14.* — *12.*
Demande en adjudication de taux.

198. — *16 octobre 1672.* — *16.* — *11.*
Nomination de 2 proc.-fabriqueurs. — Nomination des asséeurs-collecteurs de 1673.

199. — *11 décembre 1672.* — *17.* — *15.*
Commission de la taille. — Confection du rôle : avis sur les contribuables à employer et à retrancher.

200. — *8 décembre 1673.* — *?* — *19.*
(*Manque le commencement*).
Nomination de 2 proc. — fabriqueurs. — Confection du rôle : avis sur les contribuables à employer et à retrancher.

201. — *14 octobre 1674.* — *6.* — *6.*
Cahier des pertes et déchets. — Nomination des asséeurs-collecteurs de 1675 remise à huitaine, « d'aultant qu'il ne s'est trouvé nombre d'abittans suffisans ».

21 octobre 1674. — *20* — *3.*
« Et advenant le 21e octobre... », l'assemblée procède à cette élection.

202. — *4 novembre 1674.* — *16.* — *13.*
Requête en décharge de collecte, repoussée.

203. — *5 novembre 1674.* — *17.* — *13.*
Commission de la taille. En outre, une ordonnance de l'intendant, du 10 novembre, enjoint aux collecteurs de lever, sur la paroisse, une somme de 100 l. au bénéfice de René de Blom (1), éc.,

(1) Fils de René, sgr de Chambon, et de Marie Mareschau, René de Blom

s^r des Crouzilles : au sujet de cette taxe — dont l'objet n'est pas autrement indiqué — l'assemblée charge les procureurs et les collecteurs « de prendre advis de personnes entendues dans les aides et mesme de recourir à monseig^r l'intendant pour luy remonstrer l'estat miserable de cette d. parroisse, la battresse de grelle arrivée en icelle cette pres. année et l'augmentation et crue de la thaille, le tout pour obtenir surseance de l'imposition de lad. somme de 100 l. »

204. — *30 novembre 1674.* — *22.* — *14.*

Confection du rôle des tailles : avis sur les contribuables à employer et à retrancher.

205. — *6 juin 1675.* — *17.* — *12.*

Revendication du taux d'un ancien habitant, « d'aultant qu'il n'est sorty d'icelle (paroisse) que en l'année 1673 et qu'il y avoyt et possede encore plusieurs dommaynes ». — Nomination de 2 proc.-fabriqueurs.

206. — *20 octobre 1675.* — *6.* — *5.*

Nomination des asséeurs-collecteurs de 1676 : les habitants, « s'estant trouvés en petit nombre, ont remis à faire la d. nomination à dimanche prochain ».

27 octobre 1675. — *?.* — *15.*

« Et advenant le d. jour 27e octobre... », l'assemblée procède à leur élection.

207. — *1er décembre 1675.* — *19.* — *12.*

« A été propozé que, despuis quelques années en ça, il s'est refugiez, en ce bourg et paroisse, plusieurs personnes tant mandians que jeans sans biens, quy ont tellement enflé les roolles que cela atire des ocmantations et surcroix de tailles très considerables, et que ceux quy sont venus de cette manyère ne porte que des sommes sy peu considérable, ne contribue en rien au soulagement de lad. paroisse et qu'il est necessaire de remédier à cet abus en mettant et cotizant ceux quy sont venus l'abiter à quelques sommes quy serve à la descharge de lad. parr., mettre les autres au rand des mandians au lieu de les mettre, comme on a cy devant faict, à des 2 ou 3 solz. » En conséquence, l'assemblée décide « que tous

était propriétaire de Bois-Guérin, proche La Mothe, par son mariage avec Marguerite Tastereau, fille de Pierre et de Marie de Bonneil.

les taillables de la paroisse soient taxez au moings de 3 l., à l'exception de ceux quy seront, par lesd. abittans, mis au rang des mandians, lesquelz seront noumément noumez à la prochaine asamblée ».

208. — *8 décembre 1675. — 20. — 25.*

Confection du rôle des tailles : avis sur les contribuables à employer et à retrancher.

209. — *14 juin 1676. — 20. — 15.*

Nomination de 2 proc.-fabriqueurs.

210. — *14 avril 1677. — 27. — 27.*

Les procureurs rendent compte d'une levée de 1065 l.2 s., faite sur la paroisse, pour l'entretien de « la compaignie de cavallerye quy a demeuré en quartier d'hiver en ce lieu » : sur cette somme il reste, non employées, 185 l. dont se charge Pierre Dubreuil, marchand, « pour le délivrer lorsque le general desd. abitants luy demandera pour les affaires publicques de lad. parroisse ».

Au bas, figure un acte notarié, du 4 août 1681, constatant que P. Dubreuil a remis cette somme aux mains des procureurs, « pour la nourriture et entretien des prédicateurs dans lad. parr., par ordon^ce^ de monsgn^r^ de Marillacq, intendant de cette province, en datte du 23e juillet dernyer ».

211. — *7 octobre 1685. — 8. — 8.*

Nomination des asséeurs-collecteurs de 1686.

212. — *1er novembre 1686. — 13. — 11.*

L'assemblée consent l'imposition, sur le général, de 3 l. par jour, prix convenu, pour le logement, fourrage et ustensiles d'un capitaine réformé de la Cie de Malcocq, du régt. royal de Piémont-Cavallerie, infligé comme garnisaire en la paroisse, par ordre du lieutenant-général de la province, du 24 octobre dernier.

213. — *23 février 1687. — 18. — 20. (Convoquée par les marguilliers.)*

« Acte d'assemblée pour la nomination de la chapelle de Nostre Dame de Pitié deservie en l'église de la Mothe, presanté par M. le curé dud. lieu et les marguilliers, du consantement des manans et habitans assemblez, au nom de Jacques Chaboceau, clerq tonsuré en lad. église. »

214. — *19 septembre 1688*. — *8*.— *9*.
Nomination de 2 proc.-fabriqueurs.

215. — *8 décembre 1688*. — *?* — *?* (1).
L'assemblée donne pouvoir aux procureurs « d'imposer sur les d. habitants 4 deniers par livre, par chaicun jour, pour le payement de la nourriture et fourrage fourny à deux dragons, quy ont demeuré en lad. paroisse depuis le 1er décembre 1688 jusques au 5e may 1689 » : la somme s'éleva à 332 l. 19 s. 4 d. sur laquelle le roi fit remise de 75 l. pour les rations de fourrage ; on donnait aux dragons 20 s. par jour.

216. — *13 mars 1689*. — *?*. — *?*.
L'assemblée donne pouvoir aux procureurs « d'imposer sur lesd. habitans le sol par livre, pour l'entretien, equipage et solde de deux soldatz de milice fournis par lad. paroisse » : la somme s'éleva à 194 l. 18 s. 9 d., sur laquelle furent prélevées 23 l. pour « conduire des journalliers de cette paroisse à Rochefort, Olleron et la Rochelle ».

217. — *12 juin 1689*. — *?*. — *?*.
L'assemblée donne pouvoir aux procureurs « d'imposer sur lesd. habitans la somme de 600 l. par mois, pour le payement des fourrages, ustanciles et autres choses fournis à une compaignie de cavallerye de Baudean du regt de Noaille », qui tint garnison du 7 juin au 2 juillet : la somme s'éleva à 589 l. 6 s. 6 d., sur laquelle l'administration remboursa à la paroisse 332 l. 19 s. 6 d.

218. — *11 septembre 1689*. — *?* — *?*.
Nomination de 2 proc.-fabriqueurs.

219. — *20 novembre 1689*. — *17*. — *16*.
L'assemblée délègue un de ses membres pour aller à Poitiers, « par devers monsieur le trézorier des guerres », solliciter et recevoir le remboursement du fourrage fourni par la paroisse « à la moytyé de la cie de dragon du sr de Caubec, capitaine au 1e régt de Languedoc, quy a demeuré en garnison en lad. paroisse depuis le 28e d'aoüst dernier jusques au 27e de septembre inclusivement ».

(Par acte du 28 déc. 1689, J. Tastereau nore, les syndics recon-

(1) Cet acte d'assemblée et les deux suivants se justifient par la mention qui en est faite dans le compte de gestion, reçu C. Goy nore, rendu par les syndics le 16 sept. 1689.

naissent avoir reçu, du trésorier des guerres, la somme de 126 l. pour les causes ci-dessus.)

220. — *11 décembre 1689.* — ?. — *13.*
Rôle de l'ustensile : avis sur les contribuables à y employer et à retrancher.

221. — *10 septembre 1690.* — *15.* — *11.*
Nomination de 2 proc.-syndics.

17 septembre 1690 — ? — *9.*
« Et advenant le 17e dud. mois.. », sur l'ordre de l'intendant, du 13, enjoignant aux habitants de s'assembler pour nommer un syndic « quy soyt ancien catholicque et non pas nouveau converty », comme l'est l'un des derniers élus, « à quoi satisfaisant et obéissant » les habitants procèdent à cette nomination.

222. — *24 septembre 1690.* — *19.* — *10.*
Nomination des asséeurs-collecteurs de 1691.

223. — *26 novembre 1690.* — ?. — *15.*
L'assemblée vote une somme de 300 l., à recouvrer au sol la livre de la taille, « laquelle somme sera employée au payement des ustencilles quy sont ordonnés estre fournis au sr de Sibour, colonel, à commencer du 24e de ce mois jusqu'à sa sortye ». — L'assemblée enjoint aux syndics de faire rendre compte, à leurs prédécesseurs, « de ce qu'ilz ont fait, receu et employé pour la paroisse ».

224. — *11 mars 1691.* — ? — *14.*
L'intendant demande « sy, dans cette paroisse, il y a des usages quy appartiennent en commun au general des habitans, leur consistance et situation, comme aussy sy, depuis l'année 1641, ils ont acquis un presbitère ». L'assemblée déclare « que le general de cette paroisse n'a aucun droit d'usage sur aucunes terres, prés, bois et autres domaines, et que, depuis l'année 1641, le d. general n'a acquis aucun presbittere ny autres domaines quy composent icelluy presbitere, et donnent charge aux syndicqs d'envoyer la d. declaration incessamment au bureau des amortissemens de la ville de Poitiers ».

225. — *13 mars 1691.* — *16.* — *15.*
En vertu d'une ordce de l'intendant, du 4 de ce mois, l'assem-

blée procède à la nomination d'un soldat de milice « à la place de celluy quy est mort, quy avoit esté nommé par lad. parroisse ».

226. — *7 avril 1691.* — *13.* — *14.*
Le milicien nommé par l'acte précédent ayant déserté, l'assemblée donne aux syndics l'ordre de le faire poursuivre et procède à son remplacement : celui qu'elle désigne « ayant accepté volontairement, en consideration de quoy » le général consent à son père une diminution de taux.

227. — *25 août 1691.* — *20.* — *15.*
L'assemblée consent la levée, au sol la livre de la taille, d'une somme de 400 l., pour la fourniture de l'ustensile et du fourrage à 20 cavaliers de la compagnie colonnelle du régiment de Sybour, en garnison dans la paroisse « jusques à nouvel ordre ».

228. — *16 septembre 1691.* —?.—?
Nomination de 2 proc.-syndics.

229. — *23 septembre 1691.* — *16.* — *12.*
Nomination des collecteurs de 1692.

230. — *9 décembre 1691.* — *14.* — *9.*
Commision de la taille. — Confection du rôle : avis sur les contribuables à employer et à retrancher.

231. — *21 septembre 1692.* — *13.* — *9.*
Nomination de 2 proc.-syndics.

232. — *28 septembre 1692.* — *17.* — *12.*
Nomination des collecteurs de 1693.

233. — *24 octobre 1692.* — *17.* — *14.*
Commission de la taille. — Confection du rôle : avis sur les contribuables à employer et à retrancher.

234. — *9 novembre 1692.* — *16.* — *14.*
En vertu de deux arrêts du conseil d'Etat, 1 et 15 avril 1692, au pied desquels est un rôle du 23 juin, « par lequel l'office de juré crieur de ce bourg et paroisse est taxé à la somme de 400 l. », une ordonnance de l'intendant, du 16 août, enjoint à la communauté de payer cette finance dans un mois : l'assemblée est d'avis « qu'atendu qu'il n'y a aucuns fonds dans la fabrice de l'église ny deniers

entre les mains des sindicqs, que lesd. procureurs fassent incessamment l'imposition et levée de lad. somme et des 2 sols pour livre d'icelle, sur tous les taillables de lad. paroisse, au sol la livre des taux qu'ils sont imposez ».

235. — *12 novembre 1692*. — *17*. — *16*.

Confection du rôle des tailles : avis sur les contribuables à employer et à retrancher.

236. — *4 janvier 1693*. — *18*. — *16*.

Assignation en adjudication de taux contestés entre les paroisses de Salles et La Mothe; intervention d'un habitant de Salles,« faisant pour le general de lad. paroisse » : l'assemblée décide « qu'il soit sursis aux poursuites jusqu'à la venue de monseig[r] l'intendant, quy reiglera la paroisse a laquelle ils seront adjugés ».

237. — *22 février 1693*. — ? — *14*.

La paroisse est appelée à remplacer son soldat de milice qui a déserté : pour y satisfaire, il sera tiré au sort entre les jeunes gens de 20 à 40 ans.

238. — *13 septembre 1693*. — *18*. — *15*.

Nomination de deux proc.-syndics.

239. — *27 octobre 1693*. — ?. — ?

Les syndics donnent lecture d'une lettre de Sa Majesté, portant « que le publicq assiste au *Te Deum* quy se chantera en l'eglise de celieu et aux feux de joye quy se feront en la place, pour rejouissance de la prise de la ville de Charleroi en Flandre et de la bataille gagnée en Piémont sur les ennemis » : ce que l'assemblée accepte « unanimement, pour donner des marques et des démonstrations d'une joye publicque pour les avantages remportés sur les ennemis de Sa Majesté.... Et sur ce que lesd. habitans ont representé les dhommages et pertes et les grandes depences qu'ilz ont fait, la pres. année, pour le logement de plusieurs c[ies] de cavallerye et dragons qu'il leur a fallu suporter pendant dix mois entiers, ont esté unanimement d'avis de deputer l'un d'eux vers mons.[gr] le marechal d'Estrée, gouverneur de cette province, pour luy faire des remontrances à fin qu'il luy plaise y avoir égard pour l'avenir ».

240. — *3 janvier 1694*. — *17*. — *17*.

Commission de la taille. — Confection du rôle : avis sur les contribuables à employer et à retrancher.

241. — *14 février 1694*. — ? — ?

Conformément aux ordres de l'intendant, il sera procédé au tirage au sort d'un soldat de milice en remplacement de celui qui est resté malade en chemin ; en outre, une somme de 18 l. 10 s. est votée pour chaque milicien, « laquelle somme sera versée entre les mains du receveur de l'élection de Niort, pour être employée aux habillements, chaussures et armements desd. soldats ».

242. — *30 mai 1694*. — ? — ?

L'assemblée consent la levée, sur le général, d'une somme de 4 l. 19 s. par jour, durant le temps que séjournera en la paroisse la c[ie] de dragons de M. de Fleury, du rég[t] de Montalais.

243. — *13 juin 1694*. — ?. — *20*.

Nomination de 6 messiers pour veiller à la conservation des récoltes pendantes.

244. — *13 juillet 1694*. — ?. — ?.

L'assemblée consent l'imposition de deniers nécessaire pour indemniser, à raison de 5 s. par jour, les habitants qui logent « l'escadron de la c[ie] de Bourgongne qui est en garnison en ce lieu depuis huit jours, composé de 64 maistres ».

245. — *10 octobre 1694* — *11* — *9*.

L'assemblée consent l'imposition d'une somme de 400 l., exigée des habitants « pour estre continuez en la pocession et jouissance de nommer et establir un capitaine major, un lieutenant et autres officiers burgeois».

246. — *24 octobre 1694*. — ? — ?

Deux habitants s'offrent à payer, pour la paroisse, cette somme de 400 l., à condition que l'assemblée les nomme officiers, charge que l'un d'eux remplit depuis l'année 1669 : assentiment unanime des habitants.

247. — *12 janvier 1695*. — ? — ?

L'assemblée consent la levée d'une somme de 1580 l., pour l'ustensile de la cavalerie qui doit hiverner dans la paroisse, et d'une somme de 454 l., pour le fourrage à fournir aux régiments de dragons de Bretagne et du Breuil qui hiverneront dans la province.

248. — *17 avril 1695*. — ? — ?

L'assemblée consent une imposition de 100 l., « tant à cause d'une cie de chevaux légers, quy est en garnison en ce lieu, que autres frais ».

249. — *8 mai 1695.— 29. — 14. (Convoquée à la diligence des habitants : les syndics ne figurent, ni au nombre des présents, ni parmi les signataires.)*

« Lesquelz habitans ont dit qu'ayant eu connoissance du get et imposition du capital de cette paroisse, par lequel il appert que, monseigr l'intendant ayant esté mal informé des facultez et qualitez des habitans, il se trouve que la majeure partie d'iceux sont beaucoup surchargez et travaillez, presque tous estans hors d'estat de pouvoir faire subsister leurs familles, de profession basse et ville comme journalliers, fouassiers,.... qu'ilz ont reconnu par lad. lecture que la plus part des imposez ont quitté cette paroisse, et d'autres mortz sans aucuns biens ny hérittiers, et comme, par deffault de connoissances et d'éclaircissemens donnés à mond. seignr, il ce trouve de grandes erreurs aud. get et imposition, et entre autres que les pauvres gens sont tous accablez, lesd. habitans supplient très humblement mond. seignr l'intendant de faire regeter led. capital, et à cette fin d'ordonner qu'il y sera proceddé en presence de tels habitans qu'il luy plaira choisir et nommer. »

250. — *22 mai 1695. — ? — ?*

Nomination de 6 messiers.

251. — *11 septembre 1695. — ?.— ?*

Le général s'impose de 997 l., pour payer la finance de l'office de *greffier alternatif* des tailles de la paroisse, « qui soit et demeure reuni à la communauté », remontrant, toutefois, « que la paroisse est dans un très grand accablement et qu'il y a des pertes, l'année prochaine, qui sont à plus de mille livres ».

252. — *12 décembre 1695. — ?.— ?*

Commission de la taille de 1696.

253. — *1er janvier 1696.— ?.— ?*

Commission pour imposer la somme de 433 l., pour le fourrage des régiments de cavallerie qui sont en la province.

254. — *18 mars 1696. — ? — ?*

Un huissier-archer ayant établi garnison en cette paroisse, hier soir, faute d'avoir présenté le nommé Lafleur, l'un des soldats de milice de cette dite paroisse, l'assemblée députe l'un des syndics vers l'intendant, pour lui représenter que, d'après l'ordre du marquis de la Carte, colonel du régiment de milice de la province, il n'est enjoint de partir qu'à un soldat de milice: remontrer également que, l'année et campagne dernières, la paroisse donna deux soldats, bien qu'il n'y eût que la moitié du régiment en campagne.

255. — *24 avril 1696.* — ? — ?
L'assemblée consent qu'en vertu des ordres de l'intendant il soit fourni, au magasinier de Saint-Maixent, dix rations par jour, pour partie des fourrages de 4 c^ies^ du rég^t^ de dragons de Valence en quartier en cette ville.

256. — *23 septembre 1696.* — *13.* — *6.*
Nomination des collecteurs de 1697.

257. — *16 décembre 1696.* — ? — ?
Nomination à la charge de capitaine-major de la milice bourgeoise, vacante par la mort du titulaire.

258. — *1er janvier 1700.* — *16.* — *16.*
L'assemblée décide, conformément aux résolutions déjà prises, que les sacristains seront imposés à 5 sols de taille seulement, « en consideration des travaux et des pennes que lesd. sacristains sont obligés pour s'aquiter de leurs debvoir, jour et nuit, pour la paroisse ».

259. — *13 février 1701.* — ? — *12.*
L'assemblée consent l'imposition de 181 l., pour l'établissement et subsistance d'un maître et d'une maîtresse d'école, et de 636 l., « pour le remboursement des recepveurs genereaux des finances et des recepveurs des tailles ».

260. — *4 septembre 1701.* — *17.* — *9.*
Nomination de 2 proc.-syndics.

261. — *9 octobre 1701.* — ? — ?.
La nomination de l'un des collecteurs de 1702 ayant été, par sentence de l'élection du 6 courant, déclarée nulle et abusive, l'assemblée est convoquée pour procéder à son remplacement : « et, après avoir demeuré depuis midy et demy jusques environ trois heures que vespres estoit tout sonné, sans que aucuns habitans ayent ap-

proché pour delliberer », les syndics requièrent acte de leur diligence.

262. — *13 novembre 1701.* — *26.* — *19.*

L'intendant ayant cru devoir nommer d'office les collecteurs de 1702, l'assemblée proteste, disant « que les actes des 25e, 29e septembre et 2 octobre derniers (1), pour la nomination des asséeurs collecteurs, ont esté jurisdicquement faict et dans l'ordre, à la manière accoustumée, sans aucunes brigues, cabales ny affectations, et qu'ilz persistent dans lad. nomination ».

263. — *18 décembre 1701.* — *15.* — *5.*

Commission de la taille. — Confection du rôle : avis sur les contribuables à employer et à retrancher. Pour ramener dans la paroisse un habitant que son « gros taux » en avait chassé, l'assemblée lui consent une réduction.

264. — *29 janvier 1702.* — *36.* — *31.* (*Convoquée par les marguilliers, tenue à la porte de l'église.*)

Les marguilliers « ont remontrez que, depuis plusieurs années, l'églize estoit extremement humide du costé du midy qu'est l'enclos et maison des dames religieuses de ced. lieu, qu'il y a mesme des pilliers qui menassent ruinne et mesme que la sacristye, qui est du mesme causté, est sy humide et obscure, pour n'y pouvoir faire d'ouvertures, que tous les ornemens servans au service divin sont aussy tost pourris et gastez ». Pour y remédier, les habitants disent « qu'à present, qu'ilz ne sont plus gennez par l'octorité des seigneurs, ils sont resolus de demander l'ouverture d'un chemin, ainsy qu'il estoit auparavant qu'il fut renfermé dans led. enclos, protestant de ce pourvoir, ainsy qu'ilz aviseront bon estre, pour faire hoster les murailles des bastimens quy bouchent led. chemin, ce qui empesche le soleil de donner dans leur églize ».

265. — *Même date.* — *21.* — *9.*

Demande en adjudication de taux; réclamation en surtaux.

266. — *19 février 1702.* — *14.* — *9.*

En exécution des déclarations royales des 16, 23 juin 1699, 27 février et 19 juillet 1700, la paroisse de La Mothe devra payer la

(1) Ces actes ne me sont connus que par cette mention.

somme de 125 l. à laquelle elle a été taxée, par le rôle arrêté au conseil général des finances, le 12 janvier 1700, art. 80, pour le supplément de finance de l'office de juré-crieur dont la communauté est propriétaire.

267. — *11 juin 1702*. — *14*. — *10*.

Prise de possession de la charge de syndic perpétuel de la paroisse.

268. — *9 juillet 1702*. — ?. — ?.

Satisfaisant à une ordonnance de l'intendant du 8 juin, rendue en conséquence d'un arrêt du conseil d'Etat du 4 avril, « par laquelle ordonnance il est enjoint aux collecteurs des tailles d'imposer et amasser sur la paroisse la somme de 25 l., à quoy lad. paroisse a esté taxée pour partye de l'estimation quy auroit esté faitte des maisons et heritages quy ont esté pris pour establir les fortifications des isles de la Rochelle, Saint Martin en l'isle de Rhé, isle d'Olleron, isle d'Aix, le Chapu, Brouage et autres pays d'Aulnis », l'assemblée consent et donne ordre aux collecteurs de procéder incessamment à l'assiette et à la levée de cette taxe.

269. — *28 janvier 1703*. — ? — ?.

L'assemblée remplace un collecteur, qu'exempte son office de « controlleur des contrats de mariage au bureau de ce lieu ».

270. — *30 septembre 1703*. — ? — ?.

Le « commis à l'exercice du jaugeage et courtage de ce lieu » profite de semblable exemption : l'assemblée nomme, en sa place, un autre collecteur.

271. — *2 décembre 1703*. — ? — *16*.

Convoquée à la requête du grand-vicaire du diocèse, lequel adjure les habitants d'avoir à clôre leurs cimetières « dans six mois sous peine d'interdit », l'assemblée décide, à défaut de fonds communs « et mesme que le fond de la fabrice ne vaut pas cent solz de rente », d'y employer « les deniers quy auroient estés imposés sur lesd. habittans par les collecteurs des paroisses des années 1700, 1701 et 1702 pour l'entretien des m^{es} d'escolles de ce lieu », que ces derniers « n'auroient point voullu recevoir ».

272. — *12 décembre 1703*. — ?. — ?.

L'intendant ayant approuvé la délibération précédente, l'assemblée procède « au bail au rabais pour la besongne ».

273. — *15 février 1704.* — *17.* — *12.*
Commission de la taille. — Confection du rôle : avis sur les contribuables à employer et à retrancher.

274. — *9 juin 1704.* — *?* — *?.*
L'assemblée consent l'exemption de partie de sa taille au « controlleur des exploits et actes des notaires en cette paroisse ».

275. — *12 octobre 1704.* — *?.* — *?.*
L'assemblée décharge de la collecte le titulaire de l'office de « herpanteur, priseur et mesureur des terres en cette paroisse ».

276. — *29 mars 1705.* — *?.* — *?.*
Requête en diminution de taux : l'assemblée, se jugeant en nombre insuffisant pour délibérer, se contente d'en prendre acte.

277. — *7 novembre 1706.* — *?.* — *?.*
L'assemblée nomme une commission qui se transportera à Niort, près du subdélégué, pour examiner en sa présence les mémoires des frais, faits par la paroisse, « pour fournir des soldats de recrue dans les armées du roy, les années 1703, 1704, 1705 et 1706 », frais dont la communauté sollicite le remboursement.

278. — *2 décembre 1706.* — *14.* — *14.*
Confection du rôle des tailles : avis sur les contribuables à employer et à retrancher. Le général renvoie au conseil, « après quoy estre la consultation communiquée ausd. habitans en assemblée ».

279. — *9 janvier 1707.* — *?* — *14.*
Après avoir entendu les délégués « quy ont esté au conseil », l'assemblée donne son avis sur les taux perdus et nouvelliers.

280. — *1er janvier 1707.* — *27.* — *21.*
Protestations contre le nombre excessif des prétendus privilégiés, dont l'exemption aux tailles surcharge la paroisse, « quy ne peut plus soustenir le poix de tant de charges que Sa Majesté a imposé sur un petit nombre » ; les habitants « implorent la grandeur de monseigneur l'intendant, de crainte que cette pauvre paroisse ne viennent à suconber tout d'un coup », et déleguent vers lui le syndic et quelques notables « pour desduire et soustenir tout ce quy a esté sy dessus dit et expliqué. »

281. — *1er mai 1707. — ?. — 15.*

L'assemblée demande à l'intendant le remboursement des frais de garnison de 2 cies de dragons du régt de Vérac, « quy auroient arrivé en ce lieu le 15 de decembre et auroient party le 28 d'avril dernier ».

282. — *16 octobre 1707. — 26. — 24.*

L'assemblée, convoquée à la requête des habitants, proteste contre la nomination des collecteurs faite par les officiers de l'élection, qui ont « nommé quelques uns des anciens habittans pour collecteurs, encore qu'ils eussent precedament passé collecteurs, et celà nonobstant que lesd. habittans leurs eussent remontrés que, d'un temps immemorial, il est de l'usage entreux de ne passer qu'une fois en cette charge,.. estant d'avis de continuer leur ancien usage ».

283. — *8 juillet 1708.— ?. — ?.*

L'assemblée consent modération du taux d'un ancien habitant, pour qu'il revienne se fixer dans la paroisse.

284. — *7 octobre 1708. — 16. — 11.*

Demandes en décharge de collecte, repoussées.

285. — *6 janvier 1709. — 19. — 20.*

Les collecteurs représentent que, jusqu'à ce jour, « lorsque lesd. habittans déliberent pour les nouvelliers et autres quy doivent estre employés aux rolles, il ne fut nullement parlé de ceux quy demeurent en differentes élection et quy y sont imposez et spandant font valloir des dhomaines en cette paroisse et en tirent les profits; qu'il est de reigle, dans toutes les paroisses, d'imposer ceux qui sont imposés en autres élections, quand ilz font valloir des terres en autres élections différentes; que l'intention de l'arrest du conseil d'estat du 25 janvier 1687 n'est que de deffandre d'imposer, en deux ou plus grand nombre de paroisses, ceux quy sont de mesmes élections ». En conséquence, l'assemblée décide que les collecteurs imposeront à la taille, « à proportion des cultures, revenus et profits, ceux quy ne sont de l'élection de Niort et quy font valloir des dhomaines et héritages dans cette paroisse ».

286. — *10 novembre 1709. — 14. — 18.*

Sur la représentation du syndic, remontrant que, nommé d'office pour un des collecteurs de la paroisse, il lui est impossible de vaquer à ces fonctions, vu les occupations multiples que lui crée le syndicat, l'assemblée supplie l'intendant de vouloir bien l'en décharger.

287. — *9 mars 1710.* — ?. — ?

L'assemblée se refuse à exempter de la taille « la distributrice des lettres de ce lieu, se prétendant, en conséquence, n'estre point cotisable sur les rolles ».

288. — *25 avril 1710.* — *12.* — *12.*

L'assemblée repousse la demande en exemption de taille formulée par un habitant « ce disant controlleur des exploits et actes des notaires de ce lieu », considérant « qu'il n'est point titulaire à tiltre d'achapt ».

289. — *21 septembre 1710.* — *18.* — *15.*

Répondant à une enquête de l'intendant, du 19 de ce mois, l'assemblée déclare que la terre et seigneurie de La Mothe est titulée marquisat, qu'elle appartient au comte de Montault (1) avec haute, moyenne et basse justice, justice ordinaire et contentieuse, s'exerçant sur les habitants du bourg et sur la moitié de ceux d'Exoudun, que les cens et rentes en dépendant peuvent valoir 400 l. par année; en outre, il existe dans la paroisse deux fiefs, la Chapronière (2), à André d'Apelvoisin, rapportant par an 4 l. de cens et rentes dans la paroisse, et le Pin (3), aux héritiers du sieur Fouasseau, avec 20 sols par an de cens et rentes.

290. — *19 octobre 1710.* — *23.* — *17.*

Demande en décharge de collecte, repoussée.

291. — *11 janvier 1711.* — ?. — ?.

L'assemblée rejette une requête en exemption de taille, présentée à nouveau par la distributrice des lettres, pour ce motif qu'elle fait « un negoce considerable, vendant du vin en détail, et qu'il était juste qu'elle fût imposée suivant ses facultés ». — A la requête d'un autre habitant, réclamant en surtaux, il est répondu « qu'il n'a pas été surtaxé, à cause de l'augmentation de la taille de cette pres.

(1) Gaspard Le Secq, c[te] de Montault, 1er baron d'Armagnac, sg[r] de The mirecourt, etc., époux de Marie-Félice de Gourdon de Genouillac de Vaillac.

(2) (3) Ces deux fiefs relevaient de la terre de La Mothe, la Chapronière, à hommage lige au devoir de 10 sols, le Pin, à hommage lige au devoir de 5 sols, à muance de seigneur. (*Aveu de Jean de Baudéan, 21 mars 1621.*)

année, augmentation qui, avec la perte, se trouve monter à plus de 1600 l. ».

292. — *1er février 1711. — 24. — 19.*

Plaintes contre les collecteurs,« abuzant, dans l'exercice de leur charge, en surchargeant quelques uns et soulageant eux-mesmes et leurs parans,...ce quy a esté cause, jusques à presant, que les principaux et meilleurs habitans ont abandonné cette paroisse et que la majeure partye du peu quy en reste sont dans la mesme rezolution, à cauze que la justice dans les impositions est mieux gardée aux autres paroisses; déclarent, lesd. habitans, qu'ils les desavouent et n'antandent en aucunes manieres estre garans ny prandre en leurs noms les procès quy en arriverons, au contraire, proteste se randre partye contre lesd. collecteurs ».

293. — *20 septembre 1711. — ?. — ?.*

Pour régler le roulement des habitants appelés à passer, à tour de rôle, en la charge de collecteurs, l'assemblée décide, conformément aux ord^ces^ de l'intendant des 18 août et 17 septembre, qu'il sera dressé un tableau,en deux colonnes,où seront inscrits les contribuables — *Bons* ou *Médiocres* — qui n'ont pas encore rempli cette fonction et parmi lesquels on choisira, à l'avenir, les collecteurs des tailles.

294. — *5 juin 1712. — ?. — ?.*

La requête d'un archer de la maréchaussée, en réduction de son taux à 5 l. en considération de son office, est repoussée,« à cause du commerce qu'il fait actuellement en dehors de sond. office. »

295. — *10 janvier 1713. — 15. — 19.*

Le syndic signale l'abandon de la paroisse par certains fermiers trop chargés de taille et demande aux habitants s'il convient d'imposer en leur place les propriétaires des lieux abandonnés ou de jeter, sur le général, ces taux perdus : l'assemblée donne, aux collecteurs, pouvoir d'en poursuivre le recouvrement, « et, où ils ne pourront se faire payer, consantent qu'ils en fassent la reimposition sur le general ».

296. — *25 juin 1713. — ?. — ?.*

A une itérative requête de la distributrice des lettres, tendant à sa décharge de la taille et fondée sur les édits de Sa Majesté « pour le fait des postes », l'assemblée oppose ce *distinguo :* « supposé que les maîtres de poste soient exempts de taille, ce privilege ne s'étend pas aux particulliers distributeurs de lettres, comme est (la réclamante), quy se quallifye maitresse de poste de la Mothe, ce quy n'est pas, mais bien directrice du bureau des lettres ».

297. — *2 février 1715. — 17. — 13.*
Confection du role des tailles : avis sur les contribuables à employer et à retrancher.

298. — *17 mars 1715. — 14. — 11.*
Demande en radiation de taux pour délogement, consentie pour l'avenir.

299. — *27 décembre 1715. — 12. — 8.*
Décharge de collecte consentie à un habitant, privilégié par son office d'archer de la maréchaussée : nomination d'un autre collecteur.

300. — *9 février 1716. — 17. — 24.*
L'assemblée consent à modérer le taux d'un ancien habitant qui, à cette condition, réintégrera la paroisse.

301. — *1er mars 1716. — 22. — 16.*
Semblable décision à l'égard d'un étranger, Me Jacques Cochon, s de la Tour, qui « seroit en dessin de venir establir sa demeure avecq sa famille dans cette paroisse, en quallité de fermier general du revenu du chasteau de ce lieu, sy les habittans voulloient l'imposer sur leurs rolles à une somme raisonnable et proportionnée à ses facultés ».

302. — *24 décembre 1717. — 16. — 12. (Convoquée à la requête des habitants, « sur l'indisposition du syndic »).*
L'assemblée repousse la demande en radiation de taux de particuliers « qui ont sorty de cette paroisse et qui n'ont pas fait juger leurs delogemens, suivant les reiglemens et declarations des années 1681 et 1683 ».

303. — *2 janvier 1718. — ?. — 11.*
Le syndic ayant représenté que, par édit de juin 1717, Sa Majesté a supprimé l'office de syndic perpétuel, « laquelle supression n'a eu cours que du jour d'hier, 1er de ce mois », l'assemblée nomme, « suivant l'entienne coutume », deux syndics annuels.

304. — *6 mars 1718.* — *31.* — *20.*

Conformément à l'arrêt du conseil d'Etat du 31 janvier dernier, qui ordonne que les paroisses de l'élection de Niort,« qui desireront la nouvelle maniere d'imposer la taille et capitation des taillables», seront appelées à en délibérer, l'assembléo, convoquée à cet effet, opte pour l'établissement de la *dîme royale*, « comme estant plus aisée à amasser et moins à charge à tout le peuple ».

305. — *1er janvier 1723.* — *?.* — *?.*

Nomination de 2 proc.-syndics.

306. — *10 octobre 1723.* — *19.* — *20.*

« Attendu que la dixme royalle n'a plus do lieu dans l'ellection de Nyort », l'assemblée, obéissant à la déclaration du roi « donnée à Meudon le 9 aoust dernier », nomme une commission chargée d'établir le tableau de collecte où seront inscrits, « chascun en leurs rangs et colomnes, les habitans quy doivent passer, chascun à leur tour, en la collecte de lad. paroisse ».

307. — *9 janvier 1724.* — *?.* — *45.*

« Pour oster, autant qu'il seroit possible, tout sujet de plainte et d'imposer chascun suivant ses moyens et facultés », l'assemblée est d'avis d'adjoindre aux collecteurs des tailles 6 notables, « pour obvier à la passion ou inperitie des collecteurs et à la ruyne quy souvant leurs arrive »,et supplie les pouvoirs « de voulloir approuver et omologuer la pres. dellibération ».

308. — *30 janvier 1724.* — *?.* — *24.*

L'intendant ayant eu « la bonté d'aprouver, par son ordce du 15 de ce mois », l'assemblée commet 6 notables pour « se joindre incessamment ausd. collecteurs pour les assister do leurs avis en l'imposition ».

309. — *11 juin 1724.* — *20.* — *17.*

Récolement du tableau de collecte, « pour hoster ceux qui sont decedez, devenus septuagennaires, sortis de lad. paroisse, ou qui, par leur grande pauvreté, caducité, infirmité nottoires et certaines, ne sont plus en estat d'estre collecteurs, et, par la mesme raison, ajouter en ces presentes, par article séparé et à la ligne, ceux desd habitans qui sont devenus sujet à la collecte soit par la majorité, mariage ou nouvelle habitation dans lad. paroisse, soit encore par la supression des privileges attachés aux charges dont ils étoient pourveus, afin de les employer à compter et à proportion du temps qui s'est écoullé depuis l'année de leur supression ».

310. — *26 novembre 1724*. — *18*. — *17*.
Demande en décharge de collecte, repoussée, le réclamant n'étant plus en fonction d'archer de la maréchaussée, office dont il se prévalait.

311. — *8 décembre 1724*. — *16*. — *15*.
Remplacement d'un collecteur décédé.

312. — *26 décembre 1724*. — *14*. — *13*.
Confection du rôle des tailles : avis sur les contribuables à employer et à retrancher.

313. — *11 février 1725*. — ?. — *15*.
L'assemblée procède à la nomination de 2 proc.-syndics annuels, en remplacement d'un syndic perpétuel, « dont le temps de sa commission est finy ».

314. — *8 juillet 1725*. — *18*. — *13*.
Récolement du tableau de collecte.

315. — *23 septembre 1725*. — *14*. — *10*.
L'assemblée extrait du tableau les habitants qui exerceront la collecte en 1726.

316. — *30 septembre 1725*. — *7*. — *8*.
Réclamation en décharge de collecte, repoussée.

317. — *7 octobre 1725*. — ?. — *4*.
Convoqué pour procéder au récolement du tableau de collecte « le general des habitans assemblés n'a rien voullu statuer ny donner d'avis ».

318. — *2 décembre 1725*. — *14*. — *16*.
Confection du rôle des tailles : avis sur les contribuables à employer et à retrancher.

319. — *1er janvier 1726*. — *10*. — *11*.
Nomination de 2 proc.-syndics.

320. — *5 mai 1726*. — *22*. — *20*.
Sur la réclamation de certains habitants nommés à la collecte,

malgré qu'ils l'eussent déjà exercée, l'assemblée est d'avis « que l'usage estably d'un temps immemorial et observé en ce bourg soit continué, et, ce faisant, que les habittans quy n'ont passé en charge de collecte y vienne et passent dans leurs rang et ordre, avant que les entiens habittans quy ont passé en charge puissent estre nommés pour y passer, et ajouster qu'il y a toujours dans ce bourg et paroisse des subjetz solvables, quy n'ont pas passé collecteurs, en nombre suffisant pour faire la collecte ».

321. — *27 octobre 1726*. — *10*. — *0*.
Convoqués pour examiner la requête d'un particulier, réclamant la réfection du tableau de collecte, « lesd. habittans n'ont voullu deliberer sur l'exposé de lad. req[te] ».

322. — *7 février 1727*. — *?*. — *?*.
Une requête en décharge de taille, présentée par le titulaire de l'office de contrôleur des actes des notaires, est repoussée par l'assemblée, niant qu'il soit privilégié de ce fait et représentant qu'il est notaire et procureur en ce lieu, par suite, imposé à bon droit.

323. — *8 juin 1727*. — *13*. — *12*.
Récolement du tableau de collecte.

324. — *7 septembre 1727*. — *8*. — *6*.
L'assemblée extrait des colonnes les collecteurs de l'année 1728.

325. — *14 décembre 1727*. — *16*. — *15*.
Satisfaisant à une ordonnance de l'intendant, du 9 novembre dernier, l'assemblée nomme, pour assister les collecteurs, 6 notables, « lesquels ne pourront diminuer leur cote ny celle de leurs parans, sy ce n'est au marcq la livre au cas qu'il y ait de la diminution ».

326. — *30 mai 1728*. — *16*. — *13*.
Récolement du tableau de collecte.

327. — *18 juillet 1728*. — *14*. — *15*.
Considérant « les accidants qui leurs estoient arrivés l'année dernière par la grelle dont leurs dhommenes furent presque tous accablés,... que leurs vignes furent egallement et entierement grellées dimanche dernier, onze de ce pres. mois », les habitants donnent pouvoir aux syndics de présenter requête, soit à l'intendant, soit aux

officiers de l'élection, « d'avoir egard à leurs pertes et accidants reiterés lors de la repartition,... et mesme de faire faire une vizitte des desordres ».

328. — *5 décembre 1728.* — *10.* — *12.*

Confection du rôle des tailles: avis sur les contribuables à employer et à retrancher.

329. — *1er janvier 1729.* —*8.*— *8.*

Nomination de 2 proc.-syndics.

330. — *6 mars 1729.* — *61.* — *53.*

Sur représentation des titres de la terre et seigneurie de La Mothe, les habitants ont « unanimement consanty et ce sont obligez, pour eux, leurs successeurs habitans de ce lieu de La Mothe St Heraye et fiefs y annexés, bailler, payer chacun quinze deniers par feu, chacun an, jour et feste de Nostre Dame de mars, annuellement et perpetuellement, en la recette du château de ce lieu,... et auront, iceux leurs successeurs, la liberté de se retirer eux et leurs biens au château de ce lieu, sans payer aucun droit, lorsqu'il y aura guerre, le tout en conformité au susd. actes ».

331. — *29 mai 1729.* — *33.* — *27.*

Requête à l'intendant, pour obtenir diminution au département prochain des tailles, basée sur « la quantité de chef de famille qui sont deceddé, du depuis six mois, de la maladie dont led. lieu a malheureusement esté attaqué et l'es encore actuellement ».

332. — *27 juin 1729.* — *12.* — *10.*

Récolement du tableau de collecte.

333. — *9 octobre 1729.* — *9.*— *8.*

Requête en décharge de collecte : l'assemblée s'en rapporte « au jugement et decizion de messieurs les ellus ».

334. — *6 novembre 1729.* — *12.* — *10.*

Répondant à la requête d'un habitant en décharge de logement d'un officier du régiment Royal-Cavallerie en quartier à La Mothe, l'assemblée dit qu'elle s'en rapporte « à ce qu'ont fait et feront les scindits en ce qui concerne le logement tant des officiers que des cavalliers ».

335. — *23 décembre 1729.* — *?* — *16.*
Confection du rôle des tailles : avis sur les contribuables à employer et à retrancher.

336. — *1er janvier 1730.* — *?.* — *?.*
Nomination de 2 proc.-syndics.

337. — *23 mai 1730.* — *27.* — *34.*
L'assemblée décide que les troupes en quartier, logées jusqu'à ce jour chez l'habitant, seront casernées dans des locaux affectés spécialement à cet usage ; elle vote, à cet effet, une somme annuelle de 200 l. pour le loyer et l'entretien de ces maisons : les syndics devront obtenir, de l'intendant, une ordonnance « à l'effet desd. impositions ».

338. — *11 novembre 1730.* — *?.* — *12.*
Confection du rôle des tailles : avis sur les contribuables à employer et à retrancher.

339. — *14 janvier 1731.* — *20.* — *13.*
Nomination de 2 proc.-syndics.

340. — *28 janvier 1731.* — *19.* — *12.*
L'assemblée décharge du syndicat l'un des procureurs élus, qui remontre que « ce n'estoit point son rang à passer dans la charge de sindicq », et en nomme un autre « comme plus encien ».

341. — *17 juin 1731.* — *15.* — *5.*
A la requête d'un habitant « tandante à ce qu'il fust conservé dans ses privilleges et exemptions de collecte et de logemant des gens de guerre, attendeu qu'il est pourveu d'une commission de receveur des consignations en cette paroisse », l'assemblée répond « que l'édit de 1715 estoit contraire aux prétentions du dit », toutefois, s'en rapporte à la décision de l'intendant.

342. — *15 juillet 1731.* — *?.* — *8.*
Satisfaisant à une ordonnance de l'intendant, du 1er mai, l'assemblée nomme une commission « pour travailler à la confection ou réfection de l'état ou tableau de cette paroisse, dans la forme et dans l'ordre prescripte par son ordonnance du 15 mars 1730 ».

343. — *28 octobre 1731.* — *35.* — *26.*
Pour se soustraire aux dépenses que nécessitent annuellement le

loyer et l'entretien des locaux affectés au casernement des troupes en quartier, l'assemblée décide l'acquisition d'un immeuble, rue de la Vieille-Eglise,qui sera spécialement aménagé pour cet objet.

344. — *23 décembre 1731.* — *14.* — *11.*
Confection du rôle des tailles : avis sur les contribuables à employer et à retrancher.

345. — *30 décembre 1731.* — *21.* — *20.*
La paroisse étant « sans aucuns revenus pour l'entretient d'un vicaire quy luy est sy utille à cause de son étendue », les habitants sont d'avis « de mettre des rente annuelle sur chaque banc quy sont dans leur eglise et qui ne sont sujet à aulcune ; c'est pourquoy ils consentent, par ces presentes, qu'il soit imposé sur iceux une somme de 216 l. de laquelle il en sera dellivré aud. vicaire 100 l. aux feste de Noel et Saint Jean Baptiste et les 16 l. restante exedente employée à remplir les non valleurs sy aucunes il y avoit... S'il arivoit que lad. paroisse fusse six mois sans vicaire, en ce cas les taxes cesseron d'estre payée jusqu'à ce qu'il y en ayt un autre ».

346. — *16 avril.* — *1732.* — *17.* — *18.*
Invoquant « l'uzage immemorial establis en cette paroisse », les collecteurs obtiennent de l'assemblée une délibération les exemptant « de fournir des lits et autres ustancilles aux dragons qui sont en quartier en ce lieu ».

347. — *24 juin 1732.* — *11.* — *11.*
Récolement du tableau de collecte.

348. — *7 décembre 1732.* — *14* — *12.*
L'immeuble acquis pour servir de caserne ayant besoin de réparations, l'assemblée donne pouvoir aux syndics de présenter requête à l'intendant pour qu'il en soit fait un devis et un bail au rabais, dont le montant sera imposé sur le général.

349. — *21 décembre 1732.* — *21* — *14.*
Confection du rôle des tailles : avis sur les contribuables à employer et à retrancher.

350. — *4 janvier 1733.* — *9* — *5.*
Nomination de 2 proc.-syndics.

351. — *1er mars 1733.* — *21.* — *19.*
Réclamation en surtaux, repoussée.

352. — *12 juillet 1733.* — *12.* — *10.*
Récolement du tableau de collecte.

353. — *15 novembre 1733.* — *21.* — *16.*
Confection du rôle des tailles : avis sur les contribuables à employer et à retrancher.

354. — *3 janvier 1734.* — *7.* — *7.*
Nomination de 2 proc.- syndics.

355. — *13 juillet 1734.* — *33.* — *16.*
Récolement du tableau de collecte.

356. — *26 septembre 1734.* — *8.* — *0.*
Sommés de donner leur avis sur la requête d'un habitant, se prétendant exempt de collecte comme « juré de la manufacture de ce lieu », les assistants « n'ont voulu rien dire. »

357. — *12 octobre 1734.* — *17.* — *16.*
Confection du rôle des tailles : avis sur les contribuables à employer et à retrancher.

358. — *23 janvier 1735.* — *15.* — *11.*
Nomination de 2 proc.-syndics.

359. — *27 mars 1735.* — *14.* — *7.*
Demande en radiation de taux, repoussée.

360. — *15 mai 1735.* — *13* — *6.*
Le contribuable, évincé de sa demande en radiation de taux, ayant porté l'affaire devant le tribunal de l'élection, les habitants disent qu'ils « sont du mesme advis qu'ils étoient par l'acte d'assemblée qui a esté faitte à l'egard dud. sr et donne pouvoir d'agir contre icelluy ».

361. — *17 juillet 1735.* — *19.* — *14.*
Récolement du tableau de collecte.

362. — *30 octobre 1735.* — *18.* — *10.*
Demande en décharge de collecte, repoussée sur ce motif, « que, lorsque les saindicqs ont extret du tableau led. Sapin, ils ont suivy

son rang,et qu'au surplus cella ne regarde nullement les saindicqs, quy ont cru suivre l'intention de Sa Majesté en suivant l'ordre du tableau ».

363. — *27 novembre 1735. — 15. — 19.*
Confection du rôle des tailles : avis sur les contribuables à employer et à retrancher.

364. — *8 décembre 1735. — 12. — 7.*
Demandes en radiation de taux pour cause de délogement, consenties.

365. — *8 janvier 1736. — 9. — 15.*
Nomination de 2 proc.-syndics.

366. — *18 mars 1736. — 41. — 0.*
Le s[r] N.,demandeur en radiation de taux (**359,360**),ayant obtenu sentence, en l'élection de Niort, le 18 juin 1735, contre les syndics et habitants de la paroisse, les collecteurs ont interjeté appel avec sommation au général « de prandre leur fait et cause et les soustenir dans led. appel... A quoy les d. habittans n'ont rien repondus, et n'ont voullu signer le presant acte ».

367. — *22 juillet 1736. — 11. — 7.*
Récolement du tableau de collecte.

368. — *26 août 1736. — 13. — 14.* (*A la requête des marguilliers, tenue dans l'église.*)
Les marguilliers remontrent que la Chapelle de Pitié, desservie dans l'église de saint Héray, étant vacante par la mort de son bénéficiaire, ils ont nommé et présenté à l'évêque de Poitiers son successeur, « comme étant dans la nomination des marguilliers de lad. église ». L'assemblee « ayant loué et approuvé lad. nomination », les marguilliers « supplient très humblement le reverendissime monsg[r] l'evesque de vouloir accorder au dit sieur N. tous titres, lettres, provisions et autres actes necessaires afin de jouir des revenus, fruits, profits et emollumens d'icelle chapelle, comme ont fait les precedents titulaires ».

369. — *9 novembre 1736. — 16. — 2.*
L'assemblée extrait du tableau les collecteurs de 1737.

370. — *10 décembre 1736. — 17. — 14.*

Confection du rôle des tailles : avis sur les contribuables à employer et à retrancher.

371. — *1er janvier 1737. — 13. — 10.*

Nomination de 2 proc.-syndics.

372. — *14 juin 1737. — 12. — 9.*

Récolement du tableau de collecte.

373. — *15 décembre 1737. — 23. — 16.*

Dans l'assemblée précédente, 10 de ce présent mois (1), le général, saisi de plusieurs demandes en radiation de taux, ayant « renvoyé les collecteurs au conseil pour en avoir son avis », se réunit à nouveau le 15 et, sur le vu de la consultation, invite les collecteurs à s'y conformer.

374. — *12 janvier 1738. — 0. — 0.*

Convoqués pour procéder au remplacement de leurs syndics, les habitants, « interpellés de satisfaire au requisitoire desd. sindics, ont fait refus de convenir et deliberer sur la nomination ».

375. — *29 juin 1738. — 16. — 14.*

Récolement du tableau de collecte.

376. — *8 décembre 1738. — 20. — 15.*

Confection du rôle des tailles : avis sur les contribuables à employer et à retrancher.

377. — *11 janvier 1739. — 20. — 12.*

Demande en radiation de taux, repoussée.

378. — *15 février 1739. — ? — 9.*

Remplacement de l'un des syndics, lequel a exercé sa charge pendant deux années : son successeur est également nommé pour deux ans.

379. — *5 juillet 1739. — 16. — 11.*

Récolement du tableau de collecte.

380. — *26 juillet 1739. — 3. — 0.*

Convoqués pour donner leur avis sur un procès intenté à la

(1) Je ne la connais que par cette mention.

paroisse, faute, par elle, d'avoir payé la rente due au cessionnaire de l'immeuble affecté au casernement des troupes en quartier, seuls, trois habitants se sont présentés, « et comme les autres habitans, en grand nombre sous lad. halle, n'ont voullu estre present quoyque interpellé par le son de la cloche, d'abondant par led. sindicq et moy (notaire), m'ont requis acte, lesd. sindics, du refus desd.habitans, pour leur servir de ce qu'il apartiendra ».

381. — *13 décembre 1739.* — *33.* — *31.*
Confection du rôle des tailles : avis sur les contribuables à employer et à retrancher.

382. — *10 janvier 1740.* — *?* — *22.*
Remplacement des 2 proc.-syndics, dont l'un a exercé la charge pendant deux ans, l'autre une année seulement : leurs successeurs sont nommés pour deux ans.

383. — *25 août 1740.* — *19.* — *10.*
Récolement du tableau de collecte.

384. — *4 décembre 1740.* — *19.* — *17.*
Confection du rôle des tailles : avis sur les contribuables à employer et à retrancher.

385. — *30 juillet 1741.* — *?* — *19.*
La caserne actuelle n'étant pas assez spacieuse pour loger la troupe en quartier, l'assemblée donne charge aux syndics de s'enquérir si le propriétaire de l'immeuble contigu consentirait à le céder à la paroisse.

386. — *25 août 1741.* — *19.* — *8.*
Récolement du tableau de collecte.

387. — *22 octobre 1741.* — *0.* — *0.*
Convoqués pour donner leur avis sur la requête d'un habitant jugeant « qu'il n'a pas esté mis dans son rang » sur le tableau de collecte, « les habitans assemblé en grand nombre sous lesd. halles n'ont rien voullu repondre ny deliberer, au contraire ont fait refus formel d'estre present et assister ».

388. — *3 décembre 1741.* — *24.* — *18.*
Confection du rôle des tailles : avis sur les contribuables à employer et à retrancher.

389. — *14 janvier 1742.* — *14.* — *15.*
Nomination de 2 syndics bisannuels.

390. — *11 février 1742.* — *19.* — *0.*
Requête en radiation de taux : « lesquels habitans, ayant eu communiquation de lad. requeste, n'ont rien voullu dire ny delliberer, non plus que de signer ses presentes. »

391. — *2 avril 1742.* — *6.* — *5.*
Requête en radiation de taux, repoussée.

392. — *8 juillet 1742.* — *12.* — *10.*
Récolement du tableau de collecte.

393. — *29 juillet 1742.* — *19.* — *19.*
Le tribunal de l'élection ayant annulé la délibération prise à l'égard d'une requête en radiation de taux (391), « faute de nombre d'habitans suffisant et que l'*acte estoit convoqué sous la halle* », les habitants représentent que, depuis fort longtemps, l'assemblée se tient « sous les halles dud. lieu, endroit acoutumé de faire icelle depuis deux cens ans en ced. bourg, comme estant sittué vis-à-vis de l'église et pour éviter de troubler les instructions de cathechisme qui se font en lad. eglise les jour de feste et dimanche, issue de messe ».

394. — *25 novembre 1742.* — *18.* — *13.*
Confection du rôle des tailles : avis sur les contribuables à employer et à retrancher.

395. — *26 janvier 1743.* — *14* — *10.*
L'assemblée pourvoit au remplacement de l'un des syndics qui, toutefois, n'a exercé la charge que pendant une année.

396. — *15 août 1743.* — *17.* — *11.*
Récolement du tableau de collecte.

397. — *1er décembre 1743.* — *16.* — *14.*
Confection du rôle des tailles : avis sur les contribuables à employer et à retrancher.

398. — *9 août 1744.* — *29.* — *23.*
Récolement du tableau de collecte : les habitants, s'étant fait représenter l'ancien tableau, « ont trouvé qu'il est faux et qu'il faut proceder à en faire un nouveau ; pour faire icelluy, les d. habitans

ont nommé entre eux [6 contribuables] auxquels ils ont donné plain pouvoir de ce faire en présence des syndics. »

399. — *29 novembre 1744.* — *23.* — *12.*
Confection du rôle des tailles : avis sur les contribuables à employer et à retrancher.

400. — *3 janvier 1745.* — *4.* — *15.*
Remplacement des 2 syndics, dont l'un a exercé pendant trois, l'autre pendant deux années : leurs successeurs resteront en charge « pendant le temps qui sera delliberé suivant les reglemens ».

401. — *10 juin 1745.* — *21.* — *11.*
A une requête en radiation de taux avec assignation du général devant M. du Petit-Château, subdélégué de l'intendant, l'assemblée répond que c'est M. du Petit-Château lui-même qui, comme commissaire, a fixé d'office le taux du réclamant, taux que l'assemblée du 29 novembre dernier avait justement biffé.

402. — *21 février 1745.* — *0.* — *0.*
Les habitants ayant refusé de s'assembler, « et comme il est très ordinaire que lesd. habitans ne viennent point aux assemblées », les syndics réclament une amende de 10 l. contre les défaillants à l'avenir.

403. — *26 décembre 1745.* — *19.* — *17.*
Récolement du tableau de collecte.

404. — *10 octobre 1745.* — *22.* — *15.*
Les habitants décident l'aliénation d'une pièce de terre appartenant à la fabrique, dont le prix, joint à un subside de 40 l. accordé par le seigneur, sera affecté à la refonte de la petite cloche de l'église, qui « estoit cassée et ne rendoit aucun son ».

405. — *28 novembre 1745.* — *24.* — *11.*
Confection du rôle des tailles : avis sur les contribuables à employer et à retrancher.

406. — *4 décembre 1745.* — *22.* — *22.*
L'assemblée donne pouvoir aux collecteurs d'employer sur les rôles de 1746 deux nouveaux venus en la paroisse.

407. — *2 février 1746.* — *21.* — *16.*
L'assemblée, jugeant qu'un territoire, appelé la Pinsonne, près

Vergort (actuellement c^ne de Salles), fait partie de la paroisse de La Mothe, approuve les collecteurs d'en avoir cotisé les fermiers qui, eux, se prétendent de la paroisse de Salles.

408. — *27 novembre 1746. — 15. — 13.*
Confection du rôle des tailles : avis sur les contribuables à employer et à retrancher.

409. — *16 décembre 1746. — 54. — 43.*
Sur ce que M. du Petit-Château s'est permis de fixer lui-même la répartition de la taille de 1747, en dépit de la délibération prise sur cet objet par l'assemblée du 27 novembre, le général « donne pouvoir aux collecteurs d'imposer par eux mesmes, en leurs âme et consiance, la taille et autres impositions, en conformitté tant de lad. commission des tailles que des arest, reglement de la cour des Aydes, sans assistance d'aucun commissaire, veu que le general desd. habitans n'a jamais fait aucune assemblée ny requis de commissaire, qui oste la liberté aux collecteurs d'agir comme il leur est prescrit par les d. commissions, arest et reglement, et qu'iceux commissaires ne peuvent avoir deconnoissance,... donnant pouvoir aud. sindicq, pour et au nom du general, presenter toute requeste, pour l'execution du present, à qui il appartiendra, obtenir toute ordonnance, arest requis necessaire, plaider, oposer, appeler, poursuivre jusqu'à sentence arest deffinitifs... Et lesd. habitans, veu le retardement que pouroit causer l'éloignement de l'imposition de la taille et autres subsides, se soumettent et s'obligent de payer auxd. collecteurs chacun un quartier à quoy ils seront contraint en vertu du présent, veu que les deniers de Sa Majesté ne souffrent point de retardement ».

410. — *19 février 1747. — ? — 0.*
Requête d'un habitant, « sous-brigadier des gardes de son altesse sérénissime monseigneur le prince de Conty, gouverneur de la province », fondée sur ce que, en vertu de son office, il ne doit être imposé qu'à 5 l. de taille : les assistants se refusent à délibérer et à signer ; sur quoi, le syndic déclare qu'il sollicitera 10 l. d'amende contre chaque défaillant, « sans lesquelles pennes, il deviendra inutile à l'avenir de convoquer d'assemblée ».

411. — *3 septembre 1747. — 12. — 8.*
Récolement du tableau de collecte.

412. — *15 août 1748.* — *12.* — *12.*
Récolement du tableau de collecte.

413. — *10 novembre 1748.* — *10.* — *10.*
Demande en décharge de collecte, repoussée.

414. — *30 novembre 1748.* — *11.* — *10.*
Confection du rôle des tailles : avis sur les contribuables à employer et à retrancher.

415. — *2 mars 1749.* — *11.* — *11.*
Sur un blâme de l'assemblée, leur reprochant certains abus dans l'assiette de la taille, les collecteurs s'en défendent, rejetant la faute sur M. du Petit-Château, commissaire, « qui impose comme il luy plaist, sans que les collecteurs y ayent nulle liberté de faire de représentations ».

416. — *6 juillet 1749.* — *25.* — *25.*
Protestations contre les abus commis par M. du Petit-Château dans la répartition de la taille : les habitants constituent un procureur à la cour des Aides, « pour estre receus oposans des abus qui se sont comis dans les précédens rolles des années 1747, 1748 et 1749, et qu'il soit pourvu à la répartition de ces abus par la cour, et que pour faire les rolles à l'avenir, proportionnellement au bien des taillables, il sera nommé des principaux habitans pour estimer les biens et travailler à l'imposition du rolle des tailles avec les collecteurs qui seront nommés en la manière accoutumée ».

417. — *20 juillet 1749.* — *13.* — *11.*
Récolement du tableau de collecte. — Demande en radiation de taux, consentie.

418. — *27 juillet 1749.* — *30.* — *21.*
Pour agrandir la caserne, jugée insuffisante, l'assemblée décide l'acquisition d'un immeuble contigu, moyennant la rente annuelle et perpétuelle de 60 l. ; et, pour loger les officiers, elle propose une maison dans la grand'rue, qu'on céderait au prix de 100 l. de rente : le syndic en référera à l'intendant, « pour avoir son aprobation et de l'imposition desd. sommes sur le fond des casernemens de la province ».

419. — *17 août 1749.* — *10.* — *2.*
Sur une requête en radiation de taux pour cause de délogement,

les habitants « disent qu'il ne sont point surpris de ce que N. a sorty de cette paroisse sy escrasée par le poix excesif des taille ; il a agi prudemen, ne pouvant surporter, comme bien d'autres qui sont sorty et qui serontsuivy successivement; ainsy ils n'ont nul interest de le faire compagnon deleurs miseres et surcharges,... et communiquer le present pour toutes reponses. »

420. — *30 novembre 1749.* — ? — ?.
L'assemblée fixe la taxe des bancs de l'église.

421. — *31 mai 1750.* — *17.* — *17.*
A une requête en radiation de taux,avec assignation du général devant M. du Petit-Château, l'assemblée répond que, le taux ayant été réglé par ce commissaire lui-même, « ils ne peuvent aller contre ny toucher à ce que mond. s[r] du Petit-Château a fait ».

422. — *31 janvier 1751.* — *84.* — *82.*
L'assemblée demande l'établissement d'un tarif de droits à percevoir sur les marchandises et denrées entrant en ville, tarif ayant pour but de convertir « la taille arbitraire de ce lieu de la Mothe en une taille fixe et certenne ».

423. — *1er janvier 1752.* — *19.* — *20.*
Confection du rôle des tailles : avis sur les contribuables à employer et à retrancher.

424. — *12 mai 1752.* — *38.* — *37.*
Sur le bruit que les habitants de Saint-Maixent ont obtenu « un arrest du conseilpour l'établissement de plusieurs foires et marchés, outre ceux et celles qu'ils ont d'ordinaire », l'assemblée proteste et donne charge à un « avocat au Conseil » de représenter aux pouvoirs les graves dommages qui en résulteraient pour La Mothe.

425. — *30 juillet 1752.* — *51.* — *51.*
L'établissement de foires supplémentaires, sollicité par Saint-Maixent,ayant été autorisé par lettres patentes du 18 mai,la communauté mothaise proteste à nouveau, faisant valoir, entre autres considérations, l'antiquité de ses foires et leur importance pour l'approvisionnement de Paris.

426. — *15 juillet 1753.* — *28.* — *21.*
Récolement du tableau de collecte.

427. — *16 juillet 1753. — 101. — 83.*

L'assemblée, remontrant le faix excessif de l'impôt à La Mothe, s'oppose à ce qu'il soit donné suite à une requête du curé, demandant un second vicaire, pour instruire les enfants de la paroisse, dont l'entretien serait une nouvelle charge pour la communauté.

428. — *15 août 1753. — 50. — 61.*

Saint-Maixent sollicitant la réformation d'un arrêt du Conseil, du 13 mars, qui, faisant droit aux réclamations des Mothais, reportait au lundi la foire précédemment accordée à cette ville pour le mardi d'après la mi-carême, l'assemblée s'oppose à la demande en réformation et supplie les seigneurs de La Mothe de prendre en main les intérêts de la paroisse.

429. — *16 décembre 1753. — 29. — 30.*

Confection du rôle des tailles : avis sur les contribuables à employer et à décharger.

430. — *21 janvier 1754. — 21. — 21.*

Sollicitant à nouveau l'exécution de l'arrêt qui déboute Saint-Maixent de ses prétentions à l'établissement d'une foire le mardi d'après la mi-carême, l'assemblée produit, à l'appui de sa supplique à l'intendant, un curieux et copieux mémoire sur l'industrie agricole et d'élevage des paroisses de la région.

431. — *11 août 1754. — 18. — 17.*

Récolement du tableau de collecte.

432. — *1er décembre 1754. — 26. — 18.*

Confection du rôle des tailles : avis sur les contribuables à employer et à retrancher.

433. — *4 juillet 1755. — 59. — 63.*

L'assemblée s'oppose à l'établissement de foires « tous les samedis de chasque semenne à Melle, à cause du prejudice qu'icelles causeraient au commerce, non seulement de La Mothe, mais à tout le païs, n'y ayant que trop de foires aux environs qui se detruisent les unes et les autres ».

434. — *9 novembre 1755. — 25. — 21.*

Confection du rôle des tailles : avis sur les contribuables à employer et à retrancher.

435. — *8 février 1756.* — *23.* — *17.*

Assignée, à la requête de Mr du Fay de la Taillée (1), seigneur du château, cour et place-forte (2) d'Exoudun, à comparaître devant ses officiers pour exhiber les contrats d'acquêt des maisons-casernes, « qui sont mouvantes de la ditte cour et place forte et ses annexes (3) », et en rendre les déclarations roturières, la communauté donne charge au syndic de remplir ces formalités.

436. — *4 juillet 1756.* — *?.* — *?.*

L'assemblée consent la levée sur la paroisse, au marc la livre de la taille, d'une somme de 257 l. 5 s. réclamée par un procureur à la cour des Aides, « pour les frais, avances et déboursés par luy faits dans la cause où il a occupé en lad. cour en l'année 1750 », contre N., demandeur en radiation de taux.

437. — *12 décembre 1756.* — *15.* — *14.*

Confection du rôle des tailles : avis sur les contribuables à employer et à retrancher.

438. — *22 mai 1757.* — *35.* — *25.*

Poursuivie en payement des arrérages de la rente due pour la caserne, la communauté rappelle « qu'il n'en a jamais rien coutté à la paroisse de ce lieu, tant pour l'entretien de ses casernes que pour le payement des rentes qui sont sur icelles, dont le tout a toujour esté acquitté par Sa Majesté », et que, d'ailleurs, cette paroisse supporte, avec autres, les impositions du casernement des troupes dans l'étendue de la généralité.

439. — *11 décembre 1757.* — *39.* — *24.*

Confection du rôle des tailles : avis sur les contribuables à employer et à retrancher.

440. — *10 décembre 1758.* — *36.* — *33.*

Confection du rôle des tailles : avis sur les contribuables à employer et à retrancher.

(1) Georges-Guillaume-Louis du Fay, chev., sg[r] de la Taillée, Exoudun, Echiré, Vandré, Magné, etc., fils de Louis et d'Elisabeth-Françoise Martel de Vandré, époux de Françoise-Armande du Vergier de La Rochejacquelein.

(2) *Alias* Chateau-Rasé.

(3) D'autres héritages de la primitive bourgade de Saint-Héray mouvaient également de la place forte d'Exoudun.

441. — *22 avril 1759. — 44. — 39.*

A une réclamation en surtaux, les habitants répondent que, n'ayant pas été appelés, comme il est d'usage, à la répartition de la taille « et que cette repartition n'est que le pur ouvrage des collecteurs, c'est à eux à la soutenir en leurs propres et privez noms, et qu'en conseqence les habittans doivent estre renvoyés de la demande ».

442. — *13 mai 1759. — ?. — ?.*

Les habitants donnent charge au syndic de poursuivre l'appel, qu'il a interjeté en leur nom, de la sentence obtenue contre eux en payement des arrérages de la rente due sur les casernes.

443. — *1er juillet 1759. — 74. — 41.*

« Après avoir murement reflechy sur les confusions qui roullent, chaque année, pour la nomination des collecteurs, par l'irregularité des precedantes colonnes », l'assemblée décide, « sous le bon plaisir de messieurs les officiers de l'élection de Niort », qu'il sera procédé à la réfection du tableau de collecte et nomme, à cet effet, une commission de 6 membres.

444. — *5 décembre 1759. — 51. — 35.*

L'assemblée délègue 4 notables « pour estre la repartition de la taille faitte en leurs presences en âme et conscience et suivant les facultés et exploitations d'un chascun, et à cette condition consantent, lesd. habittans, que les collecteurs soient et demeurent deschargés et à l'abry de touttes actions d'abus, surtaux et autres, à la charge, touttes foys, par lesd. collecteurs ou sindicq, de faire agreer la pres. delliberation par monsieur l'intendant ».

445. — *23 décembre 1759. — 44. — 21.*

Confection du rôle des tailles : avis sur les contribuables à employer et à retrancher.

446. — *7 décembre 1760. — 61. — 44.*

Confection du rôle des tailles : avis sur les contribuables à employer et à retrancher.

447. — *24 mars 1761. — 38. — 24.*

Réclamation en surtaux, repoussée : pour faire les frais du procès qui s'en suivra fatalement, l'assemblée supplie l'intendant « d'authoriser lad. communauté à faire tous les emprunts de deniers qu'ils pourront avoir besoin pour le soutien et deffence de lad. affaire ».

448. — *11 octobre 1761.* — *40.* — *37.*
Bases d'un accord qui met fin au procès ci-dessus.

449. — *6 décembre 1761.* — *27.* — *21.*
Confection du rôle des tailles : avis sur les contribuables à employer et à retrancher.

450. — *12 décembre 1762.* — *34.* — *35.*
Confection du rôle des tailles : avis sur les contribuables à employer et à retrancher.

451. — *11 décembre 1763.* — *28.* — *26.*
Confection du rôle des tailles : avis sur les contribuables à employer et à retrancher.

452. — *15 juillet 1764.* — *25.* — *22.*
Vu « la déclaration du roy consernant le cadastre general, la liquidation et le remboursement des dettes de l'Etat, donnée à Versailles le 21 novembre dernier, l'arrest du conseil d'estat consernant l'execution de la susd. declaration au sujet du *don gratuit* extraordinaire des villes et bourgs, du 24 février 1764 », l'assemblée consent « la continuation dud. *don gratuit*, en conformitté de la declaration du roy du 3 janvier 1759 et reglement d'icelle et tarif arrêté en consequance,... lesquels droits ont esté fixés et arrêtés ainsy qu'il suit :

1° par chasques bœufs et vaches............... 10 s.
2° par chasques veaux et cochons.............. 3 s.
3° par chasques moutons et brebis............. 2 s.
4° par chasque barrique de vin, tant de Mirballois que de Saintonge, qui se fabricqueront et débittront dans ce lieu...................... 5 s.
5° par chasque velte d'eau de vie.............. 2 s.

« Et pour faire la perception, lesd. habittans ont choisi la personne de N., no^re^ royal en ce lieu, qui a vollontairement accepté lad. commission et s'oblige en consequance de se conformer aux decizions cy dessus et tous autres reglemens rendus à ce sujet :... lequel recouvrement commencera au 1er octobre prochain et ensuitte continuer jusqu'à tennir sy longtemps que led. *don gratuit* aura lieu (1). »

453. — *30 novembre 1764.* — *35.* — *24.*

Confection du rôle des tailles : avis sur les contribuables à employer et à retrancher.

454. — *8 décembre 1765.* — *26.* — *19.*

Confection du rôle des tailles : avis sur les contribuables à employer et à retrancher.

455. — *9 mars 1766.* — *22.* — *17.*

Demande en radiation de taux, repoussée.

456. — *14 décembre 1766.* — *19.* — *20.*

Confection du rôle des tailles : avis sur les contribuables à employer et à retrancher.

457. — *6 décembre 1767.* — *33.* — *20.*

Confection du rôle des tailles : avis sur les contribuables à employer et à retrancher.

458. — *8 décembre 1768.* — *23.* — *22.*

Confection du rôle des tailles : avis sur les contribuables à employer et à retrancher.

459. — *2 avril 1769.* — *23.* — *22.*

Demande en radiation d'un taux indûment jeté : l'assemblée en rend responsables les collecteurs, qui « l'ont fait de leur chef et ils san doivent imputter la faute et doivent estre mis à cour de l'instance pour soutenir leur procédé ».

460. — *1er octobre 1769.* — *25.* — *27.*

L'assemblée autorise le curé à abattre des arbres accrus sur les dépendances de la cure, « à la charge par luy d'en faire planter la même quantité et de même nature que ce qu'il fera exploiter ».

460 *bis.* — *1er janvier 1770.* — *32.* — *33.*

Confection du rôle des tailles : avis sur les contribuables à employer et à retrancher. L'assemblée repousse la demande en exemption de taille dont bénéficiait, jusqu'alors, le maître de poste

(1) Le *don gratuit* était l'une de ces contributions indirectes que l'ancien régime exerça sous le nom d'*aides*.

de La Mothe, « vû qu'il est certain que depuis l'établissement en France de la *brouette* au lieu du *cheval de malle*, il ne subsiste plus de *poste de traverse* et que, par consequent, il ne s'agist plus en ce lieu de maitre de poste et que led. sieur ne peut ny doit pas même se prevalloir de ce titre pour s'attribuer une exemption de taille ».

461. — *16 décembre 1770*. — ?. — ?.

Confection du rôle des tailles : avis sur les contribuables à employer et à retrancher.

462. — *8 décembre 1771*. — *26*. — *15*.

Confection du rôle des tailles : avis sur les contribuables à employer et à retrancher.

463. — *12 janvier 1772*. — *21*. — *20*.

L'assemblée,convoquée sur le réquisitoire desfrères N., meuniers, et faisant droit à leurs protestations contre les collecteurs, « dont les vexations, concutions, abus et surtaux entrainent insensiblement la perte et la ruine de ce lieu », décide « que les collecteurs, qui passeront désormais en charge,seront obligés de spécifié,article par article, les taux de chaque habitant et de se conformer en tout aux lois du royaume et à leur commission, à peine d'estre poursuivi rigoureusement par le general des habitants ».

464. — *10 mai 1772*. — *17*. — *20*. (*Convoquée par le syndic, à la requête du curé et des marguilliers, et tenue en l'église, au banc d'œuvre.*)

Sur la représentation que la fabrique n'a que 7 l. de revenu et que la taxe des bancs n'est pas acquittée depuis plusieurs années, «ce qui fait que lad. église souffre beaucoup dans son entretien », l'assemblée autorise les marguilliers « à contraindre, par toutes les voix de justice, tous ceux qui sont en demeure sur le payement des taxe imposée sur les bans ».

465. — *24 juin 1772*. — *28*. — *26*.

L'assemblée fait droit à la requête du « s[r] Bonneau (1), conseiller du roy, rapporteur du point d'honneur au tribunal de MM. les maréchaux de France, habitant de cette d. paroisse », par laquelle il expose qu'étant pourvu dud. office il doit jouir de l'exemption de

(1) Jean-Gabriel Bonneau, s[r] de la Touche, fils de Jean, s[r] de Clérimault, et de Catherine de la Porte, époux de Jeanne-Madeleine-Marie Poulet.

taille personnelle, « suivant la declaration du roy du 13 janvier 1771, portant création dud. office ».

466. — *9 août 1772.—20. —15.*

Saisie d'une demande en radiation de taux, l'assemblée déclare que c'est « aux collecteurs à se défandre et soutenir leurtaxe en leur propre et privé nomset de se pourvoir par quelles voyes qu'ils jugeront à propos pour se faire payer, n'ayant point étés authorisés par un acte d'assemblée ».

467. — *4 octobre 1772.— 24 — 24.(Tenue à l'église, au banc d'œuvre.)*

Remplacement d'un marguillier qui en a exercé la charge pendant « plus de 14 ans » ; en outre, l'assemblée supplie « monsieur le comte de Carvoisin, seigneur de ce bourg, de voulloir bien continuer d'estre à la teste de la fabrique en restant marguillier honoraire, espérant de luy cette nouvelle marque de protection ».

467 *bis. — 6 décembre 1772. — 17. — 18.*

Confection du rôle des tailles : avis sur les contribuables à employer et à retrancher.

467 *ter. — 6 janvier 1775. — 27. — 16.*

Confection du rôle des tailles : avis sur les contribuables à employer et à retrancher.

468. — *1er octobre 1775. — 14. — 15. (Convoquée par les marguilliers, tenue en l'église, au banc d'œuvre.)*

Nomination de 2 marguilliers, que l'assemblée autorise « à faire toutes les réparations qu'ils jugeront nécessaires à lad. eglise, sans qu'il soit besoin de convocquer aucune assemblée à cet égard ».

468 *bis. — 10 décembre 1775. — 29. — 20.*

Confection du rôle des tailles : avissur les contribuables à employer et à retrancher.

468 *ter. — 8 décembre 1776. — 32. — 16.*

Confection du rôle des tailles: avis sur les contribuables à employer et à retrancher.

469. — *21 décembre 1777. — 22. — 17.*

Confection du rôle des tailles : avis sur les contribuables à employer et à retrancher.

470. — *24 mai 1778* — ? — ?.

Obéissant à un mandement de l'intendant sur les corvées, du 30 mars dernier, l'assemblée nomme une commission chargée de faire la répartition des tâches de chaque habitant.

471. — *14 juin 1778.* — ? — ?.

L'assemblée approuve le marché fait par le syndic avec des journaliers qui, moyennant la somme de 600 l., exécuteront « la corvée ou pionnage qu'estoient obligés de faire faire lesd. habitans sur le grand chemin de Saint-Jacques, conformement à l'ordonnance de monseig[r] l'intendant du 30 mars dernier ».

472. — *27 décembre 1778.* — *23.* — *17.*

Confection du rôle des tailles : avis sur les contribuables à employer et à retrancher.

473. — *16 avril 1780.* — ? — *22.*

Saisie de deux réclamations en surtaux, l'assemblée donne « un desaveu formel aux collecteurs, n'entendant nullement les approuver dans leurs impositions, ne voullant aucunement se rendre partie au procès ».

474. — *10 décembre 1780.* — ? — *24.*

Commission de la taille. — Confection du rôle : avis sur les contribuables à employer et à retrancher.

475. — *28 janvier 1781.* — *41.* — *15.* (*Convoquée par un marguillier, tenue en l'église, au banc d'œuvre.*)

Remplacement de l'un des marguilliers.

476. — *21 octobre 1781.* — *13.* — *20.*

Confection du rôle des tailles : avis sur les contribuables à employer et à retrancher.

477. — *17 novembre 1782.* — *18.* — *17.*

Confection du rôle des tailles : avis sur les contribuables à employer et à retrancher.

478. — *2 février 1783.* — *9.* — *15.* (*Convoquée par les marguilliers, tenue en l'église, au banc d'œuvre.*)

Remplacement de l'un des marguilliers : comme par le passé, ces agents sont autorisés à faire les réparations urgentes, sans qu'il y ait lieu de réunir les habitants à cet effet.

479. — *24 août 1783.* — ? — *20.*

Obéissant à l'ordonnance de l'un des élus de Niort, « commissaire nommé d'office par monsg[r] l'intendant du Poitou pour la repartition de la taille de cette paroisse pour l'année prochaine 1784 », en date du 18 courant, l'assemblée nomme une commission de 7 membres, « lesquels s'assembleront tous les vendredi de chaque semaine dans la chambre du parquet de cette baronnie, pour recevoir la declaration precise des revenus des habitans et former les états demandés par lad. ordonnance ».

480. — *8 décembre 1785.* — *10.* — *8.*

Réclamation en décharge de collecte, repoussée par la majorité ; « et plusieurs autres habitans, qui se sont trouvé present, n'ont voulu dire leur nom ny rien deliberer, et les comparans entendent soutenir le procès ».

481. — *12 novembre 1786* — ? — *12.*

Commission de la taille. — Confection du rôle : avis sur les contribuables à employer et à retrancher.

482. — *25 février 1787.* — *o.* — *o.*

Le syndic donne lecture d'une requête, présentée à l'intendant par le curé de la paroisse, exposant l'urgence de réparations à faire aux murs et aux piliers butaux de l'église : « et, après avoir attendu jusqu'à trois heures sans qu'aucun desd. habitans ait comparu, nous avons contre eux donné défaut. »

483. — *15 août 1787.* — *24.* — *26.*

Les assistants, « tous propriétaires de biens fonds », reconnaissant la nécessité des réparations que sollicite le curé, décident qu'il en sera dressé un devis.

484. — *18 novembre 1787.* — ? — ?

L'assemblée accepte les excuses de deux habitants, lesquels déclarent que, vu leur grand âge (72 et 80 ans), ils ne se sentent plus capables de faire la collecte des *vingtièmes*, qu'ils ont amassés, l'un pendant 28, l'autre pendant 18 ans : il est procédé à leur remplacement.

TABLE DES MATIÈRES

www.ingramcontent.com/pod-product-compliance
Ingram Content Group UK Ltd.
Pitfield, Milton Keynes, MK11 3LW, UK
UKHW021058220726
13924UKWH00005B/2144

9 782019 922641